不安という相棒

四つのタイプとどう付き合えばよいか

Fritz Riemann Grundformen der Angst

フリッツ・リーマン［著］
赤坂桃子［訳］

新教出版社

Original title:
Fritz Riemann: Grundformen der Angst

Japanese translation by Momoko Akasaka
Shinkyo Shuppansha, Tokyo, Japan
2023

大扉図版
エゴン・シーレ
（1890-1918年、オーストリア）：作
「三人の浮浪児（部分）」（1910年）

目次

序論　不安の本質と人生の二律背反……7
コミットメントに対する不安　スキゾイド・パーソナリティ……27
スキゾイドの人とその愛　34
スキゾイドの人とその攻撃性　45
生育史上の背景　50
スキゾイドの人の体験例　60
追加の考察　70

自己実現に対する不安　抑うつ性パーソナリティ…… 89
うつの人とその愛 102
うつの人とその攻撃性 108
生育史上の背景 113
うつの人の体験事例 130
追加の考察 149
変化に対する不安　強迫性パーソナリティ…… 161
強迫性格の人とその愛 181
強迫性格の人とその攻撃性 190
生育史上の背景 200
強迫性格の人の体験例 211
追加の考察 225

必然に対する不安　ヒステリー性パーソナリティ……239
ヒステリー性格の人とその愛 251
ヒステリー性格の人とその攻撃性 262
生育史上の背景 267
ヒステリー性格の人の体験例 284
追加の考察 298
最終考察……309
訳者あとがき……329

妻へ

序論

不安の本質と人生の二律背反

不安は私たちの人生の一部であって、避けて通ることはできない。不安はつねに新しい相貌を見せながら、誕生から死にいたるまで私たちとともにある。人類の歴史は、不安とうまくつき合い、これを軽減、克服あるいは制限しようという努力のくりかえしと言えよう。魔術、宗教、科学がこれを試みてきた。神を信じることによる安心感、献身的な愛、自然法則の発見、あるいは世を捨てた禁欲、哲学の洞察は、私たちの不安を取り除きはしないが、不安に耐え、ことによると不安を私たちの成長のために役立てる助けとなるかもしれない。不安のない人生を生きることができると信じているとしたら、それはおそらく勘違いだ。不安は私たちの実存に属しており、私たちの依存性の反映、私たちがおのれの死すべき運命を知っていることの裏返しなのだ。私たちは不安に対抗する諸力、すなわち勇気、信頼、知識、力、希望、謙遜、信仰、愛を試してみることしかできない。これらは、不安を受け入れ、不安と折り合いをつけ、くりかえしこれを克服する際に、私たちの助けとなるかもしれない。しかし、私たちを不安から完全に解放してくれると期待させる方法に対しては、それがどのような種類のものであれ、疑いの目を向けなければならない。そうした方法は人間存在の現実にふさわしくなく、実体のない期待を抱かせるにすぎないだろう。

不安は私たちの人生から排除できないものだが、私たちはつねに不安を意識しているわけではない。だが不安は、いわばいつでもどこでも存在しているもので、内的あるいは外的経験によって呼び覚まされれば、すぐさま意識にのぼってくる。私たちには、不安をかわし、避けようとする傾向があり、不安を排除したり、抑えたり、巧みに隠したり、否定したりする技術や方法をいろいろ考え出してきた。しかし死を考えることをやめても死は依然として存在するように、不安も消えることはない。

不安は、民族や個々人の文化や発展度とは無関係に存在する。違うのは、それぞれの不安の引き金となる不安対象、あるいは不安と闘うために用いられる手段や方法にすぎない。現代の私たちは一般的に雷や稲光にはそれほど不安を覚えないし、日食や月食は興味深い天体ショーと見なされこそすれ、不安体験とはならない。なぜなら、月や星が永遠に消えて、この世の終わりがくるわけではないと知っているからだ。過去の諸々の文化では知られていなかったが、現代の私たちは知識があるために不安を感じないものがある一方で、バクテリアや新しい疫病の脅威、交通事故、老化と孤独に対する不安が生じている。

それに対して、不安の対処法はそれほど変わってはいない。今日では生け贄や対抗呪文のかわりに、不安にふたをする最新の医薬品が登場したが、不安そのものは消えていない。昨今、不安に対処するためのもっとも重要な新しい可能性は、さまざまな形の心理療法である。心理療法は最初に個々人の不安が生じてきた経緯を暴き、各人の家族の状況、社会文化的背景との相関関係を調べていく。そうすることで不安との対峙を可能にし、本人のさらなる成長によって、実りある不安マネジメントを実現することを目標とする。

こうすることで人生のバランスがよくなることは明らかだ。科学と技術の力によって世界を征服し、それによって特定の不安を退け排除することに成功しても、そのかわりに別の不安が生じる。どうやっても人生から不安を切り離せないという事実は依然として変わらない。現代生活に特徴的だと思われる新しい不安が一つだけある。すなわち私たちは、自分自身の行為と行動によってもたらされたものが、こちらに刃向かってくるのではないかという不安にさいなまれるようになっているのだ。私たちは自分の内部にある破壊力に不安を感じている。原子力の誤った使用がもたらしうる危険、あるいは自然界のライフサイクルへの介入によって起こりうることを考えてほしい。私たちの傲慢はブーメランのように自分自身に返ってくるように見える。愛と謙遜が欠如した権力への意志、自然と生命をつかさどる力を意のままにしようという意志は、私たちが操作された空虚な存在にされてしまうのではないかという不安を生む。昔の人間がなすすべもなく身をゆだねざるをえなかった自然の猛威、恐ろしい悪魔や復讐する神々に不安を抱いたとすれば、今日の私たちは自分たち自身に不安を抱かなければならない。

したがって、「進歩」――それは同時に後退でもある――が私たちの不安を減じてくれると考えるのも幻想なのだ。もちろん進歩は不安の一部を取り去ってはくれるが、同時に新しい不安を引き起こす。

このように不安の体験は、私たちの存在の一構成要素だ。それは普遍的ではあるが、誰もが自分だけの不安の変遷を経験し、「その不安」は、「その死」あるいは「その愛」、その他の抽象概念と同様、ざらにあるものではない。すべての人間には、彼自身と彼の本質の一部を成す、その人なりの個別の不安の形がある。彼が自分の愛の形をもち、自分だけの死を経験しなければならないのと同様である。つまり、ある特定の人間だけが経験し表出する不安というものが存在するのであり、不安体験そのものには共通点があるが、不安にはいつでもその人なりの独自性が刻印されていると いうことになる。この私たちの個別的な不安は、各自の生活条件、素質、環境によって変化する。したがって不安には、実質的に誕生と同時にはじまる発展の歴史がある。

不安をいったん「不安抜き」で観察してみると、そこには二面性があるという印象を受ける。一方では不安は私たちを活性化することがあり、他方では私たちを萎えさせることがある。不安はいつでも危険が迫ったときの信号、警告となり、同時に挑戦、つまり不安を乗り越えようという推力《インパルス》も含んでいる。不安の受容と克服は成長の歩みにほかならず、私たちを少しだけ成熟させてくれる。それに対し、不安を回避し、不安との対決から逃げることは、私たちに停滞をもたらす。さらなる発展は阻害され、不安の壁を乗り越えられなかったその場所に、私たちは子どものままで置き去りにされる。

不安は、私たちが対処できない、あるいはまだ対処できずにいるような状況に遭遇すると、かならず頭をもたげる。すべての成熟の歩みには不安がつきまとう。なぜならこの歩みの先には、新しいもの、これまで知らなかったもの、できなかったもの、これまで経験したことのない内的・外的状況が待っているからである。すべての新しいもの、未知なるもの、はじめて行なったり経験したりすることには、新奇なものがもつ刺激、冒険の喜び、危険のスリルがつきものだが、これと並んで不安もともなう。私たちの人生は私たちをつねに未知の領域、なじみがなく、まだ経験したことがない領域へと導く。だから不安はいつでも私たちの道連れなのだ。特にそれが意識されるのは、発展途上における重要な場面、すなわち慣れ親しんだ古い軌道を脱しなければならない場面、新しい課題を克服したり、変化を受け入れたりする必要がある場面である。したがって発育、成長、成熟は不安の克服と深い関係があり、すべての年齢にはそれに適した成熟段階がある。その段階をうまく乗り越えるには、その段階固有の不安を克服しなければならない。

したがって、完全に正常で年齢と発達段階にふさわしい不安というものもあるわけで、健康な人間はこれを切り抜け、それによって成長することができる。こうした不安を克服することは、その人の今後の成長にとって重要である。赤ちゃんが最初の一歩を踏み出すときのことを想像してみよう。はじめて母親の手を離して一人で歩く不安、広い空間に一人で置いておかれる不安を克服しなければならなかったときを。あるいは自分たちの人生の大きな転換期のことを考えてみよう。子どもが家族の庇護のもとから離れ、新しい未知の共同体に適応し、自分の考えは自分で主張することが求められるようになる新入学の日。思春期の事例でもいいだろう。エロチックな渇望と性欲に駆られた異性との最初の出会い。あるいははじめて就職したとき、自分の家族をもうけたとき、親になり、最後には老いて死と出会う——いつでも、はじめてのこと、はじめての経験の前には不安が立ちはだかる。

こうした不安は私たちの人生にいわば有機的に組み込まれている。なぜならそれは身体的、精神的、社会的な発達段階と関係があり、共同体あるいは社会における新しい役割を引き受けるときにあらわれるからだ。こうした歩みというのは、つねに境界を乗り越えることを意味し、これまで慣れ親しみ熟知していた何かから離れ、新しいこと、よく知らないことにあえて挑戦せよと私たちに要求する。

こうした不安の他に、個別的な不安も数多くある。これは上述のように特定の境界状況において典型的にあらわれるものではなく、私たち自身にも未知なものなので、他者は理解しがたい場合が多々ある。ある人の場合には、孤独がひどい不安の引き金となり、別の人には人混みが不安を呼ぶ。橋を渡ったり広い場所に行こうとしたりすると不安の発作に襲われる人もいるし、閉所にいられない人もいる。べつだん人に危害を与えない動物やカブトムシ、クモ、ネズミなどを見て不安になる人もいる。

このように、不安という現象は人によって多種多様で、私たちの不安を引き起こさないようなものは実質的にゼロと言ってもいい。しかしさらにくわしく観察していくと、不安には特定のバリエーションがあるので、私はこれを「不安の基本形態」と名づけようと思う。可能性として考えられるすべての不安は、この不安の基本形態と関係づけられる。これらすべてはこうした不安の極端な例、ゆがんだ形、あるいは他の対象への変位なのである。私たちは、対処したり克服したりできない不安を、あたりさわりのない代替対象のせいにする傾向がある。その方が、逃げることができない本来の不安の引き金に比べて容易に回避できるからだ。

不安の基本形態は、この世界における私たちの精神状態と関係している。私たちは、二つの大きな矛盾する命題の間で「引き裂かれた状態」にあり、解消できない対立と矛盾の中で生きていかなければならない。この二律背反を、比喩を使って明らかにしてみよう。この比喩とは、ふだんは意識していないものの、現実には存在する超個人的な秩序と法則性に関するものである。

私たちは、四つの強力な推力に支配される世界に生まれついている。地球は一定のリズムで太陽のまわりを回っている。つまり、太陽系の中心天体のまわりを動いているのだ。その回転を私たちは「公転」と呼んでいる。同時に、地球は地軸を中心として自分で回転している。これは「自転」と呼ばれている。これらがさらに二つの対立的な、または補完的な推力を引き起こし、私たちの世界システムは運動すると同時に、一定の軌道を動くことを強いられている。これが「重力」と「遠心力」である。重力には、私たちの地球がばらばらにならないようにまとめ、求心的に中心に向かい、何かをつなぎ止め引き寄せようとする吸引力がある。遠心力には、外側に向かって中心から離れ、遠くへ突き進み、何かを解き放ち、剥がそうと引っ張る力がある。この四つの推力の均衡状態だけが、私たちがそこに住み、「宇宙」と名づけている、規則的な生きた秩序を保証する。この動きのたとえ一つでも突出したり欠けたりすると、この偉大な秩序は妨害され、破壊され、混沌状態に陥ってしまう。

地球がこの基本的推力の一つを放棄したとしよう。たとえば太陽のまわりを公転せずに、地軸を中心に自転のみをすると想定すると、地球は一惑星の範囲を越え、恒星として動くことになり、他の惑星が自分のまわりを回る中心とならなければならないだろう。つまり地球は、太陽のまわりを回る既定の軌道に乗るのではなく、独自の法則のもとに動かなければならなくなる。

逆に地球が自転をやめ、太陽のまわりを回るだけになったら、地球は惑星クラスではなく月と同じような衛星に格下げになり、太陽にいつも同じ面を向けていることになり、太陽への依存度が大きくなるだろう。いずれの例でも地球は、自らの惑星としての法則性、すなわち他者に依存して順応していると同時に独自に自転しているという形を破ってしまうことになる。

また地球が重力をもたずに遠心力だけをもつとしよう。遠心力だけになると地球は粉々になって飛び散り、軌道から外れ、おそらく他の天体と衝突してしまうだろう。また反対の力である遠心力なしに重力だけになると、完全な硬直状態、不変状態に陥るか、地球が自力では対抗できない他の力によって、なすすべもなく軌道から引っぱり出されてしまうに違いない。

この比喩を私たちに当てはめてみるとどうなるだろうか。人間は地球の住人であり、太陽系のちっぽけな一部分としてその法則性に縛られている。また人間は前述の推力を、自分でも気づいていない原動力として、また同時に潜在的な要求として自分の中に抱えていて、そこには驚くべき相関関係が存在する。つまり必要なのは、この人間レベルの基本的推力を、心理学的に「翻訳」すること、すなわち心の経験における相関関係を問うことである。そうすれば、私たちの人生のどこにでもある二律背反に突き当たり、同時に本書で述べる不安の基本形態に出会い、より深い意味を知ることができるだろう。

心理学的に言うと、自転に対応するのは、個性化の要求、すなわち一回限りの個別的存在になることである。私たちの中心天体である太陽のまわりを回転する公転は、自分をより大きな全体に組みこむこと、超個人的な関係性に有利になるように自律性や自分たち自身の願望を制限することである。言い換えれば、第一の二律背反は、「私たちは私たち自身にならなければならない」と、「私たちは自分を超個人的な関係性に順応させなければならない」という相反する要求を含んでいることになる。

求心力と重力は、心のレベルでは永続性と不変性を求める推力に当たる。そして遠心力は、私たちをくりかえし前方へと、変革と変化へと駆り立てる推力に当たる。これがもう一つの二律背反だ。この二律背反は、永続性を求める一方で変化も求めなければならないという対照的な要求を含んでいる。

この宇宙との類似性に基づけば、私たちは四つの基本的な命令を突きつけられており、これらは相互に相容れず、それにもかかわらず補完し合う欲求として私たちの中にも存在する。これらは形を変えながら一生の間私たちとともにあり、つねに新しい方法で私たちからの応答を求めている。

自転の比喩と対応する**第一の命令**は、私たちは自分という存在を肯定し、他者と一線を画する、

唯一無二の個人であるべきだということだ。私たちはかけがえのない人格で、けっして取り替えがきくような大量生産の人間になるべきではない。しかし他者を自分と区別し、何かに所属し共有することからくる安心感がなくなってしまったら、私たちを脅かすありとあらゆる不安が生じる。それは孤独と孤立を意味することになるだろう。私たちは人種、家族、民族、年齢、性別、信仰、職業などによって特定される集団に所属して、自分がつながっていると感じ、親しみを感じるわけだが、同時に私たちは個人であって、唯一無二の存在であり、他の人と明らかに異なっている。このことは、指紋を例にとるだけで十分だろう。指紋を調べれば、私たちは他人とはっきり区別され、確実に身元が確認できるという驚くべき事実がある。私たちの存在はピラミッドのようなもので、広い基礎は典型的なもの、共通性のあるものでできているが、先端に向かうにつれて人々を結合する共通性から離れ、唯一無二の個人となる。自分たちの唯一無二性を受け入れ発達させるプロセス、C・G・ユングの言葉を借りれば「個性化過程」によって、私たちは「他人と横並び」の帰属意識がもたらす安心感からはじき出され、個人の孤独を不安感とともに経験する。なぜなら私たちは、他人と違えば違うほど孤独になり、自信がなくなり、理解されなかったり、拒否されたり、戦いを挑まれたりするからである。しかし、自分を自立した個人に成長させるというリスクを冒さずにいると、私たちは集団や典型的なものの中に隠れたままで、人間としての尊厳を確立するための決定的な何かが欠けてしまう。

天体の比喩に基づく**二番目の命令は、私たちは世界と人生と隣人を信頼して心を開かなければならない**ということだ。つまり我ならざるもの、未知のものと関わり合い、私たちの外にあるものにコミットしなければならない。これは（広い意味で）人生へのコミットメント〔独 Hingabe, 英 commitment。心理学では、自身の態度を公言したり署名したりすることで、その言動が言質となり、のちの行動が束縛されることを指す。集団や組織への帰属意識という意味でも使用される〕という側面である。これに関連して生じる不安は、自我が失われる、何かに依存してしまう、何かに身を委ねることになる、自分の本来のあり方にそぐう人生を生きられない、自分を他者のために犠牲にし、順応を強いられて自分の中の多くの部分を諦めなければならない、などである。ここで問題になるのは依存関係であり、私たちがバランスを失うことだ。こうした依存状態に陥り、自我が危機に瀕して自分の無力さを感じているのに、人生に向き合い、心を開いていかなければならないのだ。しかしもしこのリスクを冒さないと、私たちは絆を失った孤立した個別的存在となり、自分たちを越える何かに帰属する可能性を失い、安心感も得られず、自分自身も世界も知ることができなくなる。

最初の二律背反を通して、私たちは人生が課す逆説的で不当な要求を知った。すなわち私たちは、自己防衛と自己実現をなしとげ、しかも自分を忘れて献身することもしなければならない。自己放棄に対する不安と自己成長に対する不安の両方を克服しなければならないのだ。

次に、残る二つの命令について述べる。この二つもやはり対立と補完という対極的な関係にある。

三番目の命令は、冒頭の比喩では重力に当たり、**私たちは永続性をめざさなければならない**、というものだ。私たちはあたかも無制限に生きられ、世界が安定していて将来が見通せ、永続的なものを当てにできるかのようにこの世界に定住し、暮らしを立て、将来の計画を立て、目標に向かって進まなければならない。しかも、「我々は生のさ中にあって死のうちにいる」〔原文は media vita in morte sumus。グレゴリオ聖歌より〕ことを知った上でだ。この命令は、時の移ろいやすさ、私たちの依存性、私たちという存在の不合理な予測不可能性を知る者が抱くすべての不安を包含している。それは、新しいことに踏み切る不安、不確かな状況で計画を立てることに対する不安、けっして止まらない人生という名の永遠の流れ、流転する私たちをも飲みこむ流れに身を任せることへの不安である。誰でも同じ川でもう一度泳ぐことはできない。川も私たち自身もつねに変遷している。しかし永遠というものを放棄してしまったら、私たちは何かを創造したり実現したりすることはできないだろう。私たちがつくるすべてのものは、この永遠の一部を含んでいるにちがいない。そうでなければ私たちは目標に向かって歩み出すことすらできないだろう。そこで私たちはいつも、あたかも無限の時が手に入ると信じているかのように、ついに手に入れたものは不変であるかのように生きる。この私たちが考えている安定性と永遠性、この錯覚に基づく永遠性は、私たちを行動へと駆り立てる重要な推力である。

そして最後に**四番目の命令**は、冒頭の比喩における遠心力と関連していて、**私たちはつねに変化に対する覚悟がなければならない**、というものだ。変化と発展を肯定し、慣れ親しんだものを断念し、伝統と慣習を乗り越え、手に入れたばかりのものを手放し、別れを告げ、すべては過ぎ去るものだと見なす覚悟が必要なのである。しかしつねに動的に前に向かって発展し、立ち止まらず、拘泥せず、新しいものに対して心を開き、未知のものに挑戦するようにという要求は、不安と結びついている。それは秩序、必然性、ルール、法律、過去の吸引力、習慣によって、可能性と自由への推力をもつ私たちが、縛られ、引き止められ、制約されるのではないかという不安である。これは前述の不安とは対照的な不安である。前述の不安は、移ろいやすさの象徴たる死、硬直と最後のしるしである死に対する不安であった。しかし変化、新しいものに挑む大胆な行為に対する推力を諦めてしまったら、私たちは慣れ親しんだものに引き止められ、すでに存在するものを単調にくりかえし、それに固執し、時間と世界は私たちを追い越して忘れてしまうだろう。

ここまでで、もう一つの二律背反、私たちに向けられたさらなる人生の要求について述べてきた。すなわち私たちは永続性と変化を同時に追求しなければならず、その際に、押しとどめることのできない「移ろいやすさ」に対する不安と、逃れられない必然性に対する不安を克服しなければならない。

したがって不安には四つの基本形態があるとわかる。それをもう一度まとめてみよう。

1　自我喪失、依存性として経験される、コミットメントに対する不安。
2　守られていない、孤立しているという経験からくる、「自分自身になる」ことへの不安。
3　移ろいやすさ、不確かさの経験からくる、変化に対する不安。
4　変更の余地のなさ、不自由さとして経験される、必然性に対する不安。

考えられるすべての不安形態は、結局のところつねにこの四形態のバリエーションであり、このいずれかに関連付けられ、私たちの実存の一部分であって、対になって互いに補完しあったり対立したりすることもある。たとえば自己防衛と分離を追求する努力は、自己放棄と従属を追求する努力と対立する。その一方で、永続性と安全性を求める努力は、変化とリスクを求める努力と対立する。すべての努力には、反対方向の努力に対する不安がつきものだ。だがもう一度宇宙の喩えに戻るなら、私たちがこの二律背反する推力のバランスをとりながら生きようとする場合にのみ、血の通った秩序が成り立つのではないだろうか。このバランスは、私たちが思うような静的なものではなく、内的ダイナミズムにあふれたものである。それはけっして到達できないものではなくて、くりかえし修復できるようなものだからだ。

ここで留意しなければならないのは、そのときどきで経験される不安とその強さは、私たちがもち合わせている素質やいわゆる「遺伝」、生まれ落ちた環境条件、私たちの肉体的・心理的・精神的な生来の素質、すなわち個人的な生い立ちや生育史にも、かなり左右されるという点だ。なぜなら不安にも歴史があり、その関連で私たちの子ども時代が非常に大きな意味をもってくるからだ。それぞれの人の不安は、素質と環境の影響が響き合ったもので、なぜ私たちが他者の不安にほとんど感情移入できないのかという疑問も部分的に説明がつく。他者の不安は、私たちのそれとはかけ離れた他者の生活条件から生じたものなのだ。

素質と環境（この環境とは、家族ばかりでなく社会的境遇も含まれる）は、特定の不安を助長し、その他の不安を後退させることもある。おおむね健康な人（生育過程に問題がない人）は一般に不安とうまくつきあい、克服することができるかもしれない。生育の過程で問題があった人は、不安を人より強く頻繁に感じ、不安の基本形態のいずれかが優位に立ってしまう。

不安は重荷となり、一定のレベルを超えるほど大きくなったり長期にわたったりすると、病気を引き起こすことがある。もっとも深刻な負荷となるのは、子ども時代の非常に早い段階、すなわち子どもが不安を防御する力を身につけていない時期に経験した不安である。不安が強すぎたり持続期間が長すぎたりして過大な負担となっている場合、あるいはまだ十分に成長していない年齢で不安に遭遇した場合には、これに対処することが困難になりがちである。こうなると、活性化の作用がある不安のポジティブな側面が失われてしまう。その結果としてあらわれるのが、発達遅滞、停滞、あるいは今よりさらに幼い子どもっぽい行動パターンへの退行、そして病気の症状の発現である。容易に理解できることだが、年齢不相応の不安体験、許容範囲をはるかに上回るような量の不安と遭遇する可能性が高いのは幼年期である。まだ成長過程にある子どもの自我は弱く、一定量の不安を処理できない。子どもは外部からの支援に依存しており、こうした圧倒的な不安を一人で抱えこむと障害が生じる場合がある。

大人の場合には、戦争、監禁状態、生命の危機、自然およびその他の大災害といった非常にまれな例外的状況との遭遇、それに精神内部の経験や過程においても、不安の許容限界を超える恐れがあり、当人はパニック、短絡行動、神経症といった形でそれに反応する。しかし通常の条件下では、大人は子どもと比較すると対処の仕方や不安に対する抵抗力の選択肢の幅が広い。自分を守り、自分の置かれた状況をじっくり検討し、不安の引き金を認識できるのである。特に大人は自分の不安がどこから発しているのかを理解できる。自分の不安を伝え、理解と援助を得て、どのような危険の可能性があるかを正しく見定められる。こうしたことが子どもにはできない。幼ければ幼いほど、子どもは不安の格好の標的となり、なすすべもなく不安に身を委ねてしまい、この不安がどのくらい持続し、どんなことが起こりうるのかもわからない。

本書では、四つの基本的な不安の一つが支配的になったら（別の視点に立つと、四つの基本的推力のうちの一つをほぼ断念したら）、どのように四つのパーソナリティ構造、四種類の「世界内存在」〔In-der-Welt-Sein。もともとハイデッガーが掲げた概念だが、ここでは「この世におけるあり方」程度の意味〕に行き着くのかを考察する。私たちは程度の差こそあれ、これらすべてを知っており、自分自身もそうした要素をもっている。したがってこうしたパーソナリティ構造は、四つの基本的な不安が偏って突出した状態と理解できる。パーソナリティ構造が非常に一面的で偏っている場合、幼年期の発達障害が影響している可能性が高い。この四つの基本的推力の動的バランスを保って生きていけるのであれば、精神が健康であるというよい兆候である。同時にそれは、この人が四つの不安の基本形態としっかり向き合っていけることも意味する。

この四つのパーソナリティ構造は、最初は何らかの強調（アクセント）を含む正常な構造である。この強調が突出して偏ってくると、限界値に達し、四つの正常な基本構造がゆがめられたり、極端な形になったりする。これがパーソナリティ構造の神経症的バリエーション、すなわち心理療法や深層心理学でスキゾイド、うつ、強迫神経症、ヒステリーと呼ぶ四つの代表的な形である。したがってこの神経症的人格は、いずれも私たちがよく知っている一般的な人間存在のあり方の突出した極端な形にすぎない。

結局のところ本書で取り上げるのは、四つの異なるタイプの「世界内存在」である。まだまったく健全と言える段階の「一面性、偏り」という現象形態が、軽度、中度、重度、最重度の障害に発展していく経過について述べていきたい。その際に考慮したいのは、対照的な素質についてだ。しかしとりわけ私たちにとって興味深いのは伝記的な背景である。

その前に一つ指摘しておきたいことがある。四つのパーソナリティ構造の記述は類型論のように見えるが、他の類型論とは異なる。それは主として心理療法と深層心理学の知識と経験に基づいており、体質や気質から導き出される類型論ほど宿命論的ではないし、取り消し不能なほど決定的でもない。こうした類型は不可避で不変で既定のものとして受け取られているが、私の関心はそれとは別のところにある。

人はある一定の身体的特徴を有しているからこれこれであるなどと単純には言い切れない。人は世界や人生に対して、自分の生育史の中で獲得した何らかの態度と行動をとり、それがその人のパーソナリティを形成し、一定の構造上の傾向となる。運命によって定められたこと（遺伝による精神物理学的な素質、両親や養育者のパーソナリティを含む子ども時代の環境、本人が生まれついた社会とそのルール）は、ある程度は自分の手でつくりなおし、変えられる。いずれにせよ、ただ受け取るだけのものではないのだ。本書で言うパーソナリティ構造は、人間像全体の部分的側面として理解してほしい。私たちの実存のその部分的側面は、当初は運命のめぐり合わせによって未発達だったり、なおざりにされていたり、誤った方向に導かれたり、過度に影響を及ぼされたり、抑えつけられたりしているかもしれないが、あとから成長することによって、身についた構造は変えられる。その人がイメージしている全体像や成熟、または各人が自分のために達成可能な完成度をめざして、パーソナリティ構造は変えられるのだ。

したがってここでは四つの一般的に当てはまる基本的態度と行動可能性から出発し、私たち人間の諸条件および依存性と対置させていく。ここで想起されるのは、一見両立できないものが生きた秩序と均衡を保っている宇宙という手本である。

神経症理論の専門用語を四つの基本形態にそのまま使用したこと、いわゆる「健康な人」に関しても使用したことには、実用面での利点があると考えている。この用語から、生育史上の由来と神経症のタイプを読み取ることができるからだ。同時にこうした用語はかなり定着してきているために、新たに命名するまでもないと思われた。読者は本書を読むうちに、スキゾイド（統合失調質）、うつといった用語に親しみ、実際にイメージできるようになるだろう。

本書では、他の文献においてよく見られる「不安」と「恐怖」の区別には言及しなかった。この区別は私の基本概念に関してはさほど重要でなかったからだ。またこの二つの用語の使い方が通常の語法ではあやふやで、説得力のあるものとは思えなかった。私たちは死の不安、死の恐怖という表現を使うが、この二つを区別することには無理がある。恐怖は具体的で特定のものと関連付けられ、それに対して不安ははっきりしない非合理なものに関連付けられるとよく言われ、それなりの正当性はあるものの、それほど確固たるものではない。その伝でいけば、神への畏敬と神への不安の区別もあやふやだ。したがって私は不安と恐怖を概念として使い分けることは本書ではあえてしなかった。

この本は、個々人が生きることを助け、自己理解と他者理解を促し、幼い時期が私たちの成長に重要な意味をもつことを明らかにするために書いたものだ。そればかりでなく、私たち自身がその一部であり、そこから多くを学ぶことができると私が考える宇宙の偉大な相関関係に気づいてもらうこと、再認識してもらうことも本書のねらいである。

コミットメントに対する不安

スキゾイド・パーソナリティ

さあ、有象無象の間でうごめいている連中とは違う人間になろうじゃないか。
シュピッテラー

私たちがスキゾイド・タイプと呼ぶパーソナリティについて考察したい。そのパーソナリティの根源的問題は（不安という側面から見ると）コミットメントに対する不安であり、同時に（基本的推力という側面から見ると）「自転」の推力、心理学の用語で言うと自己保存と自我境界をきわめて重視して生きていることにある。

私たちは誰でも、他人と取り違えようのない個でありたいと望んでいる。この願いがどれくらい強いかは、誰かに間違った名前で呼ばれたり、名前の発音を間違えられたりしたときにどれほど敏感に反応するかで見ることができる。私たちは勝手に取り替えることができるような存在になることを望まず、個として自分の独自性を意識したいと考えている。他人と自分を区別して線引きしようという努力は、社会的存在として集団に所属したいという欲求と、コインの表と裏のような関係にある。私たちは自分個人の利益を追求したいと思うと同時に、仲間との連帯と親密な相互関係を保ち、責任を担いたいと思っている。ではある人が他者との関わりを否定し、自己保存を優先して生きようとするとどうなるだろうか？

その人はできるかぎり依存性を断ち、自立しようと努力するだろう。誰にも頼らず、誰も必要とせず、誰に対しても義務を負わずにいることが、決定的に重要になる。したがってその人は他者から離れ、距離を保つ必要があり、他者と近づかず、限定的な関係しかもたない。この距離を踏み越えると、その人は自分の生活空間が脅かされたと感じ、独立性と不可侵性の欲求が脅かされないように全力で抵抗しようとする。こうして他者と接近することに対する典型的な不安が生じる。しかし生きていく中でこの近さを回避することはできないから、その人は自分の身を守れるような防御姿勢を模索することになる。

するとその彼または彼女は特に個人的な接触を避け、誰とも親密な関係を築こうとしなくなる。一対一で会うことやパートナーとの出会いを避け、人間関係をビジネスライクなものにするのだ。人とつき合う場合には、自分の匿名性が保て、しかも共通の利害関係によって帰属意識が生まれるようなグループまたは集団にいるときが、いちばん快適だと感じる。できることならおとぎ話に出てくる隠れ蓑を使って身を隠し、他者の生活にそれと気づかれずに加わり、身をさらすことなく介入できるのが望ましい。

まわりの人々の目には、こうした人は、よそよそしくクールで、距離があり、話しかけにくく、事務的で、冷淡だと映る。奇妙で風変わりで、その反応が理解しがたく奇異だとすら思われることがある。長年の顔見知りでも、真に知り合うことができない場合もある。こういう人は、まわりの人々と仲よくしているように見えても、翌日になると彼らと一度も会ったことがないかのようにふるまうことがある。近づけば近づくほど、突如としてそっぽを向くのだ。その反応はとても理解しがたく、ときにはわけもなく攻撃性や敵意を剥き出しにするために、まわりの人々は傷ついてしまう。

親密さ、胸襟を開くことに対する不安のために、親しく接近することをことごとく避けてしまうので、スキゾイドの人はますます孤立し、孤独な状態に陥ってしまう。親密さへの不安は、特に誰かがその人に近づきすぎたとき、あるいはその人が誰かに近づきすぎたときに生じる。好意、共感、やさしさ、愛という感情は、私たちをより近しい存在とするので、特に危険だと感じるのだ。その人がこうした状況を拒絶し、敵視し、他者を唐突に退ける理由はここにある。こうなるとその人物は突然スイッチがオフになったようになり、絶交し、自分の殻に閉じこもって、応答しようとしない。

それによって周囲の世界とのあいだに大きな亀裂が生じ、これが年月の経過とともに大きくなり、その人はいっそう孤立化する。その先にはさらに深刻な問題が待っている。すなわち、周囲の人々と離れているために、ますます他者を理解できなくなるのだ。他者について知る体験が欠如していくうちに、人とのつき合いがおぼつかなくなる。やがてその人は、他者の心の動きがまったくわからなくなる。こうしたことは、親密な関係ややさしい心遣いの中でしか体験できないからだ。そこでその人は他者と向き合うときに推測と想像力に頼るしかなく、他者に対する自分の印象とイメージと知覚が、自分の空想や投影〔自分の感情や性質を無意識のうちに他人に移しかえる心の働き〕にすぎないのか、それとも現実なのかがわからずにひどく疑心暗鬼になってしまう。

　この関連で、こうした人が世界をどのように認知しているかを例示するシュルツ＝ヘンケ〔ドイツの精神分析家〕のイメージは、前述の説明をさらにわかりやすくしてくれるだろう。それは誰もが経験したことがある状況だ。駅で、自分がある列車に乗って座ったとしよう。となりの番線にも列車が停まっている。突然、この両方の列車のどちらかが動き出す。最近の電車はほとんど気づかないほどスムーズに発車し、ガタンと揺れたりもしないので、電車が動いていることを私たちは視覚的な印象のみで確認する。とっさにどちらの電車が動いているのかわからず、静止している外の物を観察することで、自分の乗っている列車はまだ停止していて、動いたのはとなりの列車だということ、あるいはその逆だということがわかる。

　このイメージはスキゾイドの内面の状態をわかりやすく説明してくれる。彼らは、自分が感じ、知覚し、考え、あるいは想像したことが、自分の内部にのみ存在するのか、自分の外部にも存在するのかをよく理解できない。しかもそれは健康な人間が受け入れられる不安をはるかに上回っているような不安である。まわりの人々と密接な関係がないので、それに照らして確認できるような規準がない彼らは、自分の経験と印象を評価しようとすると、それが現実なのか、それとも単なる「空想」で、自分の内面の世界にだけ属しているのかわからなくなってしまう。他人は自分をばかにしているのか？　それとも自分がそう思い込んでいるだけなのだろうか？　今日、上司はほんとうに自分に冷たかったのか、文句を言っていたのか、ふだんとは違っていたのか——それとも自分の思い過ごしなのか？　自分は何か人目を引くようなことをしているのだろうか、いつもと何か違っているのだろうか、それともみんなが自分を変な顔をして見ているのは思い違いだろうか、といった具合だ。こうした疑念には程度の差があり、つねに疑心を抱いている状態や病的な自己関連付け〔問題が起きた際に、根拠がないのにすべては自分のせいだと思い込むこと〕から、妄想や錯覚まである。この場合、当人は内面と外面を実際に取り違え、しかも投影を現実ととらえているために、自分が取り違えているという認識がない。こうした不安定な状態がずっとつづき、とりわけ前述のように他者との親密なコンタクトが欠如しているために修正ができないとしたら、どれほど苦しく不安なことだろう。誰かに相談したり、自分の自信のなさや不安を伝えたりするには、相手が気を許せる親しい人であることが前提になるだろう。誰ともそうした親しい関係にないとしたら、理解されず、嘲笑されたり変人扱いされたりするのではと、恐れてしまうに違いない。

強い不信感と根深い不安感から（後述するが、これは希薄な人間関係の原因であり、結果でもある）、スキゾイドは、この世界で自分たちによりよい方向付け《オリエンテーション》を与えてくれるだろう機能と能力を開発しようと努力する。すなわち感覚器官、真相を見抜く知性、意識、理性である。すべて情緒や感情に関係するものは不安を引き起こすので、彼らは感情から引き離した「純粋な」知識を手に入れようと努める。こうした知識は信頼できる結果を確実にもたらす。ここですでにわかると思うが、スキゾイドが厳密な科学に取り組もうとする理由は、それが彼らに確実性と、主観的体験からの決別を約束してくれるからだ。

この合理的な側面の発達に比して、感情の発達が置き去りにされている。なぜなら感情というものは、親しい相手、パートナー、情緒的な結びつき、心の交流を必要としているからである。したがってこうした人々に特徴的なのは、知能は平均以上に発達しているのに、情緒面で未発達な印象を与えることだ。彼らはしばしば感情面の発達が遅れているどころか、退化している場合すらある。その結果、人間関係が多くの場面で不安定になり、それが日常生活の大きな障害の原因となりうる。彼らには人づきあいにおける「中間色」というものがないのだ。問題と向き合うことを容易にしてくれる「ニュアンス」の持ち合わせがないのである。以下に一例を挙げよう。

大学で、ある学生が研究レポートの発表をしなければならなくなった。彼は周囲とのコンタクトがなく、その上「高慢」だったために（こういう態度をとることで、彼は自信がない自分自身を隠していた）、ふつうはこういうときにどうしたらいいのか仲間に訊くという考えは浮かばず、自分一人で悪戦苦闘した。彼は自分のレポートが求められている内容にふさわしいのかどうかまったく確信がもてず、レポートの評価をめぐって過大な自己評価と劣等感の間で揺れ動いた。それが傑出した天才的なものだと思うときもあれば、ひどく凡庸で不十分なものだと感じもしていた。他の学生のレポートと比較して検討することもできない。そんなことをするのは仲間に対してばつが悪いし、アドバイスを求めたら自分の体面が傷つくと考え、そうしたことが当たり前だとは知らなかったのだ。こうして彼は参考にできるものがなにもなく、必

要以上に大きな不安を抱くにいたった。仲間とごく自然につき合えれば、そんな不安に陥ることもなかっただろう。

類似の状況や行動パターンは、スキゾイドの人の生活には山ほどあり、月並みで日常的な出来事ですら非常に困難なものになってしまう。彼らは自分たちの困難がコミュニケーションの次元から生じるもので、能力の欠如が問題なのではないことがわからないのだ。

スキゾイドの人とその愛

すでに述べてきたようにスキゾイドの人にとって特に問題になるのは、人との接触が重視される発達段階である。幼稚園入園や小学校入学、思春期、異性との出会い、パートナーとの関係、その他のすべての人間同士の絆がこれに当たる。距離が縮まることはつねに不安の引き金となるので、スキゾイドは誰かに近づけば近づくほど、あるいは、愛し愛される危険が迫ってくればくるほど、引っ込まざるを得なくなる。これを誰かに身を委ねること、誰かに依存することとしかとらえられないからである。

子ども時代にあらわれる他者とのコンタクトのむずかしさは、両親や教育者がスキゾイド問題のきっかけだと認識すべきだろう。そうすればこの問題を深い痕跡を残す前に受け止めるか、少なくとも緩和することができるかもしれない。子どもが幼稚園や学校で対人関係に困難を覚えている、友だちができない、アウトサイダーや一匹狼のように思っている、あるいは周囲からそう思われている、思春期の若者が異性を避けて本ばかりに没頭している、つきあいを避けている、一人で時間つぶしをしている、他者と話し合うことをせずに人生の意味について一人で考え込んで、この時期の困難な世界観の危機を切り抜けようとしている——というケースはどれも要注意で、両親は識者にアドバイスを仰ぐ必要があるだろう。

スキゾイド・パーソナリティにとってさらに問題なのは、思春期のあとに他者とパートナーシップを築くことを迫られる時期がくることだ。なぜなら恋愛においては、私たちは相互に情緒的にも肉体的にも相手にもっとも近づくことになる。恋愛相手との出会いは、私たちの自己存在と独立性を脅かすとも言え、相手に対して心を開けば開くほど、自分を守りたい気持ちが働く。そのためにこうした出会いはしばしば暗礁に乗り上げる。これまで意識せず自分でも気づいていなかった問題が、痛いほど自覚されるようになるからである。こうした人は、親しさや交流、やさしさや愛に憧れる気持ち、頭をもたげてくる性への欲求をどうやって他者に伝えたらいいのだろうか？　前述のようにまわりの人間との接触が欠け、その年齢であればすでに他者とのつきあいの中で育まれているはずの「中間色」が欠如して未熟な中で、セクシュアリティを完成させることは特にむずかしい。こうした場面でも、彼らは行動に出るときの中間色が欠如している。人に訴えかける攻略的な側面も、誘惑的で献身的な側面もないのである。彼らは愛情を示す言語表現または感情表現の細やかさを知らず、自分を他者の立場に置く感情移入も基本的にむずかしい。

強い欲望と親密さに対する不安の間の葛藤を解決しようとする試みは、さまざまな形であらわれる。しばしば見られるのは、義務を負わされない、簡単に別れられる関係、あるいは純粋にセックスのみの関係をもち、セクシュアリティを自分の「感情経験」と分離してしまうケースである。その場合、パートナーはその人にとって自分の官能を充足させてはくれるがそれ以上の関心はない、単なる「セックスの対象」にすぎない。しかし情緒が関与していないので、このパートナーシップは簡単に取り替えがきく。こうしてその人は、相手に深入りして感情面では不器用で未経験であると露見しないよう自分を守り、同時に本気で愛してしまう危険からも自衛しているのだ。同じ理由から、こうした人物はパートナー側から愛情のあかしを示されることにもおしなべて拒否的である。相手にどのように答えたらいいのかわからないのだ。

・ある男性の場合。彼は結婚仲介所に行き、見せてもらった写真の中からいちばん気に入らない女性を選び出した。彼女は彼にとって少なくとも危険な存在にはならないだろうし、彼に恋愛感情を起こさせることもないだろう。

・ある女性の場合。彼女はおそらく今後会うことはないだろうとわかっている男性に限って肌を許すことができた。

・ある既婚男性の場合。彼は家族と住んでいるその同じ町に秘密の家を持っていた。定期的にこの家に引きこもり、家族の元に戻る気分になるまで誰とも連絡をとらない。妻と家族とあまりにも近くにいて、彼らの感情の要求に応えなくてはならない状況から自分を守るためにそうする必要があったのだ（妻と家族は、彼が逃げようとするためにかえって強く彼をつなぎ止めようとするようになり、それがまた彼の逃亡欲求を強化することになってしまった）。

こうした事例から、スキゾイドの人は自分がつなぎ止められ、拘束され、独立を奪われ、蹂躙されることに対する不安がどれほど大きいかがわかる。彼らのしばしば奇矯で不可解なリアクションは、そのように考えなければとても理解できない。スキゾイドがほんとうに必要とし、またある程度信頼しているのは、自分だけだ。そこで自分の不可侵性が実際に脅かされたり、脅かされているように感じ、自分を失わないために必要な、相手との距離が侵害され、許容範囲を越えて侵入されると敏感に反応する。もちろんこの行動は、親密な雰囲気やパートナー間の愛情とはまったくなじまない。こうした生活感情があるために、彼は人との結びつきを、自分であることを放棄しなければならない強制だと感じる。しかしこれは、相手と身近に寄り添い、いつくしみ合うパートナーシップではもちろん避けられない。彼は時として尻ごみするあまり、結婚式場や戸籍役場でくるりと回れ右して帰ってしまう。

ある若い男性は、つき合っているガールフレンドに強く求められて婚約した。二人は数年前から交際していたが、彼は拘束されるのがいやだった。彼は指輪を持って彼女を訪問し、二人は婚約を祝った。彼女の家を辞去してから、その男性はあらかじめ用意してきた手紙を彼女の家の郵便受けに入れた。それは決めたばかりの婚約を破棄するという内容だった。

こうした行動様式は、スキゾイドの場合けっして珍しくない。彼らは一定の距離を保って手紙を書いたりする分には感じがよく、愛情を感じさせるのだが、実際に接近するとすぐに元の立ち位置に戻り、心を閉ざしてしまう。

すでに述べたような性生活と感情生活の分離によって、衝動的な側面が、いわば弾き出されてしまうのだ。パートナーは単なる「セックスの対象」となるばかりでなく、性生活そのものが機能的なプロセスに終始するあまり、実りのないものになってしまう。こうした人は情愛のこもった前戯も官能生活も知らないばかりでなく、パートナーの欲求にはお構いなしに直接自分の目標に向かっていく。細やかな愛情は影をひそめ、パートナーは痛みを感じ、乱暴な行為は苦痛でしかなくなる。その背景には、無意識ではあるがパートナーの反応を望む気持ちがあるのかもしれない。しかも満足感が得られると、たちまちパートナーを突き放す傾向が見られる。「**終わったあとは……**（これは性交のことを指す）「……**彼女を放り出したいぐらいです**」――これはあるスキゾイドの男性の特徴を明らかにしている発言だ。彼はパートナーの女性が求める感情を表現することに不安を抱いていた。

さらにむずかしいのは、スキゾイドの人がパートナーに対し、愛と憎しみの間の著しい葛藤、愛されることができるかどうかについての強い疑念を抱いている場合だ。そうすると彼または彼女はパートナーにくりかえし真価を証明するためのテストを課し、相手から新しい愛のあかしを要求し、疑いを晴らそうとする。これが高ずると、精神的なサディズムからさらには本物のサディズムにいたってしまう。その行動はきわめて破壊的になる。パートナーの愛情のあかしは軽視され、矮小化され、分析され、疑われ、あるいは悪意をもった性癖だとねじ曲げられる。たとえばパートナーの自然発生的なやさしい心遣いは、良心の呵責があるとか、罪悪感のあらわれだとか、取り入ろうとしている（**「何が欲しくてそうしているの？」**、**「何の埋め合わせ？」**）などと解釈される。彼らは関連付けをする論理的な心理学の才能をもっている場合がほとんどなので、上述のような偏向的な再解釈はいくらでも起こりうる。クリスティアーネ・ロシュフォールは、小説『戦士の休息』でこのような関係を描き、愛することができる女性が、スキゾイドなパートナーとつきあって、徐々に彼女の許容限界までいたる状況をうまく描いている。

スキゾイドなパートナーは、だまされまいとして、自分と相手のすべての情愛のこもった感情の動きをシニシズムでぶち壊してしまうこともよくある。パートナーが心をさらけ出して、もっともあたたかい愛情を示しているその瞬間に、相手のいちばん傷つきやすい場所を突く。態度や顔の表情や次のような言葉で、皮肉り嘲笑するのである。**「そんな忠犬みたいな顔してこっちを見ない**

で」、「いま自分がどんなまぬけな顔をしているか、わかってるの」、「そんなばかみたいな愛の誓いなんかやめて、本題に入ろうよ」など。

当然のことながらパートナーの愛の衝動は完璧に破壊される。もっともその人が飛び抜けた愛の能力をもっていたり、逆にマゾヒスティックなタイプで、罪悪感、喪失不安あるいはその他の動機から、すべてを甘受しなければならなかったり、あるいは痛めつけられることに喜びを覚えるような人であれば別である。そうでない限り、パートナーは最終的に退いてしまうか、憎みはじめる。それをスキゾイドは勝ち誇った気持ちで受け止め（「ついにあなたの本性があらわれた」）、自分の行動で相手をそれほどまでにしてしまったと理解しない。アウグスト・ストリンドベリはその自伝的小説でこうしたスキゾイドの悲劇を数多く記す一方、こうしたパーソナリティが生まれる生育史上の背景を印象深く描き出している（『女中の子』など）。同じくストリンドベリの小説『大海のほとり』の主人公、スキゾイドのアクセル・ボルクの描写は傑出しており、明らかに筆者本人の傾向が反映されている。

情緒面の冷たさがさらに進むと、極端で病的な面を帯び、レイプからさらには快楽殺人ぎりぎりの域に達してしまう。特に生のままの憎悪と復讐が無意識にパートナーに投影され、精神分析の用語で「転移」した場合がこれに当たる。これは本来、子どもだった頃につながりがあった人に向けられた未解決の感情である。パーソナリティ全体に統合されず分離してしまった欲動は、つねに危険である。さらに、すべての性犯罪では、パートナーに感情移入する能力の大幅な欠如と感情の萎縮が認められる。

パートナーと情緒的な結びつきをもつこと、そもそもパートナーを見つけることが困難であるために、スキゾイドの人はしばしば一人でやっていこうと考える。自分自身をいわばパートナーとして、もっぱら自分で満足に浸るのだ。あるいはフェティシズムのように代替対象に逃れる場合もある。もちろんこうした代替対象では愛する能力は発達しない。しかしこうした異常な愛の能力の形も、愛したい気持ち、希望の追求の表現という部分がある。

スキゾイドの場合、その他の点では高度に分化した人格でも、セクシュアリティの面で未発達なケースが珍しくない。性的に未成熟な子どもや青年を性交渉の相手として選ぶということがしばしばあるのは、人との接触に著しい問題がある人は、こうした相手にはあまり不安を感じず、無邪気な信頼を期待できるからだ。

抑圧された「愛する能力」と、自分を捧げることに対する憧れが、著しい嫉妬や嫉妬妄想となって突然あらわれることがある。彼らは自分のふるまいがどれほど魅力的でないか、愛する能力がどれほど欠如しているかを感じ取り、誰かをつなぎ止めることなど、とてもできないと予感している。そのために彼らは、いたるところで、自分より魅力的で愛する能力に長けたライバルの存在を嗅ぎつけてしまう。そうなると、パートナーの罪のない自然なふるまいも、屁理屈とあら探しによって、意味深長で意図的で悪魔的なものだと、再解釈されてしまう。これは関係妄想にまで発展し、時が経つにつれて二人の関係は耐えがたいものになり、最終的には強い破壊欲によってだめになってしまう。本人もこの破壊欲に苦しんでいるのだが、そのようにしか行動できないのだ。モチベーションはこんな感じだろう。「自分が愛される可能性がないようなら、自分がしっかりつかまえていられないものは、この手で破壊したほうがましだ。そうすれば自分は少なくとも行動する側であり、苦しむ一方ではない」。愛し愛されたいと思うまさにそのときに、とりわけ愛されそうにない行動に出るわけがわかるだろう。それで相手に背を向けられたら、本気で相手の気を引こうと頑張ったにもかかわらず去られた場合よりも痛みが少なくてすむ。こうした失望の予防策は、スキゾイド・パーソナリティでは珍しくない。これはまた（ほとんど無意識ではあるが）パートナーの真価をはかるテストでもある。自分がこんな行動をとったのにまだ愛してくれるのなら、相手の愛は本物だというわけだ。彼らが自分自身を愛すべき存在だととらえることがいかにむずかしいかがよくわかる。極端なケースでは、不信と嫉妬が殺人の引き金になる。相手が自分を愛さないのなら、他の誰も愛せないようにしてやると考えるからである。

スキゾイドの人は、コミットメントに対する不安を、たいていは束縛に対する不安としてのみ意識する。コミットメントへの憧れは私たちの本性でもあるのだが、抑圧によって鬱積し不安が強まると、コミットメントとは、完全に自分を明け渡してしまうこと、自分を放棄すること、相手に飲みこまれてしまうことだと思い込む可能性がある。するとパートナーがまるで悪魔のように思われ、不安は遡及的にふたたび強くなってしまう。そう考えると、通常は理解しがたいスキゾイドの人の行動もわかりやすくなる。特に全権力を掌握しているパートナーに脅かされているという感情からくる唐突な憎悪が、これに当たる。彼らはそもそも自分自身の投影が他者にそのような力を与えていることを認識していない。

したがってスキゾイドは継続的な感情関係を結ぶことがむずかしい。彼らは短期的、集中的で変化する関係を好む傾向がある。結婚は彼らにとって人間がつくり出したもののあらゆる不完全性を包含する制度なので、もしもそれがもはや満足のいかないものとなれば、もちろん解消できる。結婚は人間の欲求にもっと配慮すべきで、その欲求に適合していなければならない、と言うのである。不倫は、彼らの意見によれば長期的な関係においては不可避である。彼らは自分のためには自由を要求し、この自由をパートナーにも容認するのにやぶさかではない。ただし理論的にはそう思っていても、現実にどうするかは別の話だ。彼らはときには結婚をめぐる理論家、結婚改革論者になる。いずれにしても、彼らは伝統としきたりに抗して自分のライフスタイルを貫徹し、自分の納得のいくように生きようとし、その点に関しては、他の誰よりも自己の信念を主張する勇気と誠実さをもっている。長期的な関係を結ぶ場合もあるが、法律的な手つづきには慎重で、同棲関係が多く見られるのはそうした理由からだ。彼らは、母親との関係を早くに断ち切られたり、母親に失望したりしたのち、年上の母親のような女性と関係を結ぶこともある。この関係は、子ども時代に失ったものを取り戻す助けにもなりうる。こうした女性は自分のほうから大きな要求をせずに、あたたかさと安心を提供してくれる。彼女たちは「与える人」で、相手の状況に対して直感的な理解を示し、相手が与えられないものを期待したりしない。そのために彼は、通常自分が許容するよりも強く拘束されてしまう場合がある。子ども時代のトラウマによって深く傷つけられた者だけが、女性に復讐しようという衝動を秘めた強い女性蔑視を抱くようになる。スキゾイドはその半生で女性的なものに親しまず、脅威を感じてきたために、同性に向かうことも珍しくない。または、男性的な特徴をもちフェミニンな印象をまったく与えない女性パートナーを選ぶ。その関係は、むしろきょうだいか仲間のようで、性的な魅力よりも共通の興味に基づいている。すべての関係において彼は長くつづく親密さに耐えられない。当然、寝室は別というのが彼の要求だ。パートナーは彼が防御態勢になり自分からさらに離れていくことを避けたいなら、その要求に理解を示さなければならない。

要するに、スキゾイドの人は愛する能力を培うのが非常にむずかしいと言える（その理由については後述する）。彼らは自分の自由と自主性を制限する恐れのあるすべてのものに対して過度に敏感だ。寡黙であまり感情を表に出さないが、パートナーが押しつけがましくない形で愛情を示してくれたり、故郷のような懐かしさと安心感をほんの少し与えてくれたりすると、とてもありがたがる。こうしたタイプの扱い方を心得ている人ならば、彼らが愛情をうまく示したり認めたりできなくても、そこには確かに深い愛情があるとわかるだろう。

スキゾイドの人とその攻撃性

この箇所と、以下の各章でも、私は「憎悪」ではなく「攻撃」という語をあえて選んだ。なぜなら攻撃はもっとも頻発する憎悪の表現形式であり、そのさまざまな現象形態について述べるほうが理解しやすいからである。不安と攻撃とは密接に関係している。おそらく、不快感と不安が攻撃を引き起こすと考えられる。嫌という感情は幼児期における不安の原形、つまり不安の未発達な形態なのだ。この時期には、私たちはのちになって身につけるこうした感情の処理法や不安の克服法がわからず、不快感と不安になすすべもなく身を任せてしまう。幼児期にこうした感情を引き起こすのは、空腹、寒さ、痛みといった強度のフラストレーションだ。それは自分なりのリズムの妨害、生活圏の侵害、感覚器官の過負荷と運動の自由の制限、他者の度を超えた接近と介入によって自己の存在が著しい影響をこうむること、そして孤独である。したがってこの時期の不安というのは、強烈な不快感ということになる。こうした状況では、乳幼児の場合、不安と攻撃が時間的にほぼ重なり合う。不快感と不安の引き金は同時に攻撃と怒りの引き金となる。

乳幼児は不安を克服し、不快感を取り去るためにどうするだろうか？　最初はなすすべもない激しい憤りのみだ。それは、泣き叫び、手足をバタバタ動かし、まわりのものを叩くといった運動による爆発の反応であらわれる。幼児期には自分と他者の区別がつかないので、この攻撃性の表出はまだ方向性がなく、誰かに向けられたものではない。彼らはただ精神と有機体の負担を軽減するために、不愉快や不快の浄化を行っているにすぎない。これは発達の初期段階の攻撃の形である。それは原始的で、自然発生的、制御不能、特定の誰かに向けたものではなく、傍若無人で罪悪感もない――したがって前提条件として、周囲の人間がかまってやることが必要になるだろう。

未発達段階の不安の強烈さはかなりのものだ。幼児は完全な絶望状態に陥ると、自分の生存が脅かされ、自分という全存在が脅威にさらされていると感じるからだ。したがって攻撃と憤りがすべてであり、子どもはこうした状況では「憤りでいっぱい」または「不安でいっぱい」になり、これを発散したい、捨て去りたいという衝動にとりつかれる。反射的にきゅっと収縮する、自分を取り巻く世界から身を引く、あるいは前述のような激しい運動爆発は、不安と不快に対する反応の二原型で、他の生物でも見られる。後方に逃げる、撤退する、死んだふりをする、あるいは前方に逃げる、突発的な反応、攻撃などがこれである。

スキゾイドの人はずっと情緒的な絆がないままでいると、不安で、無防備で、見捨てられ、脅かされているという思いをもちつづけ、現実上あるいは仮想上の攻撃と脅威を自分の全存在を危うくするものと感じるようになる。したがってそれに対する彼らの反応は、前述のような意味において非常に未発達なものとなる。すなわち、不安または不安の引き金を排除し、自分の気持ちの重荷を振りほどいて楽になることのみを目的とした、残酷な攻撃に即座に出るのである。

この未発達段階のスキゾイドの攻撃がいかに危険かは、容易に想像がつく。これは、いかなる結びつきも知らない人間が感じる存亡上の脅威に端を発している。この攻撃は何ものにも抑止されず、阻止されないし、人格全体に統合されていない。それは原始的で非情な衝動のカタルシスにすぎない。セクシュアリティに関連して見てきたように、彼らの攻撃と情動は集合的経験から孤立し、分離した、純粋な衝動的なカタルシスであり、全体的な情緒経験と融合していない。彼らは一般に感情移入する能力を欠いているので、抑制力がほとんど働かない。攻撃は、ひきつづき緊張を緩和する役割を果たすにすぎず、コントロールされることなく罪悪感なしに存続する。それに加え、彼らは人間関係から示唆を得ることができないので、他者に対する自分の感情の爆発と攻撃がどのような影響を及ぼすのか想像できない。彼らは「単に」当たり散らして発散したにすぎず、相手は彼らにとってそれほど重要な存在ではなかったのである。したがって彼らはしばしばあまりにも容赦なく自覚がないままに人を傷つけ、ぶっきらぼうな態度に出る。ある若者が男の子を殺したという記事が、日刊紙に出ていた。動機を聞かれて、彼は特別な理由はないと答え、肩をすくめたという。その男の子がなぜか彼の神経を逆なでしたというのだ。集合的経験から孤立し分離させられると、何ものにも縛られていない攻撃は、非常に危険なのである。こうした攻撃性は単なる待機状態だったものが憎悪へと発展し、ほんのちょっとしたきっかけで引き金が引かれることになる。攻撃性はそのうちひとり歩きするようになり、考え得るあらゆる極端な形態をとるようになる。それは特に統合されていない性的衝動と結びついたときが顕著である。この問題については、『ユルゲン・バルチュの自画像』（小児連続殺人事件の犯人、ユルゲン・バルチュに関する本）がショッキングな証明となっている。

アメリカの精神科医キンツェルは刑務所の被収容者を観察し、彼らのうち攻撃的な者は非攻撃的な者と比較して防御円が二倍の大きさであることを確認した。攻撃的な者（ここにはスキゾイドも含まれると考えられる）は、この目に見えない仮想上の防御円の境界を他者が踏み越えると、パニックに陥り、ただちに猛攻撃に出る。ある患者が話してくれた印象的な例は、スキゾイドの人が世界に対してどのような精神状態で向き合っているのかを示している。彼は「**誰かが私のスペースを侵略したら、憎しみが湧いてくる**」と言ったのだ。コンラート・ローレンツが、自分のテリトリーの境界を越えた個体を激しく攻撃するという動物の反応を記述していたのが想起される（コンラート・ローレンツ著『攻撃　悪の自然誌』、みすず書房）。

人と人の間に生じる不安感と、絆の欠如、そしてそこから生じる不信により、スキゾイドの人は他者が接近してくるとそれを脅しと感じ、まずは不安を抱き、すぐに攻撃に転じて反応する。このスキゾイドの基本的な生活感情から、しばしば理解しがたい彼らの反応の多くがわかる。未発達で統合されていない分裂した攻撃性は、暴力行為にまでいたることがあり、自分が攻めたてられていると感じれば、他者をうるさい昆虫のように排除してしまう。集団体験から切り離されたすべての衝動の場合と同じく、攻撃も危険な形でひとり歩きし、反社会的あるいは犯罪的な行動に発展することがある。

しかしこうした極端な例は別にしても、スキゾイドの人は自分の攻撃性をコントロールすることがむずかしい。一般に彼らは自分で苦しみはしないが、それだけにまわりの人間の苦しみは大きい。本来、不安に対する防御だったものが、彼らの場合には好色な攻撃性に転じることがあり、これがそれ自体のために行使されると、ついにはあらゆる可能な形の残虐性とサディズムになる。無愛想、人を傷つける突然の辛辣さ、氷のような冷たさ、とりつく島のなさ、シニシズム、好意的な態度から敵意に満ちた拒絶への豹変は、もっとも頻繁に見られる彼らの攻撃の表現である。ここでも欠けているのが「中間色」、つまり抑制され、巧みで、状況にふさわしい攻撃のニュアンスである。もっともこれは、外から見た場合の話だ。なぜなら、彼ら自身は、体感的に自分の行動は完全に状況にふさわしいと思っているからである。

しかしスキゾイドの場合、攻撃はしばしば抵抗や防護とは違う機能をもつ。攻撃を意味するラテン語 ad-gredi は、もともとは「……に近寄っていく」という意味である。つまりそれはコンタクトをとるための手段であり、彼らにとって実現可能な唯一の手段であることもある。したがってこのような人にとっては、攻撃は一種の求愛であり、たとえば思春期によく見られる、異性に接近するための不器用な試みのようなものだ。こうした場面でスキゾイドの人は、不安と欲望の混じり合った気持ちで、感情を押し隠し、やさしい愛撫をしない（できない）かわりに、あらあらしく攻撃的に相手の体に触り、物笑いの種になるのではと不安を感じ、すぐに引っこむことができるように態勢を整え、好意から反感に手のひらを返し、拒否された場合（または拒否されたと勘違いした場合）には、シニカルな態度をとる。

スキゾイドの人とつき合うときには、彼らの攻撃性は求愛を意味する場合があると知っておくことが大切だ。彼らにとっては好意やその他の肯定的な感情を表現するよりも、攻撃的態度をとるほうがたやすいのである。周囲の人間と接触する経験が著しく欠如しているために、こうした場面でも彼らはまったく自信がもてない。私たちは心理療法を行なった経験からよく知っているのだが、一貫したあたたかい感情で彼らに対しながら、その接触経験の欠如を時間をかけて埋めていけば、彼らは攻撃性を統合させ、それと適切につき合っていくことを学べる。

生育史上の背景

どのようにしてスキゾイド・パーソナリティが生まれ、コミットメントに対する過剰な不安、「自転」すなわち自己防衛の過剰な重視にいたるのだろうか?

素質面でありがちなのは、繊細さ、心の感じやすさ、不安定さ、傷つきやすさがある。自分を保護するために、自分と周囲との間に距離を置く。あまりにも肉体的・精神的に近すぎると、レーダーのように繊細に反応する感受性、透明と言ってもいいいような影響されやすさのために、「うるさすぎる」と感じてしまうからだ。そこでスキゾイドは、世間と人生とに負けないために距離が必要なのである。距離は安心と保護を提供してくれ、他者から過度の影響を及ぼされたり、蹂躙されたりすることがない。彼は素質からしていわば開きすぎたシステムなのであり、「皮膚がない」状態なので、感受したすべての刺激があふれて水浸しのような状態にならないように、境界線をもうけ、部分的に閉じなければならない。

また別の傾向としては、特に強烈な運動的・拡大的、攻撃的・衝動的な素質があり、人間関係を結ぶことを好まず、そうした関係を結ぶ能力も低いために、早い時期から人々に煩わしい、邪魔だと見られる。そのためにこうした人はまわりから退けられ、叱責され、その個性が否定され、受け入れてもらえないという経験を重ねる。こうして不信感から控えめにふるまうようになり、それが彼らの特徴となって、ついには典型的な性格の一面となる。

ここで、上記のような狭義の素質には含まれないが、身体の素質の一部であり、引き金となる要因として環境が大きく影響している肉体などの特性にも言及しなければならない。この本質的な特性により、子どもは両親、特に母親の期待と希望するイメージを当初から裏切ってしまう形になる。この場合、子どもが希望した性別ではないため、あるいは子ども本人はあずかり知らぬ他の身体的特性をもっているために、母親はその子に愛情を抱くこと、子どもがそれを必要としているときに愛することができなくなってしまう。「望まれぬ子」というのがこの範疇に入る。

素質に関するこの視点に加え（しかしながら、それに対する周囲の反応が、素質そのものよりもスキゾイドの進行の原因になっている場合はしばしばある）、スキゾイド・パーソナリティの進行の決定的な引き金と見なされる環境要因がある。このことをよりよく理解するために、私たちは誕生直後と生後数週間の乳児の状況を直視しなければならない。

他の生物とは異なり、人間の子どもは非常に長期にわたってまったく無力で、周囲の環境に完全に依存している。アドルフ・ポルトマン〔スイスの生物学者、思想家〕は人間とは、「早く生まれすぎた」生き物だと言っている。

子どもが徐々に周囲を信頼して、最初の「他者」を発見できるように、周囲の人々は子どもにとって受け入れられ、信頼感を呼び覚ますものでなければならない。「受け入れられる」とは、年齢相応なその子の欲求に対応しているという意味である。乳幼児は、安全で安心かつ快適で、自分に合った生活条件に守られていると感じられる環境を必要としている。子どもは、自分の欲求がごく自然に満たされるこの「天国のような」段階を経験することを許されなければならない。なぜなら破壊されるという不安なしに、徐々に勇気をもって人生に身を任せるという子どもの能力は、この原信頼に基づいているからである。

おかしなことに私たちはこの乳幼児に必要な生活条件について、長いこと非常に漠然としたイメージしかもっていなかった。多くの場合、乳児の識別能力と知覚能力は過小評価され、外界が乳児に与える影響に関しても同様だった。そのことに関して非常に印象深いのは、スイスの小児科医シュティルニマンの新生児の研究だ。その著書『新生児の心理学』から引用しよう。「他の点では非常に信頼のおける本ですら……新生児は生後六週間までは痛みの感覚がないとしている。……それが当たっていないことを、私は注射時に観察した。実験に基づいて確実に予見できたことだったのだが、……新生児は翌日に二本目の注射をしようとすると、すでに消毒の段階で泣きはじめた」。さらに記憶については、こうある。「……出生前の記憶もある。ホテルや飲食店で働いていた女性の子どもは、夜勤の看護師の観察によると、特に泣いたりすることもなく真夜中まで目を覚ましていた。一方、パン屋で働く女性の子どもは、毎朝二時から三時の間に落ち着かなくなる。母親が昼間に働いて夜は安静にしていた場合、その子は出生前からすでに運動と休息のリズムに慣れ親しんでいた」

この点についてはまだ研究の余地がかなり残っていることは明らかだ。しかしこの引用やその他にもあるシュティルニマンの観察結果から、私たちが新生児の感覚、知覚、感情をかなり過小評価していたことは明らかだろう。これまで長い間、乳児に対しては適切なケアや栄養、衛生がもっとも重要で、それさえあれば十分であるかのように思われていた。乳幼児期に関する徹底した研究、特にフロイトと彼の弟子たちの精神分析によって、私たちはまったく新しい洞察を得て、行動研究がこれをさらに補完している。こうした先達のおかげで、最初期の印象と幼児期の経験がもつ大きな意味、特に生後数週間の意味合いについて知ることができたのである。

もっとも、ゲーテもすでに同様の認識を示している（一八一〇年にゲーテがクネーベル宛てに書いた書簡より）。それはこうだ。「私たちが引き起こしている基本的な害悪は、初期の教育にあまりにも不熱心だということです。ところがこの時期にその人の将来の全性格、全存在のほとんどがかかっているのです」。しかしこういう直感的な洞察は個別に散見されるのみで、必要な結論がそこから引き出されなかった。

今日の私たちは、子どもが出会う最初の環境には、前述した欠くことのできない新生児ケアと並んで、情緒面のあたたかさ、思いやり、適切な量の刺激と静けさ、生活空間の確かな安定感が必要だということを知っている。そうすれば子どもは自分を信用し、周囲の環境に対して自らを開いて応答し、これに順応することができる。ここで特に重要なのは、子どもが体のすぐ近くにあるやさしさを、十分に経験することだ。

その逆にもしも子どもがきわめて早い時期に、世界は邪悪で信頼できず、空虚なものだと体験し、あるいは圧倒的で威圧的だと感じたら、世界から身を引き、こわがるだろう。信頼して世界のほうに向かうかわりに、子どもは人生の最初からひどい不信感をもつことになる。頻繁に長時間にわたって一人にされた子どもが経験する世界のむなしさも、過剰な刺激や目まぐるしく変化する印象も、子どものスキゾイド傾向の助長を招く。子どもは世界にアプローチする最初の試みを邪魔され、自分自身の内部にいわば投げ返されてしまう。

ルネ・スピッツ〔ウィーン出身の精神分析家〕は、誕生直後の数週間に長時間にわたって母親から離されたために、きわめて早くから母親の愛を喪失した経験をもつ子どもは、発達段階において重度の障害ひいては治癒不可能な障害を起こすとしている。たとえ、栄養状態は最高で、衛生条件は申し分なく、子どもも十人に対して小児科の看護師一人が配置されている施設のようなところであってもだ。幼児期にネグレクトされ、あるいは過剰な刺激におびえさせられた子どもは、発育段階において、少なくともかなりの発育の遅れ、一面性、欠乏症状、あるいは年齢不相応な早熟などの状態を呈する。これは彼らが必要な生活条件を与えられないか、与えられても不十分であり、それによって年齢不相応の不安にさらされたからだ。

こうした早期のスキゾイド的な障害は特に誕生時から望まれていなかった子、愛されなかった子に顕著である。病気や母親を失ったなどの理由で病院に長く滞在して早期に別離を体験した場合も当てはまる。同様のことが、愛情がないあるいは無関心な母親、母になるには未成熟な若すぎる母親のケース、「金の檻の子ども」にも当てはまる。これは母親が子どものための「時間がない」ために、愛情が乏しい、あるいは無関心な「使用人」の手に委ねられた子どもたちを指す。あまりにも早く復職し、子どもを放置せざるを得なくなり、彼らにそのとき必要なものを与えられない母親のケースもある。

スキゾイド・パーソナリティが生まれる原因としては、きわめて早い時期におけるあたたかい愛情の欠如と並んで、子どもに静かな時間を与えず、子どもの欲求を知ろうとする感受性を持ち合わせていない母親にありがちな、過剰な刺激の提供がある。これだけではピンとこないかもしれないので、もう少しくわしく述べよう。乳幼児の最初の方向付けのためには、周囲の環境がたしかな安定性を提供し、それを通して徐々にその子が環境に親しみ、信頼感を得られることが必須である。親しむということは、信頼関係の基本である。「重要な他者」〔個人にとってつながりの強い他者。特に小さな子どもの頃に考え方や行動において大きな影響を与える人〕がしょっちゅう変わったり、頻繁に環境が変化したり、感覚的印象が多すぎたりすると、処理がむずかしくなる（ラジオやテレビの騒がしい背景音が鳴りやまない、子どもの睡眠時間にも明るい照明がついている、頻繁に旅行して落ち着かないなど）。こうした環境の騒がしさは問題だが、子どもの内部に侵入してきて、静かにしていたい、一人になりたいという子どもの欲求を踏みにじり、子どもをかまいすぎ、どこにでも引っ張り回し、子どもが自分の衝動に身を任せることを不可能にする母親も問題だ。子どもは引っ込み思案になり、不安と困惑のために心を閉ざしてしまう。こうした環境以外にも、子どもに早い時期から過剰な要求を突きつけ、器官の成長を阻害してスキゾイド傾向を強めさせるような環境というものがある。たとえば、問題が多くて未熟で、自分の問題点や人生をうまくコントロールできていない大人の間をかいくぐるようにして生きなければならない子どもの場合だ。周囲を覆う不安定な環境の負荷を自分が背負い込まなくていいように、子どもは非常に早くから雰囲気を察知し状況を理解することを学ばなければならない。親が自分のよりどころにならず、それどころか親自身が自分のよりどころをもっていないために、子どものほうが親の役割を担うことも珍しくはない。もちろんそれは子どもにとって途方もない要求である。自我を見出す前に、親の役割を押しつけられ、大人を理解しなければならない。その子はつねに全方面を見て考え、取りなし、理解し、調整しなければならないために、自分自身になることができない。こうして子どもは自分自身の人生を生きられず、他者の人生を考えて生きなければならない。それは自分の子どもも時代を欺く結果になるだけでなく、存在の中核も自信も未発達なままで、ぐらぐらした地面の上に立っているような人生の基本感情を抱くようになるだろう。

そのような状態では、竜の血を浴びて自分の皮膚を強靱にしたゲルマン神話のジークフリートのように、まわりに弱点をさらさないために自分を強くしなければならない。それでも傷つきやすい箇所は残る。どうやったら自分が傷つかないようにできるのだろう？　隠れ蓑で姿が見えないようにして匿名でこの世を渡り、感情の回路を断ってしまえばいいのか。中をのぞき込めないファサードをこしらえて、誰も近づけないようにするのか。しかし感情を避けては通れないのだから、これを意識的にコントロールし、上手に配分する能力が育つ。その結果として、彼らは感情を許容するか、あるいは蓋をするかを意識的に行なうことを学び、感情を無意識に垂れ流しはしない。それはある意味で危険だからだ。ある若い女性患者は、友人から、「あなたの両親は娘が自分たちに冷たくて敵意を丸出しにして困るとこぼしている」と知らされた。するとその患者は少し考えてから、「**いいわ、私の憎しみのスイッチをオフにするから**」と応じた。その後、彼女の両親との関係はさらに疎遠になり、つながりが失われていった。

ここで付け加えておきたいのは、たとえ大人になっても、感覚的な印象には許容限界があるということだ。多くの国で、尋問を行う際に、たえまなく騒音を聞かせたり、照明効果を利用したり、睡眠を妨害したりして、精神を消耗させる手法が使われていることが知られている。長く持続する孤独と暗闇も類似の効果をもたらす。子どもの許容範囲がさらに狭いことは言うまでもない。

こうした観点に立つと、子どもを母乳で育てるか哺乳瓶で育てるかにも特別な意味が生じてくる。定期的に母親のもとに戻り、授乳時に双方が幸福な密着を感じることは、子どもにあらゆる欲求を確かに満たしてくれる人物を徐々に認識させるのみならず、ある一人の人物に希望、感謝、愛情を感じる最初の一歩となる。人工乳で育てられた子の場合には、対する人物がときにより異なり、子どもの接し方が異なってくるので、この発育過程がむずかしいものになる恐れがある。子どもは複雑な学習プロセスを強いられ、母乳で育つ子よりも、一人の人に強く結びつく感覚が得にくい。スキゾイドの発現においては、結びつきの欠如が決定的な特徴の一つと認めるなら、母親との間のこうした親密さの欠如がそのきっかけになる可能性がある。

いずれにしても述べてきたような障害の結果として、子どもは最初から世界に対して自分の身を守らざるを得なくなるか、あるいは世界に失望することとなる。外で適当なパートナーを見つけられないと、その子は自分の世界に引っこみ、自分をパートナーとするようになり、「汝」に向かう一歩を十分に踏み出せない。その後の発育過程でこれまでの経験を修正するような経験ができなければ、前述のような欠落、自主独立の傾向、自己本位、自己中心性が生ずる。

以上大まかに述べてきたのが、スキゾイド・パーソナリティの傾向を強化する環境要因である。戦前または戦時中に生まれた世代にとっては、戦争は上述のような環境条件（生後数週間で経験する混乱、夜間の爆撃、逃亡の運命、家族の離別、故郷喪失など）を意味し、この世代ではスキゾイド傾向が頻繁に見られることを示唆しておきたい。彼らが家族の絆を嫌悪し、帰属意識は感じられるものの匿名性が確保される集団や行事を好み、性的関係に深入りしないのは、こうした経緯があるのだろう。暴れる若者たちの問題もこれと関連していて、この世代が思春期に達した時期に発生した。「中心の喪失」〔オーストリアのハンス・ゼードルマイアーは、十九、二十世紀の芸術を無神論時代の芸術、つまり「中心の喪失」の芸術と評した〕と名づけられた現代芸術の傾向も、この特徴を示している。スキゾイドの芸術は、鼓舞する効果や、ときには反感を起こさせる効果がある。フーアマイスター〔マリー＝ルイーゼ・フーアマイスター〕とヴィーゼンヒュッター〔エッカルト・ヴィーゼンヒュッター〕が書いた『メタミュージック』という本によれば、現代音楽作品が中心のプログラムを演奏したあとは、オーケストラ全体がしばしば体調を崩すと言う。

　しかし西洋文明の環境状況全体も、スキゾイド傾向を助長する作用がある。世界は私たちに安心を与えなくなって久しい。快適さを感じるかわりに、私たちはますます脅かされていると感じ、私たちの生活感情は、つねに存在する、防ぐすべがない過剰な刺激によって不安定になっている。いつ起こってもおかしくない戦争という妖怪、現代の私たちは自らを完全に殲滅することも可能だという自覚、技術と自然科学を介した生物学的発達がもたらした危険な実現可能性と影響力は、私たちに生存が脅かされているという感覚を呼び覚ます。私たちは、スキゾイド構造の発生に手を貸していたとも言える。この反対の動きとして、ヨガ、瞑想エクササイズへの関心の高まりが見られる。精神世界に思いをいたす欲求の顕在化は、ドラッグの使用にもあらわれている。ヒッピーや、既成社会からの脱落者は、技術や文明の成果を意識的に放棄している。それらの制御不能な支配に対し、私たち誰もが懐疑的になっているのだ。自然の制御、時空間を征服してしまった技術、私たちに生存競争を強いる生存条件により、私たちの情緒面は萎縮の危機にさらされている。これは西洋社会のスキゾイド化プロセスと言えるだろう。

乳幼児期に年齢相応の安心感が欠如し、それと環境要因が手を携えると、スキゾイド・パーソナリティ構造が育つ。出生前に母胎を介して影響が及ぶのかどうか、及ぶとしたらどの程度かについては、まだ十分な研究結果がないが、その可能性は大いにある。シュティルニマンは前出の本で、出生前の聴力についてはすでに立証されているとしている。妊婦をエックス線スクリーンの前に立たせ、車のクラクションを鳴らすと、胎児が身をすくませたのだ。母親が肯定的なうれしい気持ちで待望しているのではなく、（どのような理由であるにせよ）生まれてくる子どもに対して敵愾心や否定的な感情、憎悪を抱いていれば、こうした母親の情緒的・情動的経験、妊娠や子どもに対する感情を介して、すでに母胎にいるうちから不安感がめばえる可能性も考えられる。

スキゾイドの人の体験例

才能に恵まれているが非常に頑固で、他者とのコンタクトがほとんどなく、経済的に困窮している音楽家がいた。ある知人が、高収入でしかも彼が興味をもちそうな仕事を紹介してくれた。それは彼にとっては決定的な意味をもつすばらしい支援のはずだった。ところが仕事につく予定の日に、彼は何のことわりもなく姿を見せず、チャンスを棒に振ってしまった。彼はその友人が優位に立ち、自分が哀れな状況にあることを思い知らせようとしたからだと述べ、ホモセクシャルな動機があったかもしれないとまで主張するのだった。

彼は好意的に申し出てくれた提案を受けるかわりに、他者に依存し、感謝を義務づけられるのではないかと不安になったのだ。そのために彼は友人にいかがわしい動機を押しつけ、自分で解釈をねじ曲げなければならなかった。しかしこの理解しがたい行動の裏には、相手の本気度を試したいという、次のような思いがあった。「もしも彼が僕を真剣に助けてやりたいと思い、僕のあきれた行動にも驚かず、見殺しにしないのなら、僕は彼にとって何らかの意味がある存在だということになる」

こうした禍々しい悪循環から脱して、人と新しい経験を積むという見通しがここには感じられない。これは真の思いやりだと彼を信じさせてくれるものはあるのだろうか？　彼に大きな期待を抱き、その奇妙な行動の背景を理解しようと努めてくれる人がいるだろうか？　一般に世間はけっしてそんなに甘くはない。

この男性の場合、状況はさらに複雑だった。彼は自分がそんな行動に出たにもかかわらず、その知人がこれからも自分のために尽力してくれることを強く望んでいたのである。しかし同時に、その知人が自分を見限ることも望んでいた。前者の場合、彼は人々に対する自分の意見を訂正し、信頼できるようになるだろう。それが彼の強い望みでもあった。後者の場合、人間は信頼するに足らないという世界観によって自己を補強し、辛辣なポーズをとって、ヒロイックな孤独と人間蔑視の世界に引っこむことを「正当化」できるだろう。しかもそのほうが彼にとってより快適だった。
この音楽家はしばしばガールフレンドを替えたが、どのガールフレンドともすぐに別れていた。ある女性の場合は服装が、他の女性は脚が、別の女性はその教養が気に入らなかったからだ。これは関係を結ぶことに対する彼自身の不安の合理化であり、同時に、誰かを愛してしまい、「愛」によりもたらされるあらゆる危険に身をさらすことから自分を守るためであった。その生育史から、彼は婚外子で、幼い頃にあちこちの親戚に預けられ、彼らから疎んじられていたことがわかっている。こうしたパーソナリティ構造に関連して、もう一つ例を挙げよう。

ある中年男性の場合。彼はアウトサイダーとしていつも苦しんでいた。自分はどこにも帰属せず、他人は自分を拒み、あるいは蔑んで批判的な目を向けていると思っていたのである。悩むあまりに彼は不安定になり、職業上のキャリアもそのためにくりかえし脅かされ、まわりの人からは異物のごとく「ものすごくむずかしい」人間と見なされていた。こうして典型的な悪循環に陥り、その結果、彼はますます扱いにくい人間になっていった。彼は何の理由もないはずなのに、上司に向かって無礼で相手の感情を害するような皮肉を言い、同僚を根拠もなく攻撃し、服や生活態度が常軌を逸しているために、人々は彼から距離を置くようになり、一緒に何かをしようとしなくなった。

周囲とますます距離が離れ、孤立化したために、彼は多くのことを自分の周囲の環境に投影したばかりでなく、相互関係ではしばしば見られるように、周囲の環境の側も多くのことを彼に投影した。私たちは、自分自身の問題、統合されていない自分の心の無意識の部分を、未知で、不慣れで、不気味なものに投影する傾向があるのだ。このようにしてますます彼は、自分が生き、活動しているさまざまな集団で異端者、贖罪のヤギ《スケープゴート》のような存在になっていった。彼のことをほんとうによく知る者は少なかったために、彼は同僚にとって不気味でしかなかった。しかし彼らは彼を拒否する理由をはっきりさせる努力はしなかった。そのうちに、彼は「まともではない」のではなかろうか、という噂が広まった。セクシュアリティに問題があるのではないか、政治的に信用できない、などなど。周囲の人間にも理由はわからないのだが、彼は怪しい人間に見えたのだ。自分たちが消化しきれない問題を彼に投影していることに、誰も気づいていなかった。だが本人に向かってはっきり口に出して言う人はいなかった。彼はまわりの人間が訳もなくどんどん距離をとっていくと感じ、いたるところで疑い深い視線を感じ、自分には理解できない意味深な視線を人々が交わしていると思った——要するに、双方のそういう思いが高じ、ついには解決不能な悪循環に陥ってしまったのである。

この男性の生い立ちについて少しくわしく述べ、どこに彼のスキゾイド傾向、後年の社会生活における人間関係のむずかしさの萌芽があるのかを明らかにしていこう。この問題は、彼自身、当初はこうした関連性で見ることができず、ただ不可解で運命的なものと感じていた。

彼は稀有な環境で育った。父親は旅行作家で、一人息子の彼が幼かった時分は仕事が非常に順調だった。多くの金を稼ぎ、派手な暮らしぶりで、賑やかなお祭り騒ぎの中で毎日が過ぎていた。母親は社交界のぜいたくな暮らしに夢中になり、息子にはあまりかまわなかった。十分な関心と愛を息子に寄せていなかったのである。こうして彼はかなり早い時期から主に若い女性のお手伝いさんに育てられ、その後もまだ小さかったにもかかわらず素性の知れない使用人に預けられた。だが彼の記憶では、この二人はそれなりにやさしく接してくれていた。

五歳になったときに、両親が離婚した。その結婚生活はすでにその数年前から破綻していて、二人は他のパートナーと何回も深い関係に陥り、そうしたことを今風で自由であることの象徴と見なしていた。彼は父親と住むことになったが、当初は特段の説明もなく、ただ、お母さんは「しばらく留守にする」と伝えられた。ほどなくして母親は精神病を患い、二年ほど精神科病院に入院した（そのことを彼が知ったのはずっとあとだった）。このことから、彼女はすでにその前から精神状態が万全ではなかったと推測される。父親は離婚直後に妻の姉妹と結婚した（これは彼の三度目の結婚だった）。この継母は、実家にいたときにいつも優遇されていた自分の姉妹を子どもの頃から憎んでいた。彼女は彼が一五歳のときに自殺し、その後、父親は四度目の結婚をした。

こうした環境で育った彼は、つねに自分を余計な存在と思っていた。誰も自分に親身になってくれない。そこで子どもの頃から自分は単に役立たずであるばかりでなく、望まれない存在だと思っていた。この思いがさらに強くなったのには事情があった。両親の家は町はずれの丘の上にあり、周囲にはあまり家がなかったので、彼には遊び友だちがまったくいなかった。一匹狼の父親はよく酒を飲み、その生活スタイルは一風変わっていた。夜昼が逆転し、誰からもじゃまされない夜に仕事をしていたのだ。昼には寝ているので、彼は父親の顔をほとんど見ることがなかった。また父親はよく数週間も旅に出ていた。父親は集団の秩序を重んじず、そうした規律を小馬鹿にしていた。そんな決まり事は愚か者や弱虫のためにあると言うのである。

彼は学齢に達しても学校に入学させてもらえず、自宅で家庭教師から教育を受けたが、この家庭教師はしょっちゅう替わっていた。ようやく学校に入学したのは、一〇歳になってからだ。他者との接触に問題があることがこのときにはじめて判明したのは、それまでのいきさつからも不思議ではない。彼は同年齢の子どもたちと接触した経験がないに等しく、共同体に身を置いたことがなかった。自信のなさから、彼はクラスの中で自分の本心を隠せるような役回りはないだろうかと探した。故意ではなかったが滑稽なふるまいをしたときに、共感と好意的な笑いをとったことがあったので、彼はクラスのおどけ者となり、やがて不良少年のような存在になった。すべてを皮肉り、教師をひやかし、警告や罰に対して無頓着な態度をとり、授業をさぼったりすることで、クラスメートの共感を獲得していったのだ。父親はこれをむしろ面白がったので、結果として彼は父親の共感も得た。父は息子が自分同様に集団生活の規律に屈しないことを誇りに思っていた。

　彼は親しい友だちがほしいと切望していたが、周囲からは面白くて楽しいやつだが、しょせん滑稽なアウトサイダーだと思われていたために、その願いはかなわなかった。しかしその一方で彼は非常に才能豊かで切れ者だったので、同級生から一目置かれてはいたが、親友はできなかった。

　一二歳で、彼自身が後年「ひどい病気」と言っている病気がはじまった。痩せて顔色が悪く、ひょろりと背が高く、抵抗力がなかったため、継母は体育の授業を休ませ、「心臓が悪くて、成長があまりにも急なので」スポーツをすべて禁じた。その結果、彼は健全な身体感覚を身につけられず、自分の体がまるで他人の体のように感じられ、そうしたケースでよく見られるように抑制とぎこちなさを示すようになった。そのために彼は人と接触したり、体を近づけたり、健全な精神で他者と張り合ったりする機会が得られなかった。

　継母は、心配でたまらないふりをして彼への嫌悪を隠しながら、嫌がる息子を引っぱるようにして医者から医者へと連れ歩いた。彼は特にこれといった理由もないのに、長いことベッドで安静を強いられた。医者たちも口裏を合わせ、ついに一人の医者が潜在性の肺結核だと診断した。こうして彼は二年以上にわたって自分の部屋ですごし、しかもほとんどの時間をベッドで寝ていなければならなかった。この時期に、彼は父の書庫にあった数多くの本を手当たり次第に読んだ。彼は診療中に自分の状態をうまく言い当て、次のように述べた。「僕の情緒は、知能に比べて一〇歳分遅れています」――これはスキゾイドの人に典型的な発言である。「僕は自分がホモなのかヘテロなのかすらわかりません」とも言っているが、これは自分の性的感覚に対する不信感をあらわしている。

一四歳になってようやくまた学校に通うようになったが、二回目のこの試みは、他者との接触という点では、一回目と同様に不幸なものだった。ちょうど思春期に当たるこの時期に同世代の仲間と隔てられ、二年間孤立していたことで、彼はもっぱら自分の想像力に頼らざるをえなくなり、仲間もいない状態でさらに自分の内部に引きこもり、コミュニケーション障害の傾向を強めていったのは当然であろう。ふたたび彼はまわりの人間から異物のように扱われ、数年の間に一体感を強めていたクラスの中で、よそ者のような立場になってしまった。

将来どんな職業につきたいかを問うアンケートで、一五歳の彼は「職業喫煙家」と書いている。この皮肉まじりの回答に、周囲は顔をしかめ、その背後にある苦悩と絶望に気づかず、その行動は彼が周囲に発しているアラームだと気づかなかった。大学で彼は決闘規約がある学生結社に入った。そうした男子学生結社は彼にはまったくふさわしくなかったが、ある団体の「一員になる」、同年代の者たちと肩を並べる、自分が男であると認められるための新しい試みだった。同じ動機から、彼はその後みずから志願して軍隊に入隊したが、ここでも彼は不器用で、しょっちゅう仲間たちから冷やかされる変人でしかなかった。

除隊後に彼は大学に戻り、歴史学、言語学、文学を専攻した。卒業後には教職を選び、本の世界に籠もる一匹狼になった。学生たちは彼の造詣の深さを評価し、弱点は大目に見てくれた。二四歳で彼は結婚した――結婚させられた、と言ったほうがいいかもしれない。結婚してすぐに、妻は夫が自分よりも本や学問に興味を示すとこぼすようになった。だが彼にはそれがよく理解できなかった。自分なりに精一杯妻に配慮しているし、妻が自分の精神世界と関心事に理解を示さないことに失望してもいたのだ。若くして結婚した二人はやがてどちらも不貞を働くようになった。彼はホモセクシャルな関係を経験し、そのために強い罪悪感と被害妄想に近いような反応を示すようになり、ついに心理療法を受けることになった。

この生い立ちは、スキゾイド・パーソナリティの背景にある生育史の典型例を数多く含んでいる。それは、他者との距離が離れている、当初から「重要な他者」が無関心で不定期にしか力になってくれない、さらには近接したやさしさの欠如、子どものニーズに対する無理解などである。また適当な指導が得られず、重要な発達段階で一人にされ、同年齢の子どもとの接触および共同体験が少なすぎ、集団やコミュニティに所属した経験が少なすぎるケースもある。情緒面で発達を遂げる機会、信頼感を培う機会が不十分な場合もある。こうしたことすべてが、他者とつき合う力と処世術の欠如を許し、当人は自分の世界に舞い戻ることになる。とりわけその原因になるのは、こうした人物をアウトサイダーの立ち位置に縛りつけてしまう世間の反応である。

こうした背景から、コミットメントと親密性に対する不安の基本形態が生まれ、それに応じて自己防衛の推力が過剰にならざるを得なくなり、自主独立が唯一の自己保存の可能性であるように見えてくる。なぜならスキゾイドの人は自分の孤独を一つの価値に高めたことで、言ってみれば、苦悩から徳を生み出したからである。これはナルシシズムという極端な形にまで高められ、すべてのものに対する苦い敵愾心、人間蔑視、シニシズム、ニヒリズムにまで発展することがある。その背後には誰にも気づかれず、不安げに隠されているが、親密さ、信頼、愛することと愛されることに対する強い憧れがある。ここから、反社会的で犯罪的な方向に発展することは容易に考えられ、それにはちょっとした追加の一押しで十分だ。スキゾイドの行動パターンが、当初の不信からはじまって拒否、無関心、冷たさから憎悪、軽蔑へと高じていくのは、たいていは環境に対する彼らの反応なのであり、それが前出のような悪循環を招くのだ。

さらにもう一つ例を挙げる。これはスキゾイドの患者の自己描写である。人と接触する際に情緒の指針がない状態で、代替の合理的手段を試みる方法が特にわかりやすく描写されている。「他の人がフィーリングにまかせてありのままに反応するような場面で、私はすごいスピードでギアを切り替えつづけているような感覚なんです」。

スキゾイドの場合、未熟な情緒的能力を、知性の覚醒状態とレーダーのように敏感な感覚器官と思考プロセスで代行している（「ギアの切り替え」）ことがわかるすぐれた記述である。

重いストレスと克服できない葛藤は、身体症状にあらわれる。その問題に応じて、特に症状があらわれるのは、感覚器ならびに触覚器と循環器、すなわち皮膚と呼吸である。喘息症状と湿疹はこれに当てはまり、非常に早い段階から症状があらわれることもある。皮膚は私たちを外界と接触させ、同時に外界との境界にもなっている。ここにスキゾイドな人の接触関連の問題が特にあらわれる。具体的には、血行不全、乾癬《かんせん》、発汗などである。

追加の考察

もう一度まとめてみよう。スキゾイド、あるいは「分裂した」パーソナリティは、自分の心の印象、欲動、反応といった経験全体がまったく統合されていない。特にその生命の衝動が孤立していて、感情体験と分裂している。換言すれば、経験の諸相またはパーソナリティの諸相をうまく感情によって統合できないのである。特に理性と感情、合理性と情動性の間で大きな成熟度の差がある。感情の流れと理性の流れが分裂してしまい、統一的な経験へと融合されない。情緒に基づく状況判断というものを十分に学んでこないで、子ども時代から理性と知覚を指針にしなければならなかったので、感情のニュアンスというものがわからない。主として彼らが知っているのは、感情の原形としての情動である。それは表現の可能性が並んでいるパレットに中間色がなくて、極端な黒と白だけがあるようなものだ。そうしたことのすべては、他者との情緒的な結びつきの経験がないことの帰結である。

親密さに対する不安から自分を守るために、スキゾイドの人は最大限の自立を手に入れようと頑張る。しかしこうした自足状態を重んじる傾向と密なコンタクトの回避により、彼は自分を中心に回転し、自己中心性と分かちがたく結びつき、そのためにいっそう孤立へと追い込まれる。こうした人こそ、いちばん強烈な不安を経験することは容易に理解できるだろう。なぜなら孤独と孤立は不安を強めるからだ。特に、自分は頭がおかしくなってしまうのではないかという不安が、耐えられないほど大きくなる。この不安には、自分は他人と違うという経験、世界のどこにもかくまってもらえるところはないという経験が反映されている。そうした患者の一人は「**不安は私が知っている唯一の現実です**」と述べた。非常に特徴的なのだが、この人は不安を何か特定の具体的なものに対する不安としてではなく、トータルとして経験していた。こう言った患者もいる。「**私は不安を知りません。私の中のどこかで何かが不安を抱えているかもしれませんが、この不安は私の自我の中にあるのではないんです**」。この人は自分の不安と完全に距離を保っており、不安はその意識の内部には存在しないかのようだった。しかしこうした状態は非常に不安定で、分離させた不安は簡単に氾濫を起こし、自我を水浸しにしてしまうだろう。

不安を伝えられるだけで心は軽くなるものだ。しかし自分の弱点と無防備さをさらけ出すことをためらい、不安を伝えることで他者に身を任せすぎ、頭がおかしいと思われるのではないかと恐れて躊躇していると、不安は長期にわたって蓄積されて、もはや耐えられないところまできてしまう。そうすると不安が突然出現し、異常な精神状態にまでいたり、不安を免れるために最後の自暴自棄の試みに出ることになってしまう。人は「正気でない」状態になり、現実の基準から離れて、非現実的な世界に逃れて自らを救う。そこではその人は健康で、外の世界が病気であるように見える――もっともそれが真実であるケースもあるのだが。こうして人は自分の不安を外界の対象に転嫁する。そこでは彼らは容易に不安を避け、これと戦い、あるいは排除できる。しかし心の中の不安から逃げることはできない。

　自閉傾向が高まるにつれて、スキゾイドの人は世間と人間に対する関心を失っていく。これは対象喪失と呼ばれるプロセスで、本人はしばしばこれを世界没落体験と表する。つまり好奇心をもって世界に関わり、世の中に対してあたたかい気持ちを抱くことがだんだんなくなり、世界は没落し、ついには無となって絶滅してしまう。こういう生活感情は、スキゾイドの夢にしばしば表現される。

「私はデビルズホイール〔ドイツのオクトーバーフェスト恒例のアトラクション〕**のような大きな回転盤に乗っていて、ぐるぐるとすごい速度で回っている。自分の位置を保つことができず、回転盤の外縁にじりじりと近づいて、いまこの瞬間にも無の世界に放り出されそうだ」**

あるいは

「巨大な砂漠に小さなのぞき穴がわずかにあるだけのセメントで塗り固めた要塞がある。この要塞の武装は強固で、数年分の食料も備蓄している。私はそこに一人で住んでいる」

これは孤独、遮蔽、不安防御、自主独立の欲求を非常に的確にあらわしている。

「寒々とした雪の風景。背景にはぽっきりと折れた木が数本。前景にはお湯が入った小さな水槽がある。僕はとても寂しかった」

これはある少年の夢で、以下のような彼の境遇をよくあらわしている。

彼は父親が第一次世界大戦から戻ってから生まれた末っ子で、三人兄弟だった。父親は頭を負傷し、非常に不安定な状態で怒りっぽくなり、一家の暮らしを支える農場を管理できなくなってしまった。母親は父親の世話にかかりきりになり、同時に農場の仕事を一手に引き受けていたために、息子のために割く時間がほとんどなかった。夢にあった小さな水槽のお湯のように、あたたかさはわずかしかなかった。少年は非常に孤独だったが、一二歳の頃に母親と「つながる」方法を自分で発明した。夜になって彼がベッドに入ったあとで、母親はピアノを弾くことがあった。彼はピアノの鍵《けん》の一つと電池を、ワイヤーで自分のベッドの壁にある小さなラ

ンプと接続した。ピアノを弾く母親がこの鍵を押すとランプが点灯するようにしたのだ。

技術の発明にこうした精神力動的な背景が潜んでいることはけっしてめずらしくない。こうして無意識のうちに子ども時代の欠乏の体験（この事例では、充足されていない接触欲求）を修正しようとしているのだ。

スキゾイドの「世界内存在」の体験は、こうした夢にいちばん簡潔かつ的確にあらわれる。非常に苦労の多い子ども時代を送り、お金を稼ぐために早くから遍歴の旅に出なければならなかったマクシム・ゴーリキーも、似たような気持ちを知っていた一人である。トルストイを訪ねたゴーリキーは、彼に自分の夢について話した。夢の中で彼は果てしなくつづくロシアの冬の道を、一足の編み上げ靴が行進しているところを見た――歩いているのは靴だけだった。孤独というものが、これ以上ないほど簡潔に物語られている。

世間から身を引き、自分の世界に引きこもると、次第に世界を喪失した状態にいたる。これはデビルズホイールの夢にあったように、虚無への転落、絶対的な空虚への転落として、大きな不安を呼び覚ます。スキゾイドの人は、不安のイメージと夢を、黙示録のような、世界の終末の形で想起することがある。自分にしがみつこうとする者は、世界喪失の危機に瀕し、ついにはたった一人で存在することになってしまうのだ。

親密さに対する不安と「自転」の過大評価がもたらす結果を、いくつか例を挙げて説明してみよう。そこから生じる不信感に満ちた覚醒状態は、しばしば病的な自己関連付けの危険をはらんでいる。こうした人は、俗に言われているように「草が育つ」音や「ノミが咳をする」音が聞こえる。つまり彼らはつねにいたるところで危険を察知していると思い込み、悪意のない発言の背景にさえ不穏な動機が隠れていると思ってしまう。

あるとき私が診察室の絵を掛け替えたところ、あるスキゾイドの患者がすぐに自分の推測を述べた。絵が替わったことに自分がどう反応するのかテストしたくてやったのだろう、と言うのである。

ほとんど妄想に近い自己関連付けのほかにこの事例で注意を引くのは、スキゾイドは、知覚が研ぎ澄まされていて、他の人が見落としてしまうような周囲のごくわずかな変化にも気づくという点である。彼らはこの世界における状況判断においてもっぱら知覚に頼らざるをえないので、知覚能力が研ぎ澄まされるのだ。

別のときだが、診察時間中に電話が何回か鳴った。するとこの同じ患者は、彼が妨害にどう反応するかをテストするためにわざわざ電話をかけさせたのだろうと言った。

外界で知覚したほぼすべてのことを、自分自身に関連付けると（周囲の人々とより頻繁に接触し、生き生きとした関係を築いている人は、こういうことをまったく気にしない）、関係妄想や意味妄想に支配されるようになり、やがて妄想体系が強化されてしまうと、修正ができなくなる。そういう人にはもはや偶然の出会いというものはなくなり、外界では自分自身と秘密の関係がない出来事は何一つ起こらず、その特別な意味を必死に究明することになる。

これはもちろん非常に苦しいし、不安な気分にさせられるものだ。そうすると人は無邪気さをすっかり失うのみならず、いつでも警戒心を抱き、突然のサプライズや危険に対して自己防衛するようになる。カタツムリのように用心深く触手を世界に向かって伸ばしているが、誰かが近づくとすぐに引っこめてしまうのだ。

仕事で何回もしくじり、現在もある失敗のために苦しんでいる若い男性がいた。失敗してしまったという感情から、彼は妄想を抱くようになる。努力して出世したかったが、自信がもてず、家族の支援もない。家族は彼が上をめざそうと必死で、「高望み」しすぎだと考えていた。父のあとを継ぎ、農業をすればよかったのに。「分相応に生きろ！」と。彼は野心的に努力し、周囲の人にもそれを見せつけようとしていた。だからこそ失敗の痛手は深かった。家族の言ったことが図星だと思われてしまうからだ。

私たちはこうした事情を理解しようとくりかえし試み、綿密に現実を吟味して彼の真意を知ろうとした。だが彼は上述の失敗のあとで、ふたたび妄想を抱くようになった。

彼は意気消沈して診察室にあらわれ、苦々しく挑発的ともとれる口ぶりでこう言った。「あなたはきっとまたこれも偶然だと言うんでしょうね。僕は今日、駅でぼろぼろのスーツを着た男を見たんですよ。そのスーツというのが、僕の一張羅のスーツと色も素材もそっくりでね。これは、ダメ男の僕が落ちぶれるということをはっきりと示していますよね？」

この事例から、彼が自分の劣等感と失敗を妄想で処理していることがよくわかる。私が示唆した精神力動的な背景もはっきりとわかる。またこうした妄想は、偏見とも隣り合わせだということも見てとれる。控えめに言っても、偏見は狂気の端緒となりうる。私たちは偏見に感情的に固執するのがつねであり、徹底的に現実と照らしてチェックし、場合によってはその偏見を進んで修正しようとはしないものだ。それは、こうした患者が自分の妄想にしがみつくのとなんら変わりない。

私たち自身も、精神的ストレスがかかっている時期、対処できない不安や罪悪感を抱えている場合には、こうした関連妄想のきざしを見せることがある。たとえば第三帝国でナチ党と独裁者に反対する立場を取り、しばしば反対意見を述べた人物は、軽い迫害妄想にとらわれ、突撃隊員や親衛隊員を見るたびにその隊員は自分が言ったことや、やったことを密告で知っているから、強制収容所に移送されるだろうと思い込んでいた。孤独と孤立、人間関係の不安定、現実的な危険は、妄想的な反応を助長する。夜に知らない家、あるいは知らない土地に一人でいて、未知の物音を聞いたら、その音の正体を間違って解釈したり、妄想したりするものだ。特にリラックスして親しい安全な人たちに囲まれているときと比べ、精神的に動揺して心配や罪悪感が大きいときは、なおさらである。しかし実例を見てみると、健康と病気の間の境界は非常に曖昧なのがわかる。例外的な状況に陥ったときには、ふつうは病気の人が示すような反応を私たち自身が示すものだ。要するに、この「病気の人」は、自己防衛のために「病的な」反応を示さざるを得ないような例外的な状況に長期にわたって置かれていたのである。

もう一つ、他のスキゾイド患者が抑制した接触と愛撫への願望を妄想化したケースを紹介しよう。

二〇代後半の非常に孤独でほとんど他者との接触がない男性が、コンサートで若い男の隣にすわった。この男は非常に魅力的だった。彼は脇から何回もその男をこっそりと見ていたが、接触したい、話しかけたいという欲求が増していった。人づきあいに疎く、自分自身の衝動の扱いにも慣れていないために、彼は徐々に不安になり、最初はなんとなく落ち着かないだけだったが、やがてパニック状態となり、この男から色とりどりの輪がいくつも出てくるような錯覚に陥った。その輪に取り囲まれ、とらえられそうな気がして、冷や汗が噴き出し、彼は逃げ

るようにコンサートホールをあとにしなければならなかった。

ここでは、接触、やさしさ、さらにその背後にあるホモセクシャルな接近に対する抑圧された願望がはっきり見てとれる。それを彼はその男に対して、示唆し、わからせることができずに、まるで相手が彼をわがものにしようとしているかのように投影してしまった。ここでもいわば狂気を帯びた状況になってしまい、内面の不安が外の脅威に置き換わってしまって、彼はその場から離れて逃亡するしかなかった。

自分が不安定で無防備な状態で、内面的にも外面的にも世間の人々に翻弄される立場になってみると、スキゾイドの人が一種の処世術を編み出そうとしているわけがわかるのではないだろうか。それは、何ものも自分に近づかせず、触れさせず、心を動かされず、つねに事務的で打ち解けず、できるだけ優位に立ち、バランスを崩されず、誰とも連絡をとらなくてすむ処世術である。しかしこうした生き方は、突き放したようなクールさ、傲慢、近寄りがたさ、さらには氷のような冷たさ、無感覚を呼ぶことがあり、こうした防御姿勢がそれでも不十分だと、前述のように突然に激しい行動に出て、爆発的な攻撃にいたる場合もある。こうした状況でも、周囲の人々は、本人の行動の脈絡を知り、どのような内心の苦しみからその行動が出たのかを理解していると、スキゾイドの人に対して真の支援を行うことができる。

スキゾイドの治療では、人間存在の危機を浮かび上がらせる境界線上の状況が関係してくる。まさにそれが、私たちが彼らから学べる理由なのだ。すなわち、何が人間存在にとって重要なのか、またその一方で、どのような家庭的・社会的環境要因が、埋め合わせが到底できないほど私たちの発達を危機にさらすのかという点である。天才的な人は、しばしばこうした背景があるにもかかわらず、自分は問いを投げかけられている存在である、という感覚を肝に銘じ、成長していく。ここに天才と精神病を隔てるきわどい境界線があると考えられる。いずれにしてもこうした人々は、苦難と不安を生き抜き、克服することができたなら、最高の人間性を手に入れられるだろう。

ここで一つ強調したいのは、スキゾイド傾向の強度はまさにさまざまだということだ。まったくの健常者から軽度および重度の障害、さらに最重度にいたるまでの一連のスキゾイド・パーソナリティを列挙すると、次のようになるかもしれない。軽度の接触障害→一匹狼→変わり者→不適応者→変人→危険人物→アウトサイダー→反社会的性格者→犯罪者→精神病者。彼らの間にたぐいまれな天才がいても何の不思議もない。天才の場合には孤独や拘束されない自由がポジティブに作用する。伝統や諸事情から解放されて、守られた人や伝統にとらわれている人は見えない、あるいは見ようとしないものを認識できるからである。彼らは、風当たりの強いむき出しの状況に身を置くことで、かえって洞察を深め、他の人はとうてい到達できないような限界を踏み越えることができる。その感情が貧しいのではなく、ただの引っ込み思案で抑制しているだけの場合、スキゾイドはきめ細かで感受性あふれる人間となる可能性を秘めており、すべて陳腐で単調なものを毛嫌いする。感情が平板化し、無感覚になってしまったケースだけは、本来の人間らしさを取り戻すのはむずかしい。

宗教に対しては、彼らの多くは懐疑家、冷笑家であり、信仰の「無意味さ」を切れ味鋭く指摘し、儀式や伝統、すべて形式主義的なことに対して批判的である。彼らは魔力を失わせ、興奮を冷まそうとし、あげくに説明がつかない物事を畏敬の念を欠いた態度で「説明」しようとする。啓蒙主義的で主として自然科学指向の時代が、そのための材料を十分に提供してくれる。したがって彼らはしばしば合理主義者で、特定の経験領域に関するセンスが欠如しているために、その領域について議論することもできない。

しかし宗教や信仰に対するこの姿勢は、失望落胆しないための予防法のように見える場合もある。失望しないためにあえて信じようとせず、自分を納得させてくれるような「証明」をひそかに待っているのだ。彼らは時としてニヒリスティックで破壊的であり、他人の信仰を破壊できた場合には悪魔のような喜びを感じる。しかし他者を自分自身の不信仰に転向させようと頑張るうちに、おのれの態度の疑わしさを再認識してしまうのである。おそらく不信仰を標榜する彼らは、一人きりになりたくないのだ。彼らのうちでも症状が重い者は、安心感と愛をまったく経験したことがないために信用しきることができず、無神論へと傾く。彼らはしばしば自分をすべての事象の尺度にし、それが誇大妄想的な不遜さと自己神化につながる。そのうちに、世界に対する興味の低下と、もっぱら自分という人間のみに向けられる関心とが、あたかも力と意味を与えてくれ、徐々に意識全体を満たすかのようになる。それでも、かなりの者が宗教的なものの中にもこれまで経験したことがないような安心感を探し求め、見出だすことができる。しかしそれは子どもっぽい信仰ではなく、愛に満ちた神に対する個人的な信仰でもないだろう。むしろそれは、制限つきの自由しかない個人の尊厳と比較すると、超個人的で、計り知れない「何か」を受け入れること、人が神のために負わされている人としての使命を意識することである。

倫理とモラルに対しては、スキゾイドの人は懐疑的である。自分のようなタイプの人間に過大な要求をし、それによって罪悪感に陥らせるような難題を、高く評価しないのだ。彼らはそもそも他の人間と比べ、罪悪感を抱きにくい傾向がある。他者との接触不足のために、彼らは社会的順応力が乏しい。自己中心的で自己保身的に生き、自分にふさわしいものを基準にして評価するのだ。こうして彼らはニーチェの言葉を借りれば「君主道徳」を生み出す。彼らはそれを自分自身にとってのみ有効と認め、倫理的な考えに拘束されている「弱者」に軽蔑の目を向ける。こうした弱者は、彼らの目には臆病で、自律的な自主性をもつ勇気がないと映る。もしも強いパーソナリティをもっているのなら、自律して生きるはずだ。「強者は一人のときにもっとも強い」という文章〔フリードリヒ・シラーの戯曲『ヴィルヘルム・テル』からの引用〕が、そこにあるすべての可能性と危険性も含め、当てはまるだろう。この章の題辞がいみじくも表現しているように、強者だけが、早い時期から意識してきた「他者と違う自分という存在」に価値を感じる力をもっている。それより弱い者やもろい者は、まわりを観察しながら世界から身を引き、他者を必要としないために、自分の世界を構築して埋め合わせをしようとする。動物や生命のない物質に対する特異なこだわりは、このようにして起きるのだ。障害が重度になると、彼らは破壊的・堕落的傾向を帯び、反社会的になり、他者を自分の目的のために良心の呵責なしに利用する。

スキゾイドな両親、教育者は、子どもにあたたかさを十分に伝えられない。子どもと距離を保ち、子どもの心の欲求を適切に感じ取って応答できず、ときには子どもの感情の表現をあざ笑ったりしてしまう。彼らは子どもの心の底を探り、その動機をあまりにも早い時期に心理学的に暴露し、自己反省を強要することで、子どもを不安な気持ちにしがちである。子どもはこうした環境で凍りついたようになってしまい、彼らの唐突で理解しがたい反応に心を乱される。子どもにとっては、いつも警戒態勢を強いられているようなものだ。スキゾイドな親は愛を感じさせてくれず、子どもにとって近づきがたい。しかし彼らはしばしば非常に幼い子とはよい関係を築け、やさしくすることができるのだが、その後は愛情を嘲笑的な皮肉で覆いかくしてしまう。すると子どもは、自分の愛情には価値があり、他者にとって何かを意味しうるのだと感じられなくなってしまう。自分の感情が真剣に受け止めてもらっていると思えないからだ（**「おやおや息子殿、なんの気まぐれか、急になれなれしく愛情のアピールですか」**、**「おや、お嬢さま、今日は急になついてくるけど、どうせ何か欲しいんでしょ」**）。

彼らはその素質からして、他者と近くで接触しなくていい職業を好み、論理的で抽象的な分野に向いていて、緻密な自然科学者、天文学者、物理学者、数学者、エンジニアが特に多い。学術の分野で人間を対象にするときには、いわば回り道をして間接的に行うことができるからだ。たとえば心理学テスト、顕微鏡、レントゲン装置を介して、あるいは病理学では死者を介しての作業である。魂は彼らにとっては心理学的な反射作用の集積であり、ショーペンハウアーの言葉を借りれば次のようになる。「愛する神よ、もしもあなたが存在するのなら、私の魂を救いたまえ。もしも私がそれをもっているならば」。彼らの心理学はしばしば暴露的で、仮面を剥ごうとする。医師となった場合も治療者よりも研究者向きで、特に精神医学や境界科学と縁が深い。神学を専攻した場合は、聖職者として信徒と接するよりも宗教学の研究者となる傾向がある。人間ではなく、動物、植物、岩石と向き合うこともしばしばで、顕微鏡や望遠鏡で感覚器官を補強し、微視的あるいは巨視的に世界を研究する。

対人関係がなく、自閉的に自分のアイデアだけに向き合い、これを実現しようとしているスキゾイド傾向が強い学者は、知見を披瀝し、権力を手にする機会を得ると非常に危険だと言えよう。職業を選ぶときには、その素質や才能ばかりでなく、しばしばもう一つの動機がある。彼らにとっては、主観的な感性によって曇らされない、信頼性のある研究結果を期待できる分野であることが動機となる。哲学者としてのスキゾイドは、日常生活からは遠くかけ離れた観念的な思想家となり、一般的に実践よりも理論に引きつけられる。

政治の領域では革命的あるいは無政府主義的な傾向があり、著しく極端な過激主義の立場をとることがある。しかし政治に無関心なケースもある。そうした人々は、政治は「私とは関係ない」ともっぱら自分の世界だけに浸り、この種の共同体には近づこうとしない。

芸術の分野では抽象的な方向性を好み、自らの複雑な内的体験を造形し、これを暗号化、抽象化して表現する。あるいは彼らは辛らつな批評家、風刺作家、風刺画家になる。そのスタイルはたいてい癖があり、伝統にとらわれず、いずれにしても独特で、未来を指し示している場合もある。参照とするものがないために特定の聴衆や読者などを想定せず、それを越えて普遍的な人間性や原理を表現した場合、彼らは新しい発展の引き金となりうる。ときには精神的、情緒的な諸問題をしっかり把握し、言葉にできないものを示唆し、他者から見えなかったり回避されたりするものの領域に立ち入って、彼らの作品が私たちの人間理解を深めてくれることがある。彼らが生きている間に有名になることは稀である。

彼らにとって職業は、場合によっては単なるアルバイトのようなものだ。どうやって生活費を稼ぐかは、それほど重要ではないからだ。彼らは職業以外のところで自分のリアルな生活を送っている。熱中できる趣味などがこれに当たる。また、孤立していて他の人とあまり接触せずにすむような職業を好む。動物、植物、鉱物の世界に何らかの形で関わることは、珍しくない。電気技師、交通管理業務など、接触と連帯を求める欲求を無意識かつ象徴的に、いわば観念的な形で満たすことができる職業は、彼らに合っている。

スケールの大きいスキゾイドは、大きな変化の引き金、パイオニア、主導者となりうる。人間存在の疑わしさをもっとも強く経験している彼らは、物事を理解し、生き地獄を経験し、孤独と追放の中で限界状態に苦しむ。これは彼らに比べると守られた環境に生きる者には想像だにできないものだ。

年齢は彼らをさらに孤立させ、変わり者にする。しかし年齢とともに賢くなっていく者もいる。一般にスキゾイドの人は他の人と比較して年の取り方を心得ているとは言えるだろう。独立と孤立に慣れているおかげで、孤独とうまくつきあっていけるのだ。早い時期から人との共感というものにあまり依存せずに生きていける世界を構築してきたからである。死に対する不安もさほど大きくなく、死を事実として感傷的にならずに平然と受け入れられる。世界と他の人々にそれほど多くを投資してこなかったので、失うもの、諦めるものもあまり多くない。彼らは「もの」にそれほど執着せず、自分自身にすら執着がないので、それらを心安らかに手放せる。

スキゾイドのプラスの側面は、特にその超然とした自立ぶり、独立心、確信に基づく勇気、個としての自律にあらわれる。鋭い観察力、無感動なほど冷静な公平さ、事実に対する批判的でゆるぎのない視線、物事を美化したりせずありのままに見る勇気は、彼らの強みである。何らかの伝統や教義に制約されることがまったくなく、何ものにも依存せず、吟味・熟考せずには何も受け入れない。彼らは情緒に流されず、感情の横溢、不明瞭さ、感傷癖を忌み嫌う。妥協なしにはっきりと自らの信条を主張し、すべてのことに対して、独自の意見をもっている。多くの場合、彼らは皮肉で諧謔的な面をもち、他者の弱点に対して鋭い視線を向ける。そのために彼らはまわりの人にひどく失望し、にせものや見かけ倒しを認めないので、対人関係においてはしばしば「不愉快」な存在になってしまう。彼らは自分の能力を信じ、幻想なしに生きることができる。この技巧を彼らは会得できるものと考える。運命は彼らにとっては克服すべき何かであり、人間は自分の運命を自ら形づくる存在である。

もう一つ言及しておきたいのが、強固なスキゾイド構造をもっているのに、そのことが苦痛ではなく、自分は健康だと感じているスキゾイドの人たちだ。彼らは自主独立としがらみのなさを価値あることとして肯定し、彼らのわがままに苦しめられている他者の犠牲によって生きている。権力者にはこのタイプが多く、彼らは自分の目的のためにためらいもなく他者を利用する。その根底には著しい人間蔑視がある。

本章と以下の章における個々の構造類型の「ポジティブ」な代表例の説明があまりにも簡単すぎるように見えるのなら、それは、四つのパーソナリティ構造の根本的な部分は、いわば「行間」にもっともよく示されるからだろう。私は推測で安易な評価を引き出す人がいないように望んでいる。どのパーソナリティ構造も、成長して高いレベルに達する潜在性を秘めているのだから。

スキゾイドにとってもっとも重要なのは、自己防衛と自主独立をめざす努力の反対の極、すなわち、コミットメントという側面を軽視せず、むしろそうした側面を取り入れて補っていくことだ。そうすれば、一面的で、過大評価してしまっている「自転」を絶対視せず、人をあらゆる結びつきからはじき出して病気にさせてしまうような孤立に追いやられることがない。「人が一人でいることはよくない」と言うが、結びつきのない人は、容易に非人間的になる。本書の最終章で述べるように、四つのすべてのパーソナリティ構造は、反対のタイプに魅了される傾向がある。そこに私は無意識の衝動を見る。それは補完の衝動、病気を引き起こすような一面性からの解放を求める衝動である。なぜなら私たちは四つの基本的推力のどれをとっても、簡単にそれ抜きで生きることはできず、その推力にともなう不安からも、無傷で逃れることはできないからだ。敢然と、信頼をもって他者と向かい合うこと、自己を忘れることの中に救いがある。それによって私たちは孤立の危機から救い出され、好意と絆を経験できるチャンスを与えられる。それは、重荷や足かせや危険としての経験ではなく、支えられ、経験と成長を共有し、パートナーを通して自我が広がっていくという経験である。

自己実現に対する不安

抑うつ性パーソナリティ

あなたの自我は忘れよ。だがあなた自身はけっして失うな。

ヘルダー

次に不安の第二基本形態である、独立した自我になることに対する不安について述べよう。これは安全な状態から転がり落ちるときに、強く実感される。基本的推力の視点から見ると、ここで問題なのは、冒頭の比喩によれば「公転」、すなわちより大きな中心をめぐる回転を過大に評価して生きる人、「自転」を避けようとする人だ。これを私たちは広い意味で「コミットメント」の視点と呼ぼう。

近しく懇意なコンタクトをもちたいという願望、愛し愛されることへの憧れは、私たちの本質の一部であり、人類の特徴の一つと言えよう。私たちは愛するとき、自分が愛する人を幸福にしたいと望む。私たちは相手に感情移入し、相手の望みを察知し、自分自身よりも相手のことばかり考え、自分のことを忘れ、与え与えられる幸福なやりとりを経験する。このギブ・アンド・テイクは一方を他方と同化させて「私たち」となり、個人の孤立は（少なくとも一時的には）なくなる。こうした愛の原型は母と子の関係で、おそらくすべての愛は、私たちが幼少期に経験したことを復元しよう、再発見しようとしている。またすべての愛は、自分たちはありのままの姿で無条件に愛されていると感じさせてくれ、私たちの存在は、与えられたものであり、また他者を幸せにするものでもあると経験させてくれる。私たちは愛する能力を素質としてもちあわせているが、これを伸ばすためには素質に訴えかけ、目ざめさせなければならない。その働きかけを受けた愛は、私たちに自尊感情を与えてくれるだけでなく、受け取ったものを返すという「愛の覚悟」を可能にしてくれる。そこで考えてみたいのだが、ある人間が自己実現を避けて、自己放棄とコミットメントに重きを置いて生きようとしたらどうなるだろうか。

まずはそれによって「あなた」すなわちパートナーが過剰な価値をもつことになるだろう。「愛のために身を捧げたい欲求」はパートナーを必要とし、他者の存在に縛られ、他者なしには不可能だ。すでにこの段階で依存性が生じ、私たちが「うつ」と称する人々の中心的な問題がここにある。彼らはふつうの人に比べ、よりいっそうパートナーを必要としている。それが彼らの愛する能力、愛の覚悟のためであるにせよ、愛されたいという欲求のためであるにせよ、エーリッヒ・フロムはこれを著書『愛するということ』〔鈴木晶訳、紀伊國屋書店〕で二つの文章に要約して言い当てている。すなわち「あなたを愛しているからあなたが必要だ」、そして「あなたが必要だからあなたを愛する」である。つまり、人は愛するため、自分の愛する能力を発揮するために誰かを必要とする。あるいは、人は誰かから愛されたくて、自分だけでは充足できないと思う欲求があるために、誰かを愛するのである。

ある人が誰かをいますぐに必要としていたら、その人は自分と相手を隔てる距離をできるだけなくそうとするだろう。「私とあなた」を隔てる溝がその人を悩ませる。これはスキゾイドの人がまさに必要とし、自分を守るために維持しようと努めていた距離である。これとは対照的に、うつ傾向のある人は「あなた」とできるだけ近づき、その状態を維持しようとする。「自転」をしなければしないほど、彼または彼女はパートナーとの距離、分離がかえって不安になり、これを防ごうと努める。距離とは、一人にされること、置き去りにされることを意味し、これが彼らを重度の抑うつ状態、さらには絶望へと陥れる。

悪夢のような分離と喪失不安にさらされないためには、どうすればいいのだろう？　唯一の方法は、自主性と自立性をできるだけ強め、パートナーに著しく依存しないようにすることだろう。しかしまさにそれがうつの人にはむずかしい。なぜならそのためには他者との強すぎる結びつきを是正しなければならないが、そうするとすぐに喪失不安に陥るだろうからだ。こうして彼らは自分の問題を解決する他の安心材料を探すが、容易に想像できるように、それは事態を悪くするだけだ。

依存関係は安心材料を与えてくれる。そこで彼らは他者に依存し、また他者を自分に依存させようとする。誰かから依存されている者は、その誰かを必要とし、必要とされていることは、確かな保証、置き去りにされない保証であるかのように見える。

一つの可能性は、できるだけ無邪気で無力でいて、相手に依存する状態を保ち、一人きりにしてはおけないことをはっきり示して、相手を自分にしっかり結びつけておくことかもしれない。寄る辺なき人間を置き去りにするなんて、そんな非情で思いやりのないことができるだろうか？　もう一つの可能性は、他者をいわば子どものようにして自分に依存するようにさせることだ。これは前者のイメージの鏡像である。だが依存関係をつくりだすという動機は同じだ。

抑うつ性パーソナリティの場合、主たる不安は喪失不安であり、これがさまざまな形をとって発現する。他者との間を隔てる距離、分離、保護を受けられないこと、孤独、置き去りにされることに対する不安である。前章で述べた対照的なスキゾイド・タイプであれば最大限の距離と無拘束状態を模索した状況で、彼らは最大限の近さと拘束を求め、不安から自分を守ろうとする。うつの人にとって近さは安全と安心を意味するのに対し、スキゾイドの人にとってそれは自足状態に対する脅威と制限を意味する。スキゾイドの人にとって距離は安全と独立を意味するのに対し、うつの人にとっては脅威、一人にされることを意味する。

自己実現、つまり個性化が、不可避的に切り離された他者になることを意味するのだとわかると、うつの人はそれを放棄するか、パートナーにそれを認めない。天体の喩えを使えば、うつの人は「自転」をやめるか、あるいは他者にそれを認めないことによって、自分の不安をやり過ごそうと試みる。彼らは他者の衛星になるか、あるいは他者を自分の衛星にする。こうして彼らは月や山びこのように反射・反響のみの人生を送るか、他者にこれを要求する。ここでもっとも意識されているのは喪失不安だ。本来の問題である個性化への不安は、依然としてほとんど意識されていない。自分またはパートナーの自立が互いを隔ててしまい、それが喪失につながるのではないかという不安は、核心を突いているとも言える。個性化や自立は、つねに私たちを多少なりとも孤立させるからだ。自分になろうとすればするほど、私たちと他者の違いは顕著になり、相互の共通性は少なくなる。個性化とは、他の人と同じだという安心感を失うことでもあり、それが不安と結びつく。群集心理はこの不安を打ち消し、群衆に紛れこむことは、個性化に対する不安を打ち消してくれる。うつの人は特にこの不安に陥りがちである。ほんの少し他者と違ったり、異なる考えや感情を抱いたりすると、それは遠ざけられること、疎外されることと受け取り、喪失不安が生じるのだ。そこで彼らは他者と自分を区別するものをすべて放棄しようとする。

もう少しこの問題をはっきりさせてみよう。自分の自我、自主性をしっかり発展させることを学ばないと、それだけ私たちは他者が必要になる。つまり、喪失不安は自我の弱さの裏返しなのだ。だから、自分をくりかえし放棄することで喪失不安から自分を守ろうという試みは失敗し、それどころか逆効果にならざるを得ない。強力な自我を育んでこなかった人間は、外からのもっと強力な自我がよりどころとして必要で、そのよりどころに対する依存が強くなればなるほど、自分自身は弱いままの状態になる。依存の強い人間は、よりどころを失うのではないかという不安をもちつづけなければならない。彼らは誰か他の人にすべてを投資し、その人たちなしには生きられないと思うほどにすべてを委ねてしまう。自分の存在が完全に他者に依存しているからである。うつの人は自分に安全を与えてくれると期待できる依存関係を模索する。しかし依存とともに喪失不安が高まる。そこで彼らは他者にできるかぎり密着しようとし、ちょっと離れるだけでもパニック状態に陥る。

スキゾイドが、人間は危険で信用するに値しないという意見に固執して、コミットメントに対する不安から逃れることで、親密性から自分を守ろうとするのであれば、うつの人はその逆である。彼らは他の人々、特に自分の近くにいると感じる人々を美化し、彼らの本質から目をそらして、いい面だけを見て、彼らの弱さを弁明したり、ダークな面を見逃したりする。彼らのおそろしい面や警戒すべき面を知りたくないのだ。それは自分が信頼したいと願っている関係性を危うくするからだ。こうして彼らは人間の中、他者と自分自身の中に潜む邪悪なものに対して想像をめぐらす力が欠如してしまう。と言うのも、全幅の信頼を寄せ、無制限に愛するためには、疑念と批判精神を抑制し、それらが絶対に意識にのぼらないようにしなければならないからである。彼らは軋轢を回避し、「平和のために」議論を避ける。議論をしたりしたら、パートナーから遠ざけられる恐れがあるからだ。彼らはパートナーを理想化し、人々を過度に「善人」だととらえる。これは当然ながら人から食い物にされる危険を呼ぶが、それればかりでなく、当人はいつまでもナイーブさと子どもっぽさが抜けないことになる。彼らは現実逃避に陥り、危険が迫ると砂の中に頭を隠すダチョウのように、人生の暗い深淵を前にして頭を砂に突っ込み、人間は本来善であるという信念にすがるのだ。

苦労して手に入れた調和とすばらしい親密性と引き換えに、うつの人は自分の側でも「善」でなければならず、そのためにすべての利他主義的な徳にいそしむ。謙虚、進んで諦める気持ち、平和を好む心、無私、共感、思いやり――ざっと挙げただけでもこんな感じだ。こうした徳は、あらゆる種類の利他的行為となってあらわれる。自分のためには何も要求しない極端な卑下、過剰適応、服従、さらには自暴自棄、極端なケースでは自虐的な隷属行動などである。これらの共通点は、喪失不安、孤独に対する不安を払いのけるために、自分の願望を捨て、自己存在を断念し、個性化のおそろしいプロセスから逃れるということだ。

その際に、危険な自己欺瞞が生じる可能性がある。彼らはこの行動パターンからイデオロギーを引き出すことによって、喪失不安の動機を自分に隠すのみならず、自分ほど謙虚ではなく、平和的でない人々に対して道徳的に優位に立つことができる。こうして彼らは「災い転じて福となし」、自分は何かを捧げた、犠牲にしたと思う。だがそれは彼らの中でまだ育っておらず、彼らが所有していない「自我」なのだ。

しかしこの個性化の回避は高くつく。彼らは自分の中にある願望、衝動、情動、欲動を生きようとしなくなるからだ。彼らは不安から、あるいは自分のイデオロギーのためにこれを許容しない。自分が他人に対して非難したことを、自分でするわけにはいかないのだ。そのために、依然として自分が抱いている願いや期待を、他の人に成就してもらわざるを得なくなる。この願いの成就すら(自分の謙虚の報いであったとしても)望もうとしない人は、この世では無理でも、少なくともキリスト教のイデオロギーが約束しているように天国で願いが実現するようにと祈る。

ここからうつの人の受動的な期待の姿勢が生まれるが、これは失望やうつから彼らを守ってはくれない。人生がこうした期待を満たしてくれないからだ。その一方で、もしも彼らがこの報酬の期待を放棄すれば、うつが牙をむくだろう。うつの人は、人生の中で、自分がタンタロスの状態にいるとくりかえし感じる。つまり、目の前に果物と水があるのが見えるのだが、つかむことを学んでいないため、あるいは自分にそれを許さないために、手を伸ばせない。彼らは要求できず、何かを手に入れることができず、健全な攻撃性を発揮できない。加えてこうしたことすべての結果として、自尊感情が十分に発達しないために、自分の側でも要求し、つかみ取る勇気を萎えさせてしまう。抑うつ的な行動の例をいくつか挙げよう。

既婚の若い女性が言った。「夫がしょっちゅう若い女の子と外出しています。私も知っているる女性で、彼女はとても魅力的で、しかも夫は誘惑に弱いんです。私は家にいて、泣いてばかりいます。でも夫はそれに気づいていないでしょう。もしも私が彼を非難したら、彼は私のことをプチブル的で嫉妬深いと思うでしょう。それで彼が怒って家を出てしまわないか不安です。夫は、男はそういうものだ、もしもほんとうに愛しているなら、こうしたことも容認するはずだと言っています」

彼女は、自分では合意できない現代風のパートナーシップをイメージしている夫を失望させないために、彼の何を容認すべきなのかよくわかってはいない。自分が何を受け入れるべきなのか、自分のあり方とは相容れない何かに対して、自分をどうやって防衛できるのか、確信がもてていない。しかも自尊感情が低いために、ライバルがどんな人物でも過大評価してしまう。自分の意見を述べ、自分の許容限界を知ることなく、彼女に対してはるかに確信的な態度をとる夫を自分のほうから嫉妬させることもなく、彼女は夫を失う不安に打ちのめされている。けっしてプチブル的なのではないと見せるために、夫の希望にもっと合わせなければならないと、自分に過大な要求をして、それを夫がまた利用するという構図である。夫がますます自分の手におえなくなったと気づいたとき、彼女はいっそう夫に理解を示すという形で夫をつなぎ止められると信じた。その結果、夫が自分を軽蔑していると気づき、彼女は完全に途方に暮れてしまう。自分自身を大事にしなかったために、彼女は夫からも大事にされなくなったのだ。今日では似たような状況をよく見る。一般的に自由と束縛、貞操と性的放縦をめぐる意見には揺らぎがあり、しかもしばしば文化のプロパガンダがこれを後押ししている。そのため抑うつ傾向の人をはじめとするたくさんの人は、過剰な要求を突きつけられ、本来やりたくないことを、「現代的」でない、「現代のトレンド」をわかっていないと思われるのではないかという不安からやってしまっている。

この若い女性は、その他の日常の場面でも、自分で課した多くの利他的な要求を抱えていた。毎年クリスマスには、手紙を書いたり、プレゼントをしたり「しなければいけない」約一〇〇人のリストをつくる。そのためにクリスマスの数週間前には、日常の仕事をこなした上でどうやってその他の用事をやり遂げようかと、時間不安と抑うつを抱え込んでしまうのだ。しかし彼女は計画を変更することなど思いつかず、たくさんの「すべきこと」を思うとうんざりし、それがまた罪悪感を呼び覚ますのだった。

以下は、うつ傾向のある人がしばしば訴える「運が悪かった」話の一例である。

「いつも一生懸命やっているんですが、うまくいかないことばかりです。昨日は美容院に行きましたが、美容師がしくじって、ものすごく短くカットされてしまいました。そのあとで職人さんが来る約束になっていたのですが、すっぽかされました。そういうことが私に限ってよく起きるんです。気を引き立てようとブラウスを買ってみたのですが、家に帰ってきて見てみたら、気に入りませんでした。私が欲しかったのはぜんぜん違うデザインのブラウスだったんです」

ここではっきりわかるのは、このような人たちは自分の希望をはっきり表現しない、あるいはそもそも自分の希望が不明確で漠然としているということだ。そのために彼らはいつも期待を裏切られ、それを何らかの外的状況または不運のせいにする。彼女はどんな髪型にしたいか美容師にわかりやすく伝えていなかったし、ブラウスを買うときに自分がどんなデザインが欲しいのかきちんとしたイメージをもっていなかった。失望の埋め合わせとして「何かいいこと」をしたいと思っていたただけだ。彼女は自分自身に同情し、いつも運が悪い、人生から不利に扱われていると思っている。しかし彼女は、そもそもの問題は自分の希望があいまいであること、要求を伝えられなかったことだと理解していない。今日来る予定だった職人が来なかったことで、彼女は自分を哀れみ、運が悪かったと偏った解釈をした。そうすることで彼女は起こったことに自分も関与している部分があるのだと認識する可能性に蓋をしてしまっている。「**そういうことが私に限ってよく起きるんです**」と言って、彼女は原因を自分ではなく「悪い世間」に押しつけた。そうすれば、自分が抑制し不安を感じるのは、彼女をついていない人間にした運命の責任と見ることができる。彼女はこの自己憐憫からある種の満足感を感じ、自分を変える必要はなかった。

うつの人の葛藤は、身体面では主として上部消化管の疾病としてあらわれる。この器官は、摂取し、吸収し、しっかりつかみ、要求する――このすべての機能の象徴である。葛藤状態にあると、心身障害の形で喉、咽頭扁桃、食道、胃に容易に症状が出る。肥満症と拒食症も精神力動的に見るとこうした葛藤と関係がある場合がある。よく聞く「やけ食い太り」とか「やけ酒」がこれに当たる。失望や喪失を経験すると、私たちは食べたり飲んだりして心の埋め合わせをする。これはあらゆるタイプの依存症の一歩手前のような状態で、代償的満足あるいは遁世と理解される。

うつ状態の人の場合、何かを独り占めする、何かを所有することの困難さは、しばしば本人たちの言葉を借りれば「健忘症」のような形であらわれる。彼らは覚えが悪かったり、すぐに忘れたりして、それを器質性の症状だと考えている。しかし仔細に見ていくと、たいていの場合、印象を完全に意識に取り込んで知覚せず、関心と注意力をもってきちんと受け取っていないからだとわかってきた。彼らは強い刺激を認めるのが不安なのだ。そうすれば何かを強く欲し、しかも手に入れられないという葛藤に陥ってしまう。だから彼らは多くの刺激の前に「フィルター」を取りつけ、早々に諦めてしまう。学習の障害や倦怠感、無関心もここに起因する場合があり、これらは保護フィルターと同じような機能を果たしているが、逆にかえってうつの症状を強化してしまう。何度も失敗し、自分に失望してしまうからだ。したがってうつの人のこうした見かけ上の健忘症は、彼らの諦め、しょせん手に入れることはできないという強い思い込みの一つの徴候に過ぎないのである。彼らははじめから諦めてしまう。そうすればちょっとした失望を味わうだけですむからだ。いわば「酸っぱいブドウ」作戦で、ほんとうは欲しいけれども手に入れられない、手に入れさせてもらえないと思うものを、追求するには値しないのだとあえて軽視するのだ。そうすれば、欲しかったのに手に入らなかった、と失望せずにすむ。しかし同時に彼らにとっての世界は、色彩を失い、灰色で刺激のないものになっていく。希望がなければ、人生は空虚で退屈になる一方だからだ。彼らはごちそうがいっぱい並んだテーブルについているのに、手を伸ばそうとせず、他の人が元気よく食べ物を取り、その味を堪能し、快適そうにしているさまを羨ましげに眺めているしかない。

うつ傾向のある人は、適応するか断念するかの境界線に立ってつねにその能力を試されている。しかし自分が主体であることは避けられないと認識して、「美徳」を無理に発揮しつづけて自滅したりせず、また、自分が欲しいものを人生から受け取り、罪悪感も不安もなくそれを享受するような人間に対する激しいねたみにさいなまれたりしなければ、そこに回復への道があるかもしれない。

うつの人とその愛

うつの人にとって、愛、愛したい願望、愛されたい願望は人生でもっとも重要である。彼らのすぐれた面はこれとの関連で伸ばせるが、同時に最大の危機もここにある。これまでの記述から、彼らが特に危機に陥りそうになるのは、パートナーとの関係であることは明らかである。パートナーシップにおける緊張と対立、葛藤が彼らを苦しめ、耐えられない状態に追いやる。それによって喪失不安が呼び覚まされるために、彼らは必要以上の負担を感じてしまうのだ。本人たちは理解しがたいだろうが、パートナーをめぐって努力することが危機を招くことすらある。パートナーはしっかり抱きしめられると、かえって自由を求めるからだ。するとうつの人はパニックを起こし、重い抑うつ状態になって、不安のあまり恐喝的な手段に訴えたり、自殺をちらつかせたり、実際に自殺を試みたりする。彼らは、けっして充足することがない自分たちと同じように、パートナーが親密さを必要としてはいないことが想像できないのだ。パートナーが必要としている距離を、彼らは愛情の不足またはもはや愛していないしるしと受け取る。

感情移入して一体化する能力、愛情によってその立場になって他者を理解し、抜群の共感力によって相手と体験を共にする能力は、うつの人に特徴的であり、彼らのもっとも美しい特性の一つだ。純粋に生きている者にとって、それはあらゆる愛、いや、あらゆる人間性の本質的な一要素である。他者と同一化する姿勢は、霊媒のような感情移入にまで達し、「我と汝」を隔てる境界はまさに取り払われてしまう。すべての愛する者の根源的な憧れ、神秘主義者の羨望は、境界が取り払われた超越性の中で、神あるいは被造物と一つになることだ。彼らはここで、無意識かもしれないが、乳幼児期における母との無制限の関係をより高次のレベルで再発見したいと望んでいる。以下では、愛する能力の発達には、幼い頃の母親体験が決定的な意味をもつことに触れていく。うつ傾向をもつ健康な人は、すぐれた愛の能力をもち、献身と犠牲の精神を備え、困難をパートナーともにしのぐ力がある。また安心感、情緒面での親密さ、あたたかさ、無条件の愛を相手に与える。

重いうつの場合には、愛情関係において喪失不安のほうが強く出てしまう。こうしてうつに典型的なパートナーシップが生まれる。もっともよく見られる二つの形について述べよう。最初は、パートナーのみによって生きようとし、パートナーと自分を完全に同一視しようとするケースだ。この場合、最大限の親密さが可能になる。パートナーとほとんど一体となり、独立した個となること、自分自身の人生を送ることをやめてしまうのだ。相手と同じように考え、感じ、相手の願いを推測する。「相手の目からすべてを読み取る」のだ。相手が嫌いなものを知り、二人の邪魔をするものを知って、それを確実に取り去ろうとする。相手の視点を踏襲し、相手の意見を共有する。要するに、違う考え方、違う意見、違う好み、他者と違うこと、自分自身になることは危険で、喪失不安を呼び覚ますと思っているのだ。こうしてパートナーにすっかり入れこみ、自分は献身的な愛を捧げ、無私の状態だと思って生きている。こうした愛が本物であるか否かは、「自転」とそれにともなう喪失不安を避けようとしているだけなのか、それともすべての愛につきものの危機を意識した上で、自分たちの発展のために、自分と相手を解放でき、それでもなお相手を愛するのかどうかでわかる。

彼らは旧約聖書のルツと同じように、「**わたしはあなたの行かれる所へ行きます**」と無条件で考える。当人にとってはそうした関係は多くの点で非常に快適だ。しかしパートナーシップからより多くのことを期待している人は、相手が自分の「こだま」だったり、いつでも自分の意のままに動く亡霊のような存在だったりすると、失望を覚えるだろう。これと似ているのが、喪失不安から自分というものをすっかり放棄し、実質的に子ども返りしてしまうケースである。本来自分でやれるし、やるべきであることもすべてパートナーに委ね、ますます相手に依存し、相手がいないとお手上げになってしまう。これは、自分が自立した人間になると相手を必要としなくなるという誤謬に端を発している。自分を困窮した状態に置くことによって、相手を確実に引き止められると思っているのである。ここでも無意識ではあるが、パートナーシップに父親または母親と子どもの関係がはっきり再現されている。しかし夫婦生活というのは、けっしてそのようなものではない。夫（妻）を失って、亡くなったパートナーをそれなりに愛していたにもかかわらず、すぐに再婚しようとする人々もこれに似ている。彼らは自分の生活をあまりもたず、新しいパートナーに簡単に切り替えて順応できる。要するにもっとも大事なのは、一人きりにならないことなのだ。

この道の先にあるのは一種の共生で、「我と汝」の間の隔壁が取り払われてしまう。我と汝はもはや区別できないほど融合し、あるうつ病患者の言葉を借りれば「**どこで自分がやめて、どこで相手がはじめたかわからない**」状態となる。できることなら相手の中に完全に溶けこむか、あるいは相手を「**愛するあまり食べて**」しまって、失うことがないように相手の内部か自分の内部に取りこもうとする。これらのケースのいずれにおいても問題なのは、自分の個性化を回避しているか、あるいは相手の個性化を認めていない点である。

しばしば見られるのが、「**私はあなたを愛しているけれど、あなたの知ったことではない**」というパートナーシップである。これは喪失不安を回避するにはいいやり方だ。相手は本人の思うように行動していい、というわけだ。その相手のことよりも、相手を愛している自分の気持ちを愛しているので、問題なのは自分自身と自分の愛するという気持ちだけだ。このようにして人は永遠性と不変性を手に入れることができる。

うつの人のパートナーシップの中で問題が大きいのは、相手を脅迫する愛である。この愛は過剰な心配を装っているが、その背後には喪失不安からくる支配欲が隠れている。自分が手に入れたいものが手に入らないと、より強力な手段に訴え、自殺をすると脅したり、パートナーの罪悪感を呼び覚ましたりという手に出る。そこまでいかなくても、ひどい落胆と絶望に陥ってしまう。「**もう愛してくれないなら、私はこれ以上生きていたくない**」といった言葉は、パートナーに責任を負わせ、パートナーに、相手の命が自分の行動にかかっていると思わせてしまう。その人が弱腰になって、罪悪感を抱いてしまうと、状況が見通せなくなり、しかも双方の関わり合いが抜き差しならないほど深いものであると、逃げ道のない悲劇が起こる恐れがある。こうなると不安と同情と罪悪感だけで成り立つ関係が生じる。一皮むくと、その下にあるのは憎悪と希死念慮である。病気もゆすりの武器として使われ、似たような悲劇を招くことがある。

うつの人の不安と葛藤にも普遍妥当性はある。私たちは深く愛すれば愛するほど、失うものが多くなり、生命が危険に晒されると、誰でもほんの少しの安心を探そうとする。それを私たちは愛の中に見出したいと強く望む。個性化の回避は、喪失不安に対する保証にならないことを、私たちは見てきた。その逆で、私たちは自分に課された課題から逃れようとしているために、回避したかったまさにそのものに突き当たるのである。パートナーになるためには、創造的な距離が必要だ。そうすれば二人とも自分自身であること、自分自身に成長していくことができるようになる。真のパートナーシップは二人の自立した個人の間でしか成り立たず、一方が他方に依存し、対象物となってしまっているような関係ではない。自立したパートナーとなる勇気がない人には、まさにそのために喪失の危険が忍び寄る。依存性と、自尊心の欠如のために、他者への尊敬を失い、「**一人前**」として扱われない状況を招いてしまうからだ。その一方で、パートナーを一人前でない子どものように扱おうとする者は、その相手がいつかは自由になり、自分のほうから真面目に受け止めてほしいと言ってくるか、あるいは許容限界を越えてしまって、愛が憎しみに変わるかもしれないことを覚悟しておかなければならない。もっとも、神経症のまま二人で生きていく、というのであれば話は別である。だがその場合、この関係は発展が望めない停滞したものになり、子ども時代の関係を反復しているにすぎない。

うつの人にとってのセクシュアリティは、愛、情愛、細やかさといったものほど重要ではない。しかしこうした細やかな愛情を受けると、彼らは肉体面でも喜んで献身し、ここでも親身になって、何が許されるのか、許されないのかもお構いなしに、愛には限界がないという立場を取る。依存度が高いと、あらゆる形のマゾヒズムでも飽き足らず、ほとんど隷属状態になってしまう。たいていその背後にあるのは、相手の言いなりになるのがパートナーをつなぎ止める唯一の方法だという思い込みである。

一人の人間はどれほどの自由または愛着を必要としているのか、またそれに耐えられるか耐えられないかについては、一般的に通用するような法則はなく、各人が自分に合う解決法を見出すしかない。当人とその素質、生育史、置かれている社会状況は違いすぎて、すべてのパートナーシップに有効な要求など存在しないし、その要求を満たしていないからといって間違っているとか悪いとか非難もできない。私たちは互いに人間理解を深め、自分とはかけ離れているような愛の形にも敬意を払わなければならない。そうでないと、子ども時代にすでに喪失を経験したために、成熟した愛の発見が困難になり、それればかりかひどい目にあっている人々を安易に裁くことにもなりかねない。

うつの人とその攻撃性

すでに明らかになったように、うつの人にとって、自らの攻撃性および情動とどうつき合うかは大きな問題である。喪失不安でいっぱいで、依存状態にあり、愛を強く必要としているときに、どうやったら攻撃的になり、自ら主張し、自分の意志を押し通すことができるのだろうか？　依存する者は、自分が依存し必要としている人を攻撃できない。それは自分がその上にのっている枝を切り落とすようなものだ。その一方で、攻撃性と情動は避けては通れない。ちょうど世界が存在し、そこに人間が存在し、自分自身が存在するという事実から逃れられないのと同じだ。しかし攻撃性が自分にとってそれほど危険だと思うのなら、自らの攻撃性をどうしたらいいのだろう？

一つの可能性は、これを回避することである。それは、平和を好むイデオロギーを確立すれば可能かもしれない。そうすれば自分の内部でも外部でも、攻撃の機会を利用せず、攻撃そのものをしなくなる。本来なら自分の意志を押し通して抵抗しなければならない場面でも、状況の解釈を変えて無害化することで、その場の緊張を和らげる――相手はきっとそんな意味で言ったんじゃない、小さなことでカリカリするなんて意味がない、自分の面子がつぶれるほどのことじゃない、といった具合である。こうしたイデオロギーによって、自分を引っこめ、抗弁もせずに自尊感情を傷つけられ、自分の情動を禁じていると、モラルの優位を信じることで自分の態度を補償せざるを得なくなる。本人はこれが（昇華された）攻撃の形でもあると気づいていない。

こうした態度が高じると、「耐え忍ぶ人」の役を演じることになり、精神的、道徳的、性的マゾヒズムにまで発展する。こうなると奇妙な相互作用が生じ、経験しなかったこと、自分ではやらなかったことを、相手と一体化することで共体験し、その人にある意味で身をゆだねてしまうようになる。要求が多くて貪欲で攻撃的なパートナーの対象となった人は、そのパートナーと一体化することで、隠された側面を共体験するのみならず、道徳的に優位に立っていると強く感じる。「苦しんでいる人」である彼らは「よい人」の側であり、相手には罪があるが、自分には罪はないと信じる。ここに偏った「徳」の問題性が明らかになるだろう。意識的に自分が苦しんでいる者であると信じる一方で、無意識に相手も苦しむ人にしてしまっているのだ。こうしてサドマゾ関係はあべこべになる。「聖なる人」は苦しめる人になり、「罪人」は苦しめられる人になるのだ。フランツ・ヴェルフェルの戯曲にも『殺した者ではなく殺された者に罪がある』という作品がある。人は、へりくだって耐え忍ぶ態度をとって、相手を攻撃的な「悪者」にして罪を着せることで、相手の内面に強い罪悪感を呼び覚まさせることがあるのだ。これで相手のせいで病気にでもなれば、そのパートナーは罪悪感から抜け出せなくなり、当の本人は罪を知らぬ悩める人のままでいられる。ここでは、情動の強さを予感させる不気味なことが起きている可能性がある。この情動は重いうつの背後に隠れていて、当人は攻撃性だと意識していない。この解釈を示されれば、その人はひどく驚くだろう。

「心配しすぎ」という形であらわれるうつの人の愛の背後にも無意識の攻撃性が隠されていることは、すでに述べた。こうした心配のしすぎはパートナーを窒息させ、「やさしくレイプする」ことになりかねない。

うつの人の無意識の攻撃性としていちばん多いのは、嘆き悲しむ、訴える、愚痴をこぼすといった形だろう。これがパートナーの心身を消耗させるかもしれないと彼らは気づかない。何もかももうたくさんだ、誰々が嫌だ、思いやりがないなどと、彼らは嘆き、言葉を発しなくても咎めるような表情をし、ありとあらゆる方法で他者に罪悪感を抱かせる。パートナーは、彼らと向き合うときには最大の配慮と関心を示さなければと思う。パートナーが、もうたくさんだ、とがまんできなくなる場合もある。彼らは状況を見抜き、うつの人から背負わされた罪悪感から自分を解き放つ。

攻撃性がこのような形を取らない場合、それはまず自己憐憫としてあらわれ、最終的に自分自身に向けられる。これがもっとも顕著なのはうつ病患者の場合である。自分には解決できないような、攻撃性、罪悪感、愛情喪失に対する不安という三つの葛藤から、本来は他者に該当する告発、非難、憎悪を自分に向けてしまい、ついには自己憎悪、意識的あるいは無意識的な自己破壊にいたってしまう。真に悲劇的なのは、かつて正当化した子ども時代の憎しみとねたみの感情が引き起こす自己破壊である。こうした感情はけっして外に向かって表現されない。そうすることでその子は自分の置かれた状況が悪くなり、自分を悪者だと認めることを恐れるからである。自分の感情のはけ口を見つけられず、罪悪感にとらわれた子どもはこれを自分に向けざるを得ず、それが自己処罰となる。最大の悲劇は子ども時代に起きる。子どもは自分が拒絶されると、それを自己憎悪として内在化せざるを得ず、喪失不安と不安定な気持ちから、自らの攻撃性を自分の危険な状況の大きな負荷として経験しなければならない。したがって、のちにうつに陥る人は、最初から自分の攻撃性と向き合うことを学んでいないのである。そのため、彼らはどこでいつ攻撃的になっていいのか、攻撃的になるべきなのかを認識するのが遅すぎるか、あるいはまったく認識しないという結果になる。何かを達成するため、主張するため、自分の意志を押し通すために、どの程度の攻撃性を発揮すべきかについて、彼らは間違ったイメージをもっている。そのためには自分がもちあわせていないような並外れた攻撃性が必要だと考えて、諦めてしまうのだ。それに、表出した攻撃性がどんな結果をもたらすのかについて大げさに考えすぎている。不安で罪悪感を抱きやすい彼らは、結果がたいへんなことになると想像し、最初に投げたときの倍の力になって投げた人を直撃するブーメラン効果を恐れている。いつ攻撃的になるべきかという認識、ときにはじっと見るだけ、特定のポーズをとるだけで尊敬を得るのに十分だという認識、表出した攻撃性がもたらしうる結果について過大評価しているという洞察をもつことで、うつの人は自分の攻撃性で新しい経験を得る練習ができる。

うつの抑圧された攻撃性は、過保護、慎み深さのイデオロギー化、温厚と謙遜、愚痴をこぼして嘆く、耐え忍ぶ、という具合に高じて、最終的には自分に向けられた自己批判、自責、自己処罰から自己破壊にいたる。自分に向けられた攻撃性としては、すでに述べたような身体化〔うつや不安などを身体症状に転換する防衛機制〕もある。一部の重篤あるいは不治の症例としては、精神力動的にこうした土壌に育ったいわば究極の無意識の自己処罰、自己破壊による復讐がある。

表に出せない、したがってはけ口のない情動と攻撃性は非常に苦しいだけではない。それはやる気のなさ、消極性、怠惰につながり、同時に抑圧された攻撃性は、二次的に新たな抑圧につながる。憎悪、怒り、ねたみは子どもの生活においても不可避だが、それらが内部で鬱積し、うつの背景になったときにはじめて危険なものとなる。抑圧しなければならないほど激しい怒り、フラストレーションを起こさせるような攻撃性、憎悪とねたみの感情は、長じたのちも私たちの気を滅入らせ、意気消沈させる。その度合いは子どもの比ではない。周囲に依存し、無力な幼い子は、こうした感情がそもそも入ってこない。子どもは自分の情動と攻撃性を表に出せるようになってはじめて、これとつき合い、状況に応じて受け入れるかあるいは断念することを学ぶ。非常にもの静かでおとなしい子や、退屈して人生にさしたる興味がない子、自発性がなく、行動を起こさせるために励まさなければならない子や、子どもらしいエネルギーがあまり見られない子、一人で何かすることができず、一人置き去りにされると異常なほど反応する子は、すでに抑うつ気分の初期の兆しが認められるので、注意が必要である。

攻撃性の成熟した処理の仕方を身につけるには、攻撃性に関する経験を積むしかないだろう。健全で巧みな攻撃性は、私たちの自尊感情、人格の尊厳に対する感情、健全なプライドを構成する本質的な一要素である。うつの人の攻撃性が大胆さに欠け、不器用なのは、彼らの自尊感情の低さに大きな原因がある。ゲーテの小説『親和力』にある言葉「他人の大きな長所に対しては、愛よりほかに救助手段はない」〔實吉捷郎訳による〕は、嫉妬を昇華したものだが、子どもにはこうした昇華はまだできない。

抑うつ性パーソナリティはどのように生じるのか、喪失不安と自分自身になる不安が一人の人間の中でどうやったらそれほどまでに支配的になるのかについて、もう一度考えてみよう。

生育史上の背景

生まれつきの素質としては、彼らはあたたかく繊細な感情を備え、進んで愛する愛の能力をもち、すぐれた感情移入の才がある。こうした傾向はしばしば粘着性の鈍重さや献身的な愛情にも通じ、そのためにうつの人は、自分の感情にとって重要で、多くを投資したものを簡単には手放せない。忠実、不変性、愛による感情移入といった傾向を促進する感情構造が、軽いうつ傾向をもつ人にはしばしば見られる。それがどの程度まで自分の不可能性を認識した結果なのか、あるいは自分の素質を思うように表現できない危機的状況がつづいているせいなのかについては、まだ十分に解明されていない。また同時にこうした人々は（素質の面から言っても）、多くの場合、強く主張する攻撃能力が退行している。彼らは気が弱くて押しがきかず、生まれつき温和でおとなしく、戦闘的でない。もう一つの気質は、感じやすくて生命力が弱く、「面の皮」が薄くて、皮膚がないほど透過性がある点だ。そのために守られ、支えられることに依存し、パートナーが父親あるいは母親がわりになって面倒を見てくれるように無意識に誘発してしまう。おそらく、生まれつき無気力や安逸に流れる傾向も、素質的な促進要因に挙げられるだろう——もちろん、何が素質性で何が反応性かについて明快な答えを出すことはむずかしいのだが。

ここでもやはり素質的な条件と生育史上の条件が重なり合っている。抑うつ性パーソナリティの形成を招きやすい生育史上のコンテクストは、発達の第二段階である幼児の時代に自分自身が戻ったと想像してみるとよくわかるだろう。自分の周囲を徐々に意識的に知覚しはじめるごく初期の段階とは異なり、子どもは母親を自分のあらゆる欲求を満たしてくれる存在だと認めるようになる。そのためには母親が定期的かつ確実に自分の元に戻ってくるということが、決定的に重要だ。幼児は長い期間にわたって母親と二人で「私たち」の関係を結ぶようになる、とキュンケル（西プロイセン（現ポーランド領）出身の精神医学者・心理学者フリッツ・キュンケルと考えられる）は述べている。母と子は共生関係にあり、一つの単位を形成しているので、子どもはゆっくりと時間をかけて、自分と母親の区別を知っていく。当初は子どもの意識の中では、自分と母親を隔てる境界は存在しない。母親を自分の外に存在する何かとして理解し、同時に彼女からすべての充足と幸福が与えられると認識するにつれ、子どもは自分の依存性も理解するようになる。子どもは母親を必要とし、彼女が離れると不安でいっぱいになる。子どもは母親に頼らざるを得ず、母親に適合し、彼女は子どもにとってもっとも重要な基準点になる。子どもは彼女の姿と存在をすべての感覚を駆使して自分の中に取り込む。母親に完全に依存している長い期間を通して、彼女の姿は子どもの心に深く刻み込まれる。このようにして母親は内在化し、子どもにとって非常に重要な精神の構成要素の一つとなる。子どもが母親の有り様をどのように感じ取ったかが、その子どもが後年に心の奥底で自分に向き合う姿勢の基礎になる。この、精神分析の用語を使えば「取り入れ」られた母親像、個別の母親体験は、のちになって自分自身に対する私たちの姿勢に反映する。幸いにも愛にあふれる母親像を思い浮かべられる人は、自分を愛すべき存在と見なすことができるし、不幸にも厳格で拒絶的な母親像しか描けない人は、自分を愛すべき存在と捉えられず、自分も愛すべき人間なのだと思えるまで長い時間と多くの新しい体験が必要になってくる。したがって良好な母親関係から得られる財産は、どんなに高く評価しても足りないほどである。

母親との関係が良好な場合には、相互のギブ・アンド・テイクが成り立ち、母親も子もこれを喜んで受け取る。子どもは自分に示されたものを、こだまのように反映する。母親のほほえみにはほほえみで返し、やがて子どものほほえみが母親のほほえみを誘うようになる。両者の間には、内的なつながりと推測による理解が生まれ、これは人生が与えてくれるもっとも嬉しいことに属する。ここに感謝、希望、愛の最初の萌芽がある。子どもはまだ、人生における短い至福の時期を享受している。この時期には何も要求されず、自分の欲求は推測して充足してもらえる。楽しく快い生活を子どもは経験でき、また、そうあるべきなのである。この乳幼児期の第二の発達段階において新たに加わるのが、一人の人間に依存しているという認識であり、同時にその人間（通常は母親）を信頼して近くにいたいという欲求の目ざめである。

母親が子どもにこの可能性を提供し、それによって子どもが一人の人間を心から愛せるようになることはとても重要だ。母親の姿とその存在は、子どもが内在化する最初の人間の印象、最初の「人間的なもの」の印象となる。最初に子どもがあたたかい愛情を経験するか、拒絶を経験するか、愛されていると感じるか、そうでないと感じるかは、母親の視線、さわり方、扱い方、世話の仕方に左右される。子どもの感受性は、非常に繊細な印象にも反応する。子どもの自分自身に対する将来の関係性にいたる道はここでしっかり整備され、自尊感情の基礎ができる。「森に向かって叫んだそのままに、こだまは返ってくる」のである。

「自転」への衝動が、喜びではなく不安と罪悪感とともに経験されるこの段階において、障害が生じる可能性はどこにあるのか考えてみよう。典型的に母親が陥りやすい二つの誤った姿勢は、甘やかしと拒絶だろう。

まずは甘やかしについて述べよう。特に言及すべきは、「抱卵するめんどり」タイプの母親である。彼女たちは子どもがいつまでも赤ちゃんのままで、無力で寄る辺なく、自分を必要としていてほしいと願っている。こうした母親は自分自身が抑うつ傾向を抱えている場合もあり、無意識の喪失不安と生の不安、あるいは愛を喪失する不安から、子どもを甘やかす。子どもをひたすら愛し、突き放すことも子どものためになり、必要な場合もあるのに、けっしてそうはしない。

ときにはここに運命的な要因が加わる。たとえば結婚生活に失望したり、パートナーを失ったりした女性の場合だ。彼女たちにとって子どもは人生のすべてで、子どもの存在とその愛はぜひとも必要なので、子どもが自分に感謝せずにはいられなくなるように、どんなことでもする。子どもが大きくなればなるほど、こうした母親は子どもにとって問題のある存在となる。子どもがどんどん成長し、自立していくのを、彼女たちは驚きをもって見つめる。それは子どもがさらに成長し、いずれ自分を必要としなくなり、他の人に愛情を向けることを意味する。子どもをつなぎ止めたい、小さな頃のままでいてほしいという願いは、母親の奥深いところにある本能かもしれない。さらにまた、母親が子どもに払った長時間に及ぶ大きな犠牲も過小評価できない。時間をかけて愛を注いで育てたものを、簡単に喜んで手放す人間などいるだろうか。

母親は子どもを最初から甘やかす。それは授乳期からはじまる。子どもが泣くたびに（それはしばしば生命の自己確認にすぎないのだが）抱き取り、子どもの生の衝動を窒息させ、むずかるたびにやさしさですっぽり覆ってしまうので、子どもは情動を発散し、不機嫌を自分で解決する方法を発見するチャンスを失ってしまう。彼女たちはいつでも子どものためにスタンバイしていて、磁石のように子どもの注意力と感情を自分のほうに引きつけ、子どもとともにいて、ボクシングの用語で言えばずっと「クリンチ」して、息が詰まるほど近くにいるので、双方とも自由に動けない。こうした母親はさらに同じ動機によって子どもからすべてを取り上げ、先取りし、噛み砕いてから与え、子どもと世界の間に割り込んで緩衝材となって子どもを守ろうとする。健全で不可避な子どもの情動を、それが年齢相応のまったくノーマルな行動様式であるにもかかわらず受け入れることができず、傷ついたり涙を流したりしてそれに反応するので、子どもは罪悪感を覚える。

こうしたことすべてが子どもをますます母親に縛りつけるのみならず、子どもが独自の衝動をもつ機会を減じてしまい、母親抜きあるいは母親の許可なしに何かをすることを早くから学べなくなる。それが高じると子どもは自分の希望をもたなくなり、諦めてしまって、受動的な無関心状態に陥る。しかしこうした子は自分で希望を表明することを忘れているので、まわりの人がそれを推測してかなえてくれるに違いないと期待するようになる。こうして怠惰な考え方、受け身で期待して待つだけの姿勢、人生は怠け者の楽園のようなものだというイメージが生まれる。しかしそれに覆われるようにして下に隠れているのが抑うつである。イワン・ゴンチャロフはその小説『オブローモフ』で、こうした経緯をみごとに描いている。

願望や意志や衝動がほとんどない状態では、世間とのつき合い方の訓練を積むことができず、その二次的な結果として、さらに他者への依存が高まってしまう。よくあるのは母親が子どもに、外の世界は邪悪で危険だと言って聞かせるケースで、すると子どもは成長の過程で、あたたかさや安全性、理解と信頼は家庭の母のもとにしか存在しないと思ってしまう。これがさらに世界に出ていこうとする子どもの衝動を萎えさせ、最善のものは家庭にあるのだと思わせる。こうした母親はできるだけ誰も子どもに近寄らせず、やきもちを焼いて子どもを囲い込んでしまう。子どもの友だちをけなし、あるいは友だちをつくるのは自分に対する不貞だと言わんばかりに、悲しがったり傷ついたりしてみせる。彼女は子どもの友だちは自分の潜在的なライバルで、自分から子どもを奪うかもしれないと考えるのだ。こうして子どもは「やさしいレイプ」の被害者になり、この関係はしばしば思春期を過ぎてもつづく。子ども自身の衝動は、心配する母親の愛という綿にくるみ込まれて窒息する。子どもが自分の力で耐え抜くことができたかもしれない、過酷で、つらく、無情なあれやこれやも、すべてその子のところまで到達できない。外の世界は甘いものだといつまでも思わされている子どもは、本物の世界に衝突すると機能不全に陥ってしまう。自分の無能さと弱さを知って、その子はふたたび以前の安全な世界に逃げてしまう。自我の弱さのために、人生の困難を克服することはとてつもない課題に見えてきて、その子は後ずさりして諦めてしまう。

こうした母親は子どもを正しいタイミングで、年齢に合った形で手放し、子どもが自分で成長していけるように自由にしてやることができない。自分の愛の欲求だけのために子どもを束縛し、愛を自由に表現するのではなく、命令するのだ。「**お利口さんにして**」、「**キスしてちょうだい**」といった具合だ。彼女はすべてを子どもから取り去る。「**あなたはいいから。それはお母さんがやってあげる**」、「**あなたにはむずかしすぎる**」、「**それはあなたにはできないって**」。そしてどんな結果を引き起こすかも知らずに、子どもの衝動を打ち砕くのだ。「**どうしてこの遊びはしないの？**」、「**もうそれはおやめなさい**」。そうやって彼女は、子どもが自分の能力を伸ばす健全な芽をすべて摘んでしまう。そしてついには、将来的に世界に立ち向かっていくための最初の萌芽である、人生に関する想像力という重要なものまでが失われてしまう。子どもがこうした条件下で「自転」することを学べなかった場合、その子は母親につなぎ止められたままで、ただ答えるだけのこだまになり、世界のことも、自分自身の可能性と限界もわからなくなる。子どもは今後も甘やかしてくれる母親の傘の下での人生を期待して、受動的で順応的にすごしていく。もちろんそうすれば失望を味わうことは避けられず、これまで潜在していたうつの発病にいたるのがつねである。

母親と子どもが置かれる状況は、さまざまな運命によって困難になることもある。離婚、夫との死別、子どもの誕生後に夫婦関係が悪くなった、次々に短い間隔で子どもが生まれた、などである。一人っ子は当然ながらこの観点では一般的にきょうだいがいる子どもよりも危うい。母親の愛が一人の子だけに集中して注がれるからだ。一人っ子のある患者が、以下のようにあからさまに表現したことがある。

「母が自分のあふれんばかりの愛を私の上でぶちまけると、私は青あざができてしまうんです」

子どもを手放さなければならないことは、どんな母親にも割の合わない課題である。感謝を期待したり、要求したりしていればなおさらだ。子どもがすくすくと育っていることを自分の愛、苦労、犠牲、諦めの真の報いだと見なすような、人間としての成熟をまだ果たしていない、あるいは果たそうとしていない親は、自分と子どもとに本来なら避けることのできない苦しみを与えるだろう。

しかしこうした子どもたちの心の中はもっと複雑だ。彼らが自分をそのように無力化し、わがものとした母親を憎むのも何の不思議もない。しかし子どもがそうした気持ちをほんの少し匂わせただけでも、母親は自分が子どものためにやったこと、犠牲にしたことをすべて数え上げて、子どもの罪悪感を呼び覚ます。本人が望んでいなかったのみならず、傷つけすらするようなことにまで感謝しろと要求するのは、もちろん正しいとは言えない。だがおそらく子どもは、自分は恩知らずだと恥じ、罪悪感から自由になる試みを放棄するだろう。特に感受性の鋭い子どもは、こうした悩みを抱え、傷ついてしまう。これについてはのちほど事例を挙げてさらに説明する。彼らは母親から離れるという年齢相応の一歩を踏み出すことができない。密な結びつきと重度の依存の危険のすべてが、ここに顕著にあらわれている。すると子どもは、罪悪感に耐え母親をひどく苦しめるよりも、自分の成長を諦めて犠牲にせざるを得ない。子どもの側から見れば、これが状況を改善するための唯一の方法である。子どもにとって、罪悪感を呼び覚ますようなやり方の「しつけ」ほど負担の大きいものはない。これは成人してからも両親を容易に許せなくなる最大の罪の一つだ。本人がこの問題から十分な距離を取り、愛だと勘違いして受け取っていたものが不必要な苦しみだったと認識すればますますそうなる。以下は典型的でかなりよくある事例である。

子どもが母親の目にしつけが悪いと映った場合（これは多くの場合、子どもがすぐに従わな

かった、あるいは彼女の意に添わない行為をした、という程度のことである)、彼女はソファに身を横たえて「死ぬ」——要するに、彼女は長時間身じろぎもせず、子どもが絶望して泣き出すまで、子どもの懇願に反応しないのである。

似たような罪悪感をあおる脅しとしてよくあるのは、「**もうお母さんは出ていくわ、二度と戻らないわよ**」とか「**あなたは私が死んじゃってもいいの?**」などである。

甘やかしの最初の動機が、子どもに愛され、感謝させようというものであったとすると、二番目の動機はさらに複雑で、子どもにとってはかなり悲劇的である。それはたとえば母親がその子を望んでいなかった場合、何らかの理由で子どもをつねに拒否し、子どもに敵意を抱いている場合、あるいは子どものいい母親にならなければと自分に要求し、そうできないので罪悪感を抱いている場合などだ。そうなると母親は罪悪感と、いわば「償い」の気持ちから子どもを甘やかそうとする。しかしそれが母親にとって困難であるなら(これは、特に自分の実子でない子に対して起こりうる)、子どもだって同様だ。子どもは親の努力を感じ取るが、その背後に拒絶や敵愾心、真の愛の欠如があることにも気づく。それは甘やかしでは埋め合わせられないもので、子どもは、いやいや自分に与えられた何かに対して感謝しなければならない状態に追いこまれる。すると子どもは自分の存在そのものが罪であり、負担だと考えてしまう。自分は母親のお荷物で、本来生きる権利はなく、それが許されるなら喜ばなければならないぐらいだ、と感じるからだ。

次に、抑うつ性パーソナリティを生むもう一つの生育史上の背景、すなわち愛の拒絶という側面を考察する。ここで述べるような、きまじめで、母親らしい愛をたっぷりと与えず、しばしば厳格ですらある女性は、自分も子ども時代にあまり愛されず、自分の経験に基づく母親像というものがなくて、子どもの欲求をよくわかっていない場合が多い。まだしもましなのは「プログラム・マザー」である。これは、自信のなさと共感力の欠如から、融通のきかないひな型にのっとって授乳し、しつけをする、子どもの個別の欲求には配慮しない母親のことを指す。自分の長男についてある母親が書いた日記にはこうある。「**赤ちゃんはもう何時間も泣いている。おっぱいの時間はまだきていないのに**」。日記にはこうした書き込みが長期間にわたって繰り返されている。この件に関しては、しばしばあることなのだが、医師たちの個人的な「学術的」意見が、ときには取り返しのつかない結果を招いていると指摘しておかなければならない。

しかし、早い時期から自分の個別の欲求があまり配慮されない生活条件に順応を求められると、子どもは過大な要求を突きつけられることになる。この段階で頻発する過大な要求の例としては、授乳の間隔がかなり不規則である、授乳後に一定時間やさしく抱っこされずにすぐにベッドに寝かされる、母親が時間がなくて授乳の動作が性急でいらいらしている、などである。乳児はまだ抵抗したり自分の欲求を表現したりできないので、次第に諦めて、世界をそのままの姿で受け入れるようになる。世界からはもう何も期待できない、と考えてしまうのだ。うつの人の多くはこのような生活基本感情を抱えている。それは絶望感に塗りこめられている。彼らは未来も、自分自身も、自分の可能性も信じられず、自分を適応させることだけを学ぶ。見込みなどないという感情に支配され、がまんと諦めばかりが強くなる。期待と希望に満ちてこの世界で生きるかわりに、彼らはつねに最悪のことを予測し、頑固な悲観主義者で、人生が自分に何か愉快なこと、楽なこと、喜ばしいことをもたらしてくれるとはまったく思いもしない。万一そのようなことがあると、彼らは罪悪感を抱き、どうして自分がそれを受けるにふさわしいのか自問する。真に喜ぶことができず、幸福の可能性を、失望を予防するためにつぶしてしまう。何事もうまくいくはずがないと思っているので、必要なだけの集中力を注いで挑戦しないのである。失敗に終われば、その痛手はさらに大きいと思ってしまうからだ。最初から何かいいことを期待しなければ、そこそこの失望状態に安住していればいい。その後の成長に影響を与える、こうした早い時期からの諦め体験の例が、以下の母親の日記である。

「あなたは最初から貧相な子どもだった。生まれて六週間はずっと母乳を与えていたけれど、すぐに吐き出してしまって、私もそれ以上は母乳が出なかったから、しょっちゅう人工栄養を補っていた。出産後、入院中だった最初の一〇日間も、あなたはおっぱいを嫌がった。五分から一〇分かけてもだめなので、ついにはあなたの鼻をふさいで、口を開けさせようとしたほどだった。嘔吐が噴門痙攣のせいでないことはたしかで、少なくともお医者さんたちは否定していた。それはむしろあなたが過敏で神経質だったせいで、最初の半年間は目を覚まさずに一晩中通しで寝たこともなかった。三週間後には仕事に戻ったので、私は家ではそれほど時間の余裕がなかった。生後三、四ヶ月になっても標準体重にならなかったので、小児科に連れていったけれど、これといった問題はなかった。それで念のために別の小児科に行くと、診てくれた女医さんは、あなたは月齢のわりには「理知的な目」をしていると言っていた。その病院であなたは窓際にいて、毛布を一枚かけてもらっただけだった。家ではいつもあたたかくしてあげていたのに。その結果、あなたは肺炎になってしまった。あの時期、私は精神的にすごくつらかったけれど、それでも最初の数日ほどは授乳のために通った。そのうち私はすべてを悲観的に見るようになってしまった。でも子ども時代のあなたは、私にとって唯一の拠り所だった。パパは当時、しょっちゅう怒ったり不安定になったりで、とても気むずかしかった。そのせいで私があなたのしつけをしくじったのはたしかだと思う。ひんぱんに外で遊ばせて、早寝させるという方針を必死になって貫徹しようとしたけれど。そうしないとあなたの人生に秩序とリズムを与えられないと思ったから。あなたはお医者さんの診察をひどくこわがって、身も世もなく泣き叫んだ。耳炎にかかったときに自宅に診察にきてくれたお医者さんは、『しつけがなってない』とすっかり気を悪くして腹を立て、治療もせずに帰ってしまった」

この記録を読めば自ずと明らかだ。ここには子どもの重荷になり、ネガティブな刷り込みとなるあらゆる例が含まれている。早い時期に愛を奪われた経験は、その子に二重の影響をもたらす。まず、子どもはすぐに諦めてしまうことを学ぶ。そうするとその子は自分で何かを手にすること、要求すること、つかむことをあらゆる場面で躊躇するようになる。だがこのようにすぐ諦め、ふさわしいものに手を出せない人間は、他者が堂々と欲しいものを手にすると、どうしてもねたんでしまう。嫉妬がふたたび罪悪感を生み、自分は悪い人間だと感じるが、ここで一種の開き直りが起こる。つまり、自分の抑制を徳に引き上げ、前述したような慎み深さと無欲さをイデオロギーに昇格させるのだ。そうすれば、少なくとも道徳的な優越性に慰めを見出すことができる。

早い時期に愛を奪われた経験から生じるもう一つの結果は、その子が自分は愛される存在ではないと思ってしまうことだ。これはそのままいくと、強い劣等感になる。人間は、自分は愛されるのに値する存在だと思えるためには、愛される経験をしなければならない。その経験がないと、その子は自分が愛されるに値しないのは自分のせいだと思ってしまう。この劣等感は、子どもがこの年齢ではまだ比較の対象を持っていないこととも関係している。子どもは自分の両親がそもそも愛することができない人間なのだと認識できない。子どもにとっては自分が知っている世界のみが世界であり、両親のやり方はすべての両親のやり方なのだ。

ひどい劣等感に悩まされると、自分は生きる権利がない、この権利は勝ちとらなければならない、他者のために生きている場合に限って生きることが正当化される、と思うようになる。「**生かされていることがすでに私の罪なんです**」――これは、上記のような子ども時代を送ったうつ病の女性患者の言葉である。それが高じると、母親または両親に病的に執着して、彼らに罪滅ぼしをしようとしたがる。そして両親のエゴイズムの祭壇に自分の人生を生け贄として捧げ、それを当然のように思ってしまうのだ。

甘やかしと拒絶の影響は、最終的には似たような結果を生み、いずれも抑うつ性パーソナリティ構造の形成につながる場合が多い。甘やかされた子どもは、ほとんどの場合、後年になってからはじめて不安と危機に襲われる。それは、母親や母親の代理（パートナーが世話を焼いてくれるような結婚生活、国の施設、社会保険など）がいなくなって安楽に暮らせなくなったときだ。そのときになって、彼らはようやく自分には人生の要請と過酷さに向き合うだけの力がないとわかり、突然うつに襲われる。何らかの依存症に逃げ道を見つけるケースもある。

経験が乏しく、愛情を遮断されて育った子は、非常に早くから諦めることを学ぶ。彼らはおとなしくて何も要求しない子になり、内気で順応性もあって、そうした行動パターンの背後に抑うつが隠れていると気づかない両親にとっては、かなり扱いやすい子となる。彼らは自分を殺し、要求しないことに慣れていて、長じたのちは他者に自分を合わせるようになり、他者の要求と期待に答えようと頑張る。世界に対して自分の存在をほとんどひけらかさず、あまりにも「主体」でないために、他者の「客体」となってしまうのである。最終的に、彼らはすべてが自分に突きつけられた要求で、これに答えなければと思い込んでどうしようもなくなり、新たな罪悪感に襲われ、うつ状態に陥る。うつの人が複数の人間と同時に関わり合いにならないようにする理由は、ここにある。彼ら全員の多種多様な要求を満たせるはずなどないからだ。それがもしもできるとしても、相手はたった一人でなければならない。他者に対して自分自身が受け取っていない何かを与えることで解決を見出す者もいる。彼らは愛の欠乏を支援活動、献身的な利他的行為、慈善事業に昇華させようとする。しかし彼らはこうした行為のかわりに愛され、報われたいと望む。そうでないと、過大な要求を突きつけられるというリスクを負うだけだからだ。

すべてを要求としてとらえるとどうなるのかを示しているのが、次の例である。

「太陽が輝くと、それを喜ばなくてはならないような気分になります。その日一日がそれでもう台無しです」。ある学生は、本の出だしの部分には興味を感じても、全体を読み通すことができなかった。数ページ読むと、この本は自分に読んでもらいたがっているという感情にとらわれてしまうからだ。

彼は主体として本を読みたいのではなく、本が彼にとっての要求となり、いわば彼を客体にしてしまったので、彼はその本に対する興味を失ってしまったのだ。こうした経験の仕方が最終的に完全な諦め、無気力、あらゆる要求の拒否へと通じることは想像に難くない。

私たちは、うつの「世界内存在」がどのような極端な形をとるのかを見てきた。このような「ストライキ」はまだよい兆候である。なぜなら、そこにはまだ恒常的な「べき」や「ねばならぬ」に対する反発があるからだ。こうした人々が、これまで自分がけっして許されなかったこと（主張し、自分の衝動と願望に忠実に行動する主体になること）を取り返すための時間や可能性を与えられることなく、成果を上げることばかり強要されつづけると、彼らはひどい絶望に駆り立てられるだろう。そうなると無関心、無頓着、無気力を強めることでしか自らを救えなくなり、彼らは「ダメ人間」になるか、依存症や自死に逃げ込む。自分には解決不能な状況に置かれるからである。自分を差し出し、要求を満たそうとすればするほど、彼らの人生に喜びはなくなる。要求から逃げようとすれば、強い罪悪感に悩まされる。彼らはそうやって無意識に自分の子ども時代の状況を繰り返しているのだ。

子どもが母親の姿を自分の内面にいかに取りこみ、自分に対する態度がいかに母親から受けた経験に依存しているかについては、すでに述べてきた。内面化した、敵意に満ちた否定的な母、過剰な要求を突きつける母は、諦念の最後の選択肢としての自死を図る際のもっとも根深い原因であることは珍しくない。それは子どもの精神内部の支配者となり、それが原因で子どもは自分自身を拒絶し、自分を憎み、自分を破壊するようになる。母親に対する逃れがたい憎悪は、深刻で耐えがたい罪悪感を引き起こし、子どもはむしろその憎悪を自分に向けるようになる。こうした憎悪、罪悪感、自分の内部に取りこんだ拒絶する母、そして自己嫌悪のつながりが、重度のうつ病の精神力動的な背景である。ここであらわれる自死傾向は、自分に転移された殺人傾向であり、同時に母に対する憎悪の自己処罰である。

うつの人の問題の核心は、「自転」の失敗、すなわち主体的存在の未発達だということが明らかになった。彼らは世界に対して弱い自我でしか対抗できないために、すべてが要求のように見えてしまう。いたるところに要求が山をなし、それを前にすると、結局は絶望して諦めるしかなくなる。同じような自我の弱さから、彼らは自分の強い衝動、願望、目標をもたず、大人の成熟したやり方で過大な要求を拒否することもできないし、そもそも過大な要求だと認識できない。うつの人はなかなか「ノー」と言えない。そう言うとあとから喪失不安と罪悪感に襲われるからである。彼らに残されているのはうつ病になるか、あるいは自分の許容限界を越えてしまった場合には無意識的にストライキをするかだが、これも罪悪感から彼らを解放してはくれない。けっして表には出さないが、心の奥底に鬱積している憎悪と嫉妬は、彼らの生活感情のすべてを毒するか、あるいは延々とつづく自責と自己処罰で償われなければならない。彼らが「自分自身になること」に対する不安を、自分の自己存在を放棄することで回避するかぎり、この状況は解決しない。ここで助けになるのは、自立した個人になろうと勇気をふるうことしかない。

うつの人の体験事例

若い女性がカフェである男性に出会った。彼は彼女を会話に巻きこみ、離婚や孤独に関する自分の身の上話をして女性の同情を買った。彼は彼女につきまとい、デートをしようとしつこ

く誘い、徐々に彼女を独占して、ついには結婚を望むようになる。彼女は彼に特別な感情を抱いていたわけではなく、愛してもいなかったが、彼が自分をどうしても必要としているから、相手を失望させてはいけないと思った。彼女は肝心のときにノーと言えないのだ。本来はもっと早い時期にその気はないと行動で示すべきだっただろう。自分でそれと気づかず、そのつもりもなしに、彼女はその行動によって彼に希望を抱かせてしまった。ついに断る段になって、彼女は罪悪感にとらわれてしまう。

この事例は、うつの「世界内存在」の顕著な特徴を示している。重い不調のある者は、「ノー」と言う勇気がもうない場合もある。うつの人は他者の立場に身を置き、その人と自分を強く同一視するために、自分自身の立場と利益を容易に忘れ去ってしまう。他者の衝動や希望と対置できるような自分の衝動と希望が希薄なために、簡単に他者に屈してしまうのだ。こうした人たちは他者の期待に添い、自分の望まない状況に陥ることに慣れ、無意識のうちに相手に同調してしまうのだ。それで簡単に困難な状況に巻き込まれ、彼女の弱点を利用しようとする情け容赦のない人間の犠牲になってしまう。それでも彼らはこの状況から自分を解き放つことがむずかしい。罪悪感のためでもあるし、お人好しの自分を恥じ、自分を利用した者を屈辱することに耐えられないためでもある。

この若い女性の家庭環境は複雑だった。父親は最初の妻の死後、「自分より身分が下の」女〔この「女」というのは、この事例の「若い女性」の実母〕と結婚した。当時彼はすでに六〇代で、女性がまだ八歳の頃にすでに認知症の症状が出ていた。彼女は成人した腹違いのきょうだいと同じ家に住んでいた。家は階下が店になっていて、この店は父親の亡くなった妻が所有していたもので、現在も死んだ妻の二人の姉妹が経営に関与していた。彼女たちも同じ家に住み、再婚相手の女に敵意をもっていた。内気で夫の後ろ楯も得られなかった彼女の母親は、自分の子どもがいるためにかろうじて耐えているような状態だった。母親は自分の子どもに何か新しいものを買ってやると、不安になってびくびくする。だから子ども時代の彼女は、新しい品をこっそり身につけていたが、そのことによって義理のきょうだいから何かを奪ったかのような罪悪感を覚えた。彼女と母親は、父の家族のふるまいによって、自分たちは邪魔者であると感じていた。望まれずに突然舞いこんだ者、そこにいるだけで他者から何かを奪っているような存在だ。彼らは父親が死ぬまでかろうじて置いてもらったが、その後、家から出て行けと命じられた。母親はそれに従うしかなく、仕事に出るようになった。一度弁護士に相談したこともあり、家から追い出される理由はないと言われたが、非力な母親は自分の権利を貫徹できなかった。彼女は、自分には生きる権利がないと思って育った。「母は不安を感じていました。私は母が自己主張するのを一度も聞いたことがありません。そして裏でこっそりと親戚のことをこぼすのですが、いつも結局は負けてしまって、たえず不平を言い、不満足な気持ちを抱えていました。いつでも母は教会に逃げこみ、私を教会の隣にある『死者のチャペル』に引っぱっていくのです。そこで私たちは哀れな魂のために祈り、ほんの少しの成功と、命の器からほんの少しのパンが与えられるように祈りました。哀れな魂なのですから、もともと多くが与えられるはずはありません。腹違いの姉妹はすべてを持っていて、お姫さまのように扱われて育ったのでしょう。彼女たちの亡くなった母親も父親も当時は若かったのです。そこで私は問題を解決するためにあることを試みました。誰も私を愛してくれないなら、私は貧しくありたい。何も与えられない哀れな子、それは愛すべき子です。私はキリスト教を手本にして徳を養ったのです。貧しくあること、物を持たないこと──キリストにならいて」

Mはある女性と住まいをシェアしていた。二人は勤務先も同じだった。Mは車を持っていて同僚は持っていなかったので、二人はMの車で通勤する習慣だった。あまり几帳面ではない同僚は、毎朝ぐずぐずして準備に手間取るため、Mは彼女のせいでしばしば仕事に遅刻し、職務の責任上、それがMには大きな苦痛だった。彼女は週末に同僚をドライブに連れ出すのもなかば義務のように感じていた。同僚が車を持っていなかったからだ。そのうちに彼女はそうした日に頭痛と腹痛がするようになったが、自分自身、その理由がわからなかった。

心理療法を受けるうちに判明したのだが、彼女はこうしたときにガソリン代も自分で支払っていた。自分の車だからそれが当然だと思っていたのだ。同僚は経費を分担することを思いつきもしなかった。Mはそれで腹を立てていたが、費用を請求せず、自分の気持ちを伝えもしなかった。むしろ逆に、そんなことをこせこせ考えるのは自分がけちだからだ、そんな考えは自分にふさわしくない、と思っていた。このように彼女は自分自身に過大な要求をして苦しめ、「恨み」をじっと腹にしまい込んでいて、症状が出てはじめて何かがおかしいと気づいたのだ。彼女の無意識が警報を発し、症状という形をとって反応したのだ。意識が抑えつけてきたことを、体が示したのである。怒りは頭痛に、請求できないという現実は、腹痛となってあらわれた。さらに問題を複雑にしたのは、彼女は片親がユダヤ人である「半ユダヤ人」だったことだ。お金に固執するのは、彼女がユダヤ的だからだと同僚が思うのではないかと、心配したのだ。ユダヤ人としての側面を、彼女はいつも否定的に見てきたのである。ところがためらいつつも同僚にガソリン代を分担するように提案し、驚くべきことに同僚がそれに同意すると、週末の体調不良が消し飛んだだけでなく、二人の関係は友情へと変わっていった。同僚に対するこうした行動は、日常生活におけるたくさんの類似の行動のほんの一例であった。

抑うつ性パーソナリティの人の日常は、自己主張すること、自らの意志を貫徹すること、ノーと言うこと、主体であることを回避する行動様式で貫かれている。彼らは譲歩し、諦め、抵抗しないことが当たり前の第二の天性のようになっているので、これがうつと結びついているとはまったく意識していないのだ。彼らは、うつは自分の体質、運命のようなもので、変えられないと思っている。医師は彼らに抗うつ薬を処方するのがつねだ。こうして彼らはうつの外的引き金を見ようとせず、薬に頼ってしまう。だが薬ではせいぜい症状が一時的に軽快する程度で、問題に蓋をしたにすぎない。この患者の背景にある生い立ちについてさらに述べてみよう。

彼女は、非常に問題の多い異宗婚の家の一人っ子で、母親がユダヤ人だった。ごく幼い頃から、両親は鋭く対立していた。彼女は両親が今にも離婚してしまうのではないかとしょっちゅう思っていた。こうした場面では状況があまりにも切迫していて、両親が殺し合いをするのではないかと恐ろしくなるほどだった。両親が彼女に離婚すると告げたことが何回もあった。そういうときは「パパとママは別れるから、どっちのほうに行くか、どっちが好きかおまえが決めなさい」と言われる。これが、まだ四歳の彼女をどうしようもない状態に陥れた。彼女は父親からも母親からも離れたくなかったから、決めることなどそもそも無理だった。もしも決めたとしたら、「裏切られた」もう片方の親に対して罪悪感が残るだろう。そこで彼女は絶望しつつ両親を和解させ、仲をとりもとうと試みた。こうした状態が子ども時代に何年間もつづいた。母親に向かって彼女はこっそりと言った。お父さんはそれほど悪気はなくて、ただカッとなっただけで、本気にしちゃいけないよ。お父さんは自分のしたことを後悔していたと。そして父親に対してもこっそりと耳打ちした。お母さんは離婚になるかもしれないことをとても悲しんでいて、ときどきそうじゃないと言っても、ほんとうはお父さんを愛していることを私はよく知っている、と。こうした彼女の根回しのおかげもあったし、他の理由の場合もあったが、離婚の話は毎回立ち消えになった。しかし彼女はいつ爆発するかわからない火山の上に暮らしているような気分だった。両親の結婚生活を存続させるために、彼女は重要な役割を担うようになった。キャスティングボートを握り、本人の言葉を借りれば両親の間の「充填剤と潤滑剤」だったのである。両親が一緒に暮らしつづけるか離婚するかは、彼女にかかっていた。

こうした状況下にある彼女が、自分の悩みや問題で、そうでなくても不安定で危機的な両親の関係にさらなる負担をかけられなかったことは、容易に想像できる。そんなことをしたらすべてがめちゃくちゃになると考えたのだ。そこで彼女は、年齢相応の無邪気な子どもらしさを発揮することなどできなかった。自分の望み、衝動、心配、感情、不安のすべてを、彼女は徐々に自動的・反射的に引っこめるようになった。そうした感情はまったく浮かばなくなってしまったと言えよう。そのかわりに症状があらわれた。かなり早い時期に毛髪がひどく抜け、歯がぐらぐらになり、全身の皮膚がうろこ状にはげていった。しかも他の人と一緒にいると、誰もがわかるほど大きな音でお腹が鳴るようになった。彼女はそれが、自分ではどうすることもできない、重荷を背負わされた状況に対する無意識の抵抗だとわかっていた。これは、彼女が成人してから同僚との問題で発症した腹痛の前駆症状であろう。

こうして彼女は非常に「機能的」な人間になった。特定の要求を突きつけられると、自己を押し殺して几帳面かつ模範的にやりとげるのだ。しかし自分の意志を押し通さなければならない場面、あるいはオフィスで誰か別の人に何かを要求しなければならない場面では、ピンチに陥りどうしようもなくなってしまう。漠然とした不安に負け、それならいっそ自分でやろうと考えるのだ。当然ながら同僚は彼女のこの弱点につけ込むようになってしまった。

日曜神経症、休日神経症の多くの症例が、類似の背景をもつ。抑圧された秘密の願望、禁じられているはずの願望が明るみに出るかもしれないので、勝手の違う休日になると不安を感じるのだ。日常の中ではそうした願望を満たす機会が少なく、義務の遂行を求められることで、自分を取り戻してしまう不安から解放される。「ノーと言えない」患者の事例を紹介しよう。

ある若いアメリカ人の女性患者は、戦後すぐにバレエを学ぶためにドイツのある家庭に下宿していた。練習から戻ってそのままそっと自分の部屋に戻ろうとすると、女主人がすかさず出てきて台所で「ちょっとおしゃべり」をしようと誘う。彼女は疲れていて夜の舞台のために休みたかったが、断ることができない。戦後のドイツ人家庭はまだつつましい生活をしていて午後のお茶は珍しかったが、彼女は家族全員（一家の主婦、もう若くはない娘、息子、まだ家族になじめず横柄な態度で鬱憤を晴らしている息子の嫁）がいるお茶の席に招かれたのである。娘は彼女のかわいらしいドレスをうらやましがり、彼女は自分が大好きだったドレスの一着を娘にプレゼントする羽目に陥った。息子は彼女の気を引こうとし、彼女は彼のことをまったく好きではないのに、失望させたくなくて、しょっちゅう彼の視線に応えなければならなかった。しかも傍目からもわかる家庭内のピリピリとした空気をよくするために、嫁を会話に引き入れる配慮も怠るわけにいかない。ほぼ二時間もそうしたむなしい時間をすごし、彼女はようやくくたくたになって部屋に戻り、憑かれたように食べ物を食べた。この過食症のためについには同僚のロッカーの中のお菓子を盗むようになり、彼女は治療を受けるようになった。

うつの人の生育史には、つねに環境の影響がある。これが、子どもが成長し、独立した自我を獲得することを困難にし、妨害する。彼女も不幸な結婚生活を送る両親の一人っ子で、自分自身の本来の姿を発見し、成長させるより前に、きわめて早い段階から自分を殺し、両親の問題を理解することを学ばなければならなかった。次に甘やかされた環境で育ったケースを紹介しよう。

Sも一人っ子だったが、両親は平均的な平穏な結婚生活を送っていた。独自の関心事がそれほどない母親は自分の結婚をそれほど不幸とは感じていなかったが、自分でもはっきりと説明できないものの、満たされない思いを抱えていた。数年して男の子が生まれると、彼女はその思いのすべてを子どもに注ぎこみ、子どもは彼女にとって人生でもっとも重要な存在となった。それこそ目に入れても痛くないほどのかわいがりようで、必要以上に世話を焼き、彼女の目から見て粗野なもの、乱暴なもの、危険なものを息子の前から遠ざけた。風が冷たくなると、肺炎になるのではと心配してひどく厚着をさせるので、彼はクラスメートの笑いものになった（こうした母親は、えてしてそんなことはまったく頓着しない）。砂場で遊ぶと、彼女は砂場にはたちの悪いバクテリアがうようよしていると言う。自転車は落ちたり、どこかを骨折したり、轢かれたりするからもっての外だ。修学旅行や友だちとの旅行も、何が起こるかわかったものじゃない。干し草の納屋で寝たりするし、母親が健康を考えて調理する栄養たっぷりの良質の食事はないし、誘惑されたり、ホモの子に何かされたりするかもしれない！　彼女は息子が思春期を迎えても風呂場で彼の背中をごしごし洗い、朝食をベッドまで運んでやっていた。彼は極楽のような暮らしをしていたものの、そのかわりに自分の考えるとおりに行動させてもらえず、男の世界を知らずに育った。

思春期を迎えた彼は母親に反旗を翻し、友だちとサイクリング旅行に出ようとしたが、彼女は自転車が置いてある地下室のドアの前に両手を広げて立ち塞がり、「私の目の黒いうちはぜったいにそうはさせない」と叫んだ。彼は結局諦め、母親は息子のお気に入りの料理と愛撫で報いた。思春期が過ぎても、女の子をめぐる母親の口出しはやまなかった。その内容にはさまざまなバリエーションがあった。「あの娘はあなたのお金が欲しいだけよ」、「あの人は扶養してもらうために結婚しようとしているんだから、つかまっちゃダメよ。あなたがいずれすべて相続すると知って、財産を狙っているだけなんだから」などなど。彼が興味を抱いても、娘たちは誰一人として批判的な母親のお眼鏡にはかなわなかった。彼女はなにかしら難点を見つけ出す。ある女性は「家柄が悪い」し、他の女性は母親に対して敬意を表さなかったというのだ。挙げ句には「私の目から見ると、あなたは彼女にはもったいない」と言い出す。こうして彼の前にあらわれた女性は全員がけなされ、彼は母親の目を通して世間を見ることに慣れてしまったために、たいていはすぐに母親が正しいと納得し、同時に、女の子の愛を手に入れることに対する自分の不安をそうした形で正当化した。

Ｓにとって不幸なことに、彼が一五歳のときに父親が亡くなっていた。それによって彼の運命は決まってしまった。母親には彼しかいなくなり、彼女を一人にしておくことはできない相談だった。彼はそれを執拗に母親から言われつづけた。夜遅くまで外出したりすると、母親に心配をかけてしまったと思い、罪悪感にさいなまれてしまう。週末も休暇も彼はいつも母親と一緒だった。近くの町の大学に入学したときには、心を掻きむしられるような別れがあった。それはまるで彼が違う大陸に行ってしまうか、今生の別れかのようだった。彼は毎週末家に戻ると約束することになる。

母親は彼についてすべてを知っていた。彼がどうしても心中を吐露したかったからではない。だが母親がいつもすべてを聞き出そうとしたので、ついには彼女に包みかくさず話すことが彼の習慣になってしまった。母親はそれを誇りにして、「うちの息子は私に隠しごとをしないんです」と言っていた。彼自身、こうした距離感のなさに慣れてしまったので、母親が自明のことのように彼宛ての手紙を開封して読んでもそれほどひどいこととは思わなかった。この二人の共同体の内的・外的絆が脅かされそうになると、母親はタイミングよく病気になり、そういう形で息子を自分につなぎ止めるのだった。

このようにして彼は永遠の息子として育った。親離れを何回か試みたが、母親によって植えつけられた罪悪感が頭をもたげ、すぐに断念してしまった。彼は日常生活では「模範的な息子」で、典型的な世間知らずでもあり、友好的で親切だったが、無色透明な感じで、中性的だった。女性を前にすると不安感がつのり、ぎこちなくておどおどしていた。どうやったら女性の気を引くことができるのか、知らなかったのである。これまで孝行息子の生き方しか学んでこなかったので、せいぜい理解できるとしたら年長の母親世代の女性のことだけだった。彼女たちは女として危険ではなく、若い男が紳士的に如才なく接すると感激することをよく知っていたからである。年相応の女性が彼を気に入り、知り合いになろうとすると、彼は母親の警告の陰に逃げ込んでしまう。母親はタイミングよく警告を出し、彼女はお金目当てなのだと告げるのだった。こうして彼は人生はむなしいものだと感じるようになり、同性や異性と親しくなれない自分を、年を重ねるごとにふがいなく思い、依然として母親べったりだった。母親は息子のおかげでびっくりするほど若々しく、恋人のような息子との「結婚」に満足していた。

その一方で、彼は甘やかされていたために自分では気づいていなかったが非常に気むずかしかった。ちやほやされるのが当たり前と思い込んでいたからだ。大学卒業後、父親の友人が彼に有名な会社の営業担当のポストを世話してくれた。母親の過剰評価（彼の弱点を埋め合わせるためだったのだろう）によって、彼は自分が特別な存在だと考え、自分から何か業績を上げなくても他者から認められるはずと考えていた。また批判を受けると過剰反応し、うぬぼれた態度で上司の怒りを買った。しかし総じて慇懃な印象なので、取り扱う「商品」に対する専門知識がそれほど豊富ではないのに、たちまち顧客を獲得した。彼はやるべきことを後回しにして、（外勤ではそれが可能なのだが）午後は勝手に休んだり、カフェに行ったり、プールや映画館に行く癖があった。もちろんこうした態度では、思ったように簡単に出世できるはずはない。だが彼はまわりの人間が自分の能力を十分に認識し、評価していないと考えた。出張中に彼は酒の勢いである若い女性の誘いに応じた。ところが何回か試しても性交不能だということがわかる。彼が母親の反対を押し切って心理療法を受けることにしたのは、それがきっかけだった。この受診は、彼にとっては大きな意味があり、将来のためにもよい兆候だった。

早い時期に受けた数々の拒絶が、その生き方に刻印されてしまった男性の例を挙げよう。

Aは、母親が夫とは違う相手との間にもうけた三人目の婚外子だった。最初から望まれずに生まれた彼は「おまえが生まれさえしなかったら」としょっちゅう言われながら育った。あるとき彼は診察室に一枚の絵を持ってきた。小学生のときに描いた自画像で、彼は手をうしろで組み、禁止事項を書き出した看板のある森を歩いている。そこには「もし……したら、ただではすまないぞ」、「今すぐにやれ」、「見ていろ、おまえが家に帰ってきたら」、「またどこをほっつき歩いていたのか？」、「もう一度同じことをやったら……」などと書かれている。彼は幼い頃から、自分には生きる権利はないと思っていた。生きることを黙認されているにすぎず、そのことに感謝しなければならないと。母親が経済的に困窮していたので、自分は一切れのパンももらえないほど嫌われていると思っていた。そこで彼は、自分をできるだけ小さく、目立たない存在にすることを覚えた。治療室のカウチ〔精神分析を創始したジークムント・フロイトは、患者をカウチに横たわらせ、自由に語らせて治療を行なった〕に横になっても、彼は両手をズボンの縫い目に合わせるようにして置き、最初は微動もしなかった。目立たないこと、できるだけ気づかれないこと、誰も刺激しないことがあたかも第二の天性となっているかのような印象である。そうすれば少なくとも邪魔されない、あるいはその場を立ち去らせてもらう機会が得られるからだ。日常生活でも彼はそのように行動していた。自分のためにはわずかな空間しか要求しないようにして、必要以上に謙虚で、自分の希望や計画をもとうともしない。どこへ行っても貧乏くじを引き、諦めることを強いられ、将来にも希望がなかった。彼は小さい頃から新聞配達をしていたが、それで稼いだわずかなお金はすべて家庭に入れていた。

　長じたのちもこの仕事をつづけ、彼はやがて新聞販売員になった。日常の小さな喜びは、寒い日に風の吹きすさぶ街角に何時間も立って冷え切ったときに熱いグロッグ酒を飲むこと、ツィガリロを一本吸うこと、ときおり映画館に行くことぐらいだった。彼は孤独で、女性に対して不安を抱いていた。女性の中にどうしても厳格で要求ばかりして愛情がない母の姿を重ねてしまい、彼女たちから何かいいことを期待できないからだ。

彼は自分の父親を知らなかった。しかし父親のように自分を引っぱってくれる人物像に対する憧れがめばえ、年上の男性にホモセクシャルな関係を求められたときに、即座に同意してしまった。その後、彼は関係が発覚するのではないかという不安につねにとらわれ、マゾヒスティックな隷属関係に依存する状態となった。彼はすべて相手の言いなりになった。そうしないと、相手が自分への興味を失うのではないかと不安だったからだ。この関係では、無理な要求をされたり、辱めを受けたりしたが、人間的なあたたかい気持ちが通うときもあり、誰かにとって自分は意味がある存在なのだ、何かを与えているのだという感情を彼に与えてくれた。しかし相手にこれほど利用され、単なる対象とされていることに、突然憎しみが突き上げてくることもしばしばだった。だがそうすると喪失の不安が強くなり、ついには言いなりになって、新しいやり方で相手の歓心を買おうとしてしまう。彼はこうしてサドマゾ関係を結び、相手との関わりで自分のサディスティックな面を確認し、相手は彼を通してマゾヒスティックな関係を楽しんだ。彼には一つだけ趣味があった。こっそりと喜劇を執筆していたのである。大部の作品になる予定だったが、いっこうに完成しなかった。それは彼にとってかえって幸運だったかもしれない。寂しい夜を美しくしてくれる、いずれ有名になるというあり得ない夢が、潰えなくてすんだからである。

四〇代はじめのある女性が私の心理療法を受けることになった。事前に面談を行ったところ（私はこの初回の面談で、治療に何を期待しているのかたずねた）、次のような手紙がきた。

「私は不安でいっぱいの子ども時代をすごしたので、完全に意識的に日々をすごしていたらきっとたいへんなことになっていたでしょう。そこで私は水に潜るようにして息をひそめていました。私はあなたが不安の黒い影を追い払い、私を陸に引き寄せてくださり、私が自分を取り囲むものと人に対して、どのように時間を振り当てたらいいのか、秩序というものを教えてくださることを望んでいます。私が睡眠薬、ニコチン、アルコールを克服する戦いに挑めるようにしてください。多くのエネルギーを食いつぶす否定的な感情を深みに溜めこむかわりに、たとえ他の人々と私の意見が異なっても、自分の意志を押し通すことを教えてください。私は多くのことに抵抗しようとしましたが、御しやすいという印象を人に与えるために、真剣に受け止めてもらえませんでした。私はいまだにきちんとした仕事をしていませんし、ひどく怠惰です。子ども時代は、私にとって父との関係が非常に重要でした。それなのに父は今でも隠れていて、夢にもあらわれません」

この自己描写の背景には、まさに悲劇的な子ども時代があったのだ。

父親は精神病で、家庭内には彼が亡くなるまで介護者がいた（父親が亡くなったとき、彼女はおよそ一二歳だった）。彼はアルコール依存症でもあり、アルコールを飲むと、子どもの目前で突然怒り出し、狂乱状態になるのだった。母親は情緒不安定で、彼女より三歳下の弟を出産後に産褥期精神障害を患った。その影響で彼女は長期間にわたって、子どもたちの頭に針を刺し、彼らを残忍な方法で殺すという強迫観念にとりつかれていた。こうした家庭内の雰囲気の中で、彼女が五歳のときに事件が起こった。父親が酒を飲んで怒りの発作を起こして、彼女が母親といた部屋に駆けこみ、彼女の頭上すれすれのところに拳銃を発射し、部屋から出ていったのだ。母親は警察か医者を呼ぼうとした。だが彼女は「パパに言いましょう。パパが助けてくれるから」と言った。

このケースは、子どもの許容限界を明らかに越えていて、この子は知覚を自分の感情と分裂させることによってのみ、不安を克服することができたのである。子ども時代を完全に意識的にすごしていたなら、確実に悲惨なことになっていただろうという彼女の手紙の文章からそれがよくわかるし、父親が彼女の記憶の中では隠れていて、夢にもあらわれないというのも理解できる。自分が経験した脅威や不安を意識的に父親と結びつけることは、彼女には耐えがたかったのだろう。そうでもしたら彼女は完全に不安と不安定に飲み込まれてしまっていただろう。彼女は言ってみればこの転位をなしとげ、父親の恐るべき側面を分裂させ、自分を脅したのは未知の男だと思うことで、善良で子どもを守ってくれる父親のイメージを救ったのだ。もしも彼女が父親に助けを求めたならば、脅威というものが彼から剥げ落ち、彼女が切に必要としていた、助けてくれる父親として彼女の意識に残ることができるからだ。だが子どもはどれほどの不安と絶望に遭遇したら、この事件を処理するために彼女が発揮したような力を発揮でき、あるいは発揮せざるを得なくなるのだろう。言うまでもなく、この場面はきわめて深刻で、精神的外傷を与えるほどひどいものだった。だが現実が子どもにとってどれほど不安定で不安に満ち絶望的に映るかは、他の例でも容易に想像できる。彼らはどこに逃げこめるというのか？　どこに真の庇護を見つけられるのだろうか？　彼らに残されているのは、依存症になるか、あるいは夢の中のような人生を送ることだろう。彼女は完全に現実の中で生きたことはなかった。いつでも起こりうる危険と脅威から自分を守るために、何も正視せず、世界に対する共感を引っこめ、二度とあのような悪夢に遭遇しないようにしたのである。彼女の依存症も、現実から身を引き、できればまだ生まれていない状態に戻りたいという気持ちのあらわれだった。そう考えると、両手で膝を抱えて湖に入っていき、見開いた目で水越しに空を見上げ、大きな喜びを感じたという彼女のイメージが理解できる。このようにして彼女は夢遊病者のような生活で自分を救い、現実に耐えて生き延びた。つまり彼女は失意と精神病の間に立ち、それが彼女をさらなる現実との耐えがたい衝突から守ったのだ。

三二歳の外交官は、長期にわたって勃起不全（ＥＤ）の症状があったので来診した。勃起障害（彼の場合、器質的原因が見当たらなかった）は自分だけの問題ではなく、パートナーと関係している場合もあると指摘したところ、彼の障害には次のような背景があることが明らかになった。彼は毎晩仕事から戻ると、生後約六ヶ月の息子をお風呂に入れ、おしめをつけ、ミルクを与える。そのあいだ彼の妻はソファに座ってタバコを吸いながら読書をしていた。彼は三人兄弟の真ん中で、上の兄は活発で攻撃的なタイプで、荒々しく、御しがたい子だったので母親から疎まれていた。彼は子どもの本能で、母親が自分に対して、母のためならなんでもする聞き分けのいい子になってほしいと思っていることを察知した。そこで彼は男の子っぽいふるまいをすべて放棄し、台所で母を手伝い、いつも清潔できちんとしていて、母親のお気に入りになった。こうして兄よりも母の愛を受けたが、自分の男性性を犠牲にしたのだ。孝行息子のような態度は結婚生活でもつづいた。夫というよりも孝行息子のようにふるまい、自分が身につけた役回りを演じつづけ、自分自身からも妻からも過大な要求を突きつけられ、それに対する怒りを表現することができなかった。過去に母に対してそうだったように、妻の愛を失うのではないかという不安があったからだ。自分のほうから何かを要求すること、ノーと言うことを彼は学んでこなかった。彼の症状は、あらゆる葛藤の発露だった。妻を満足させられなかったのは、妻に対する復讐と罰だった。だが彼は罪悪感を抱く必要はなかった。なぜなら自分でどうすることもできない「身体症状」だからである。同時にそれは彼の妻に対する隠された攻撃に対する自己処罰だった。もちろんすべては意識的に行われたのではない。この関連性を理解したとき、彼の感情が噴き出した。彼は人生ではじめて酒を飲んで酔っぱらい、タバコを吸った（喫煙と飲酒を母親が好まなかったので、彼は母親のためにこれをたしなまなかった）。そしていつもは退庁後すぐに帰宅するのに、結婚後はじめて朝四時にほろ酔いで戻ってきた。妻は驚いたが、彼が戻ったことを喜んだ。彼女は分別のある女性で、息子ではなくまともな夫をもちたいと思っていたので、彼を笑顔で抱擁し、ベッドに誘った。こうして、これまでなかったような幸福なセックスにはじめて成功したのである。

追加の考察

こうした事例は、抑うつ性パーソナリティにおける不安と不安回避が概してどのような様相を呈するかをよくあらわしている。不安の第二の基本形態、すなわち「自転」、主体であることへの不安、そこから生じる喪失の不安、そして一人置き去りにされる不安、孤独の不安は、近さと没入に対するスキゾイドの不安とは明らかに対照的だ。自我の確立と個性化を回避すると、人は自分という人間存在に何か本質的なものが欠けたままの状態になり、徐々に人生の客体になってしまう。おそらくうつの人が罪悪感を抱きやすいのは、彼らが大人になりたくないと感じ、人生からの大きな要請を避けていると自覚していることも関係しているのだろう。

ここで抑うつ性パーソナリティの特徴をまとめてみよう。人は個性化を避け、献身的な側面に過剰な価値を置いて生きると、これまで見てきたように、もっとも一般的な帰結として、そこにいる他者が過剰な価値を帯びてきて、当人はそれに呼応するように価値を失う。自我を引っこめることは、理解のある感情移入、共感、同情といった線上にあるすべての物事に関しては当初は肯定的な結果を生む。いつでも真っ先に他者とその状況、関心を考え、その人に感情移入して同一視するまでになると、深い他者理解が可能になる。自分を他者に置きかえられるというのは、とりあえずはよいことだ。しかしうつの傾向をもともと抱えている人は、この同一化の状態にとどまったままになり、ふたたび自分に戻ってこない。そのために自分自身の考えをほとんど失い、他者のこだまになってしまう。つまり「あなたの隣人をあなた自身のように愛しなさい」というキリストの教えを、「あなたの隣人をあなた自身以上に愛しなさい」だと勘違いしてしまうのだ。

こうした態度の人間はたちまち食い物にされるというのが、世と人の常だ。他者も自分と同じ基本姿勢で、配慮にあふれ、思いやりがあり、足並みを揃える気構えでいてくれるという期待がかなうのはまれである。むしろその逆に、他人はずっと勝手で利己的で、そうした態度で多くのものを手に入れる。ここが決定的なポイントだ。すでに述べてきたように、そういう人は「苦境にあっても徳を積まねばならない」とばかりに、羨望に折り合いをつけ、モラル的に優越していると意識しておのれを慰めるために、自分の行動をイデオロギーにまで高めざるを得ない。なぜなら他者に対し、自分に禁じていること、自分にはできないことを羨望なしに快く認めることは容易でないからだ。もっとも、こうした姿勢は、キリスト教の教えにもあるように、集団の理想または宗教的理想に適合している場合もある。

うつの人のイデオロギーは（結局はどのイデオロギーもそうなのであるが）、修正することがむずかしい。なぜ修正しないかと言えば、彼らは諦めたり妬みを克服したりして多くの犠牲を払ってきたからである。また、そこから倫理的な満足感を引き出せるからでもある。それに、他の人に対しては拒絶し非難したことを自分でするわけにはいかないものだ。また世間や人間とのさまざまなつき合い方の練習を積んでおらず、不器用であるために、あえてそれをすることができない。ちょっとした処世術をもちあわせていないために、彼らはつねに元のお決まりのやり方に戻ってしまう。このようにして人は自分のイデオロギーの網にますます絡め取られ、いずれにしてもほんとうの解決は望めない。それは不安という弱点に通じるからだ。引用したゲーテの言葉にある真の昇華の能力は、まれにしか存在しない。あるイデオロギーの立場に立つ謙虚でへりくだった人は、妬み、すなわち人生の「不公平」に対する苦い思いを避けて通ることはできないだろう。

日常生活には、陳腐でさほど重要ではない状況がたくさんある。そうした状況では神経症的な抑うつ行動がかえってはっきりとあらわれ、深い痕跡を残すが、よく注意すれば状況を変えられる可能性はある。うつの人は客人を迎えたり、自分が誰かの家に招かれたりすると、自分一人がその宵を成功させるための責任を負っている、会話を途切れさせせないようにしなければ、といつも考えてしまう。その集いがうまくいかないと、彼または彼女は劣等感や罪の意識を抱く。だが彼らの懸命すぎる努力は、かえってくつろいだ雰囲気の邪魔になる。他の人たちもそれぞれにその場をよくするために貢献するのだし、そうやって何かがうまくいったとき、幸福感は添えて与えられるものだと、彼らは思いいたらないのだ。彼らはいつでもあまりにも多くのことに責任を感じすぎる。ある患者は、友人に新しい知人を引き合わせるたびに、いつも困った状況に陥っていた。彼はのびのびと自由にふるまえず、その友人がはじめて会う人物を気に入ってくれたか、あるいは新しい客は友人のことが気に入ったかと考えて不安になってしまう。演奏会に行っても、彼はリラックスして楽しめなかった。演奏家と観衆の両方の立場になって二重の不安を抱え込んでしまうからだ。演奏家が持ち前の力量を十分に発揮できないかもしれないし、観衆が失望するかもしれない。あるいは演奏家は観衆の拍手喝采が少ないのでがっかりするかもしれない。そうやって彼はありのままの自分に立ち返ることなく、つねに自分と他者の中間という奇妙な位置に立ち、子どもの頃の自分の状況を無意識になぞっていた。当時の彼はすでに周囲の人々に感情移入し、理解し、満足させようとして、自分は一歩下がり、彼らが彼に与えた安心や愛の一部を危険に晒さないようにしなければならなかった。ここで自己関連付けのような印象を与えるものは実はうわべだけで、スキゾイドの人の場合とはまったく異なる様相を呈している。すなわち、スキゾイドの場合には接触のなさから関係妄想に発展する恐れがある。うつでは外見上の自己関連付けは、現実には極端な他己中心性なのである。彼がすべてのことは自分の責任だと感じる場合、それは誇大妄想からではなく、まったくその逆で、自分自身よりも他者に感情移入してしまう、自我の強さの欠如からきているのだ。

過大な要求から自分を守る方法が他にない場合、最後の手段として、身体症状が発現することも容易に理解できる。これは無意識であり、したがって罪の意識を感じることもない。こうした人々は病気と入院をかなり楽しむことができる。そうした環境で、彼らはついに他者が自分の世話をして、自分は何も心を煩わさなくていい権利を享受できるからである。彼らが病気になって「機能不全」に陥ったことで自らを責め、罪の意識をもってしまったとしたら、また話は別だが。

主体的存在を経験していないと、妬み、無力感を伴った弱さ、搾取されることに対する苦々しさから、憎悪の感情を抱くことはほぼ避けられない。ひどく苦しくて罪悪感を伴うこの感情を経験すると、遠慮深さ、謙遜、柔和、無欲のイデオロギーをつくり出すことが、そこからの救済の道だと思えてくる。そうすれば心の安らぎを見つけられるかもしれないと、一縷の望みを託すのだ。しかしこの安らぎはくりかえし脅かされ、蓋をしたはずの情動はいつまでもくすぶっている。愛の宗教とされるキリスト教が、なぜあれほど多くの憎しみと残虐と戦争を歴史に刻んだのかは、研究に値するテーマだろう。これはキリスト教の謙遜のイデオロギーと関係しているのだろうか？　それを教会は権力政策に利用し、現世における謙遜はあの世で報われると約束することで、信者を服従させていたのではなかったのか？　それでも残る憎悪と妬みの感情に対しては、異教徒や背教者との戦いにおける「正当な」不寛容によって制裁が加えられる。とてつもないサディズムが荒れ狂った魔女狩りや異端者迫害や宗教裁判などがその例だ。

あるイデオロギーが基本的推力の一つを単純化して絶対視したり、他の推力を除外したりしようとした場合、そのイデオロギーは危険なものになる。一つの衝動が回避された状態で、より安定的にすべてが位置決めされてしまう結果になるからだ。私たちの魂、私たちの無意識には、こうした偏りに気づく特別な能力がある。この偏りは二律背反する力と力がもたらしてくれる実り豊かな緊張関係を脅かしてしまう。それが人生というものだ。夢としくじり、パートナーとの出会い、そして不安——私たちはこれを正しく解き明かさなければならない。極度に謙遜で争いを回避する人は、抑圧されたものが夢の中で極端な形であらわれる。多くの場合は他の人物に移し替えられた形だが、彼らが自分自身に統合しなければならないものが示される。似たような補完を求める要求は、パートナーの選択にも見られる。人はしばしば正反対のタイプに強く引かれ、魅惑される。それは無意識に、自分が経験する勇気がないことをそのパートナーから学べると予感するからだ。少なくともそのチャンスがそこにはあるはずだ。この点についてはのちにまた述べる。

基本的推力について研究すると、抑圧され、もはや「生きていない」推力が内部や外部にちりばめられているという現象によく出会う。人は、ある状況、あるいはあるパートナーに遭遇し、主体的な存在になる勇気がないために解決不能な対立に陥るか、あるいは自分の許容限界に達し、それによって他の行動様式を強いられるかである。そうすると抑圧されたものが決壊し、停滞していたものが破壊力を発揮する。私たちのパーソナリティに統合されない心の一部は、ひとり歩きをはじめ、未発達の形であらわれることがある。若い女性の過食や盗癖などがその例である。

うつのパーソナリティ構造にも、まだ完全に健康と言える範囲の抑うつ傾向の人から、軽度あるいは重度、最重度のものまで幅がある。その特徴はおおむね次のように言えるだろう。熟考、内省→内向性→謙虚、内気→要求や自己主張の抑制→無精、消極性→何もせず受け身で期待する態度（怠惰な生活）→絶望→うつ→メランコリー。この延長線上として、自死や完全なアパシー、無感覚の状態に陥ったり、依存症に逃れたりすることもまれではない。しかし依存症は一時的に自我を強化し、憂鬱な気分を解消するにすぎない。双極性気分障害（ここで述べているのは特徴から見た気分障害のことで、スキゾイドの場合のような精神病ではない。この二つの病気は、異なる次元に由来している）では、躁の高揚した気分の段階とうつの落ち込んだ気分の段階（天にも昇るような極度の喜び――死ぬほどの極度の悲しみ）が交互にあり、生育史が顕著に反映しているケースがしばしば見られる。躁状態では、あらゆるためらいや諦めの姿勢が一定期間なくなり、患者は過度に快活になり、あれこれ大量に買いこみ借金をするが、楽観的になっていて浪費がやめられない。しかしうつ状態がはじまると、こうした気分がすべて後退し、自責の念、落胆、諦め、無力感でいっぱいになる。人生では、高揚した気分と失望とに一定の間隔で襲われることは誰でもよくあるが、双極性気分障害の患者の多くは、生育史を見ると希望の光と絶望感が非常に唐突に変化する。一方でメランコリーは絶望感のみである。

うつの人はしばしば宗教心が篤い。彼らは宗教における救済の思想、苦しみからの救い、罪の赦しにもっとも引かれる。宇宙と一体になるという神秘体験への憧れもしばしば見られ、瞑想によってこれを得ようとする。謙遜の教え、苦難によって清められるという教義が心に訴えかけてくるキリスト教以外にも、仏教とその厭世観も彼らの興味を引く。忘我と自我からの離脱をめざすあらゆる宗教の形は、彼らに響く。もう少し稚拙な形では、彼らはこの世では充足した生を送れず、あの世ではよりよい生を送れると信じ、また、この世で自分を卑下していた者、あるいは他者から辱めを受けていた者は、あの世では高められると信じる。あの世でのこうした埋め合わせにより公平が保たれるという考え方に懐疑的な風潮が広まるにつれ、たとえば介護のような大きな自己犠牲と禁欲が求められる職業につく若い後継者を見つけるのがむずかしくなってきている。おそらくうつの人にいちばん困難なのは、現代の自然科学の知見を通して起こるかもしれない自分の信仰の揺らぎに耐えることだろう。彼らの信仰は人生に意味を与え支えてくれる。時にはかなり一面的で合理的なもの、計測可能なもの、立証可能なものにばかり力点を置く学問は、信仰を軽視し、宗教感情を狭くて非形而上学的な心理学的分析に封じ込めようとするか、あるいはこれを単に素朴で愚直な希望的観測だと説明する。うつの人は、こうした定量的で因果的アプローチの学問では、人生と世界に関する限定された部分的視点、「死んだ自然」の視点しか把握できないことに気づかない場合もある。自然の征服を主たる目的としている科学は、遅かれ早かれ自分で自分の首を絞めることになるだろう。その兆候はすでに見えている。

しかしその一方で、うつ傾向のある人は神と悪魔にあまりにも多くを委ねすぎる傾向がある。私たちは自分の内部に天国と地獄をもっており、その責任も負っている。私たちは、自分の中の邪悪なものを認め、受け入れ、戦い、これを悪魔や敵の姿に投影すべきではないが、同時に、私たちは自分の内部にある善きもの、神聖なエッセンスを探し、実現することを学ばなければならない。それは善きもののためであり私たち自身のためではあるが、来世で報酬を受けるためではない。うつの人は、ありとあらゆる場面で「神の意志」と摂理をたやすく見出し、謙遜さをよそおって自己責任から逃れる。またうつの患者は、宗教的妄想を抱き、キリストと一体化したり、救世主妄想や似たような兆候を示したりすることがある。

　健康でうつの傾向をもつ人は、その宗教性が熱烈な献身と深みに達する場合があり、神秘体験にいたることもまれではない。彼らにとって死は救済であり、死にゆく者の謙遜さを多くの人が示す。「御心が行われますように」は、どんなものであろうとも運命に従うという態度に通じ、その力は大きい。したがってこうした人は運命を受容する態度をとり、そのもっとも成熟した形が「運命愛」〔原文は amor fati。フリードリヒ・ニーチェの提唱した用語〕である。彼らは運命の打撃をもっぱら自分の罪と関連付け、罪滅ぼしをしようとするので、これを悪用しようとする者の犠牲になりやすい。

　道徳的な面では、彼らは命令や禁止を文字通りに解釈しすぎ、それによって過重負担を強いられ、罪悪感が強まってしまう。諦め、放棄、犠牲、禁欲が性に合っているが、これは世界との対決から逃れる手段にもなりうる。いつものことだが、ここでも私たちの人生は非常にきわどい瀬戸際にあり、本物と偽物の違いは紙一重だ。抑うつ性パーソナリティをもつ人は、両親、教育者としては人づきあいがよく、子どもに感情移入してその気持ちを理解しようと努力する。彼らが危険なのは、人生に対する不安と喪失不安のために、子どもを縛りつけてしまうことだ。彼らは過保護で、子どもを年齢に即した成長のために突き放すことができず、適正な距離を保てない。首尾一貫性に欠け、必要に応じて子どもに手厳しくできない。不適切な場面で子どもを甘やかし、その愛を失うことを恐れて何も要求できない。貧しい子ども時代を送った母親は、しばしば**「子どもには私よりいい暮らしをさせよう」**と考え、やりすぎてしまう。

職業面では、母性的で細かい配慮が必要とされる活動、支援やサービス、ケア関連の仕事に向いている。こうした場面では、彼らは献身的で忍耐強く、相手の立場に立つという特長を遺憾なく発揮できる。社会活動、社会福祉事業、医師、サイコセラピスト、公益活動などの場が考えられるだろう。彼らは二重の意味で「待つ」ことができる。つまり、忍耐があるだけでなく、養育者や園芸家のように育成ができるのだ。医師、聖職者、教育者などになるにしても、名声や経済的な理由からその職業を選ぶのではなく、使命感から選ぶ。彼らにとって職業とは一時的なアルバイトのようなものではなく、天職に近い。園芸家、森林官、飲食店の経営者、食品業界やこれに近接した、いわば母性が生かせる活動も合っている。

うつの人の夢は（パーソナリティ構造固有の点について述べるとすれば）、特に食に関するテーマが頻出し、失望や諦めと結びついているケースがしばしばあることから、思い切って手を伸ばしてそれを取らなかったとわかる。たとえば宴会の席に招かれた夢だ。だがそこには彼らのための席または食器がないか、あるいはすでに食事は食べ尽くされている。私たちが「タンタロス」と名づけている状態だ。手を伸ばすことを阻まれる状況をあらわすものとして、ある願望またはある衝動ではじまる夢がある。しかし行く手は障害物ばかりで、夢を見ている人は目的にはけっして到達できず、結局諦めなければならない。自らの手で欲しいものを勝ちとれなかった者は、自分の望みが他者によってかなうことを当てにする。これが、すべて欲しいものが労せずして自分のものになる怠け者天国の夢の背景である。このようにして彼らは、自分の怠惰と消極的な要求に向き合っているのである。また海賊、強盗、泥棒に追いかけられる夢がある。これは彼ら自身が抑圧した盗みの意図をはっきりと示している。取ってはいけないという気持ちが、ゆがんだ形であらわれているのだ。自分に過大な要求を課したり、人から過大な要求を受けたりするというテーマは、うつの発生に決定的な意味をもち、これは次のような夢に反映されている。

「僕は父と山歩きをしています。道は非常に険しく、僕は自分のリュックを背負っているほかに、父のコートと父の所持品が入っている包みも持っています」

うつの傾向がある健康な人は、感情移入ができ、他者の立場に立ち、その人を「受け入れる」準備ができている。思いやりがあり親切で、理解のある態度が特徴的だ。人を許せ、忍耐強く、物事の機が熟すのを待つことができ、我欲はあまり強くない。情に厚く、要求はあっさりしていて控えめで、必要とあれば簡単に諦める。それに対して彼らは人生を重いものと感じているが、バランスをとるためにユーモアを解し、「逆境にあっても笑うのがユーモアだ」といった立場に立つ。彼らはしばしばかなり敬虔な態度をとる。それはかならずしも信心深さという意味合いではなく、むしろ人生に対して誠実で、自分の依存性と危機を自覚し、それでも人生にイエスと言い、それを愛するということだ。彼らの最大の長所は、辛抱強く耐えぬき、がまんできる点にある。シュピッテラー〔カール・シュピッテラーはスイスの詩人・小説家〕の『プロメテウスとエピメテウス』にある一節を借りれば、うつの人は「自分の価値を控えめながらも忘れないでいる」のである。彼らは自分の明かりを枡の下に置いているので〔マタイによる福音書第五章一五節参照〕、それを「発見」しなければならない。彼らはしばしば静かな深層水のようだ。情緒性、感情の深さ、あたたかさはそのもっともすばらしい美点である。彼らは心の奥で、自分たちが所有しているもの、成功したことに対して深く感謝し、それを自分と自分の能力のおかげと言うよりも、与えられたもの、恩寵であると感じ、真の意味で謙遜に生きている。

変化に対する不安

強迫性パーソナリティ

いつかは石に硬化し、永続する！

ヘッセ〔高橋健二訳、新潮社『ヘッセ詩集』所収の「嘆き」より〕

永続性に対する憧れは、私たちの中に早い時期から深く根づいている。すでに見てきたように、子ども時代にいつもの慣れ親しんだものが、確実にくり返し存在することは、私たちの成長に非常に重要である。それがあってはじめて、特に人間的な特性、感情や情緒といった側面、愛する力の発展が可能になり、私たちは信頼することや希望をもつことを学習する。スキゾイドの人で、ごく幼い時期に保護者がしばしば変わったり、決まった保護者が長らくいなかったりするような場合、こうした面の発達が遅れたままか、ゆがみが生じてしまう。同じ印象が持続し、確実に反復することは、私たちの記憶の発達、認識と経験に益するばかりでなく、そもそも世界における自分の立ち位置を知るためにも大切だ。混沌としていて、識別可能で信頼できる規則性と秩序のない世界は、こうした可能性を閉じてしまう。内面の混乱は外部の反映と言えよう。このように、有効な認識を得られることが可能で確実だという知識は、内面の反映、世界システムの秩序と法則性に対する適合としてあらわれる。たとえば月面着陸は、月が認識可能な軌道の法則をもたず、好き勝手な予測のつかない軌道を描いていたら、絶対に不可能だろう。

最近ふたたび脚光を浴びるようになった占星術は、この大宇宙と小宇宙の関係をもっとも明確に認識していた。オスカー・アドラー〔オーストリアの秘教占星術家および音楽家〕はその『占星術の契約』で、カントの名言を引用して、私たちの頭上にある星空と、私たちの内部にある道徳律という二つのものが、彼をつねに深い畏敬の念で満たしていたと述べた。つまり、私たちの中の道徳律は、宇宙の秩序、すなわち「私たちの頭上の星空」の反映あるいは呼応だと考えたのである。私たちがこの宇宙秩序に組み込まれた存在であると強く意識するなら、私たちはすべてのイデオロギーを超越する秩序原理を自分の内部にもっている、ということになる。なぜならそれは人間によって考え出されたものではないばかりか、私たちの存在と生存空間に関わる基本条件だからである。冒頭で述べた比喩がこれをはっきり示してくれるだろう。

つまり永続への希求は、私たちの存在の一部なのである。愛し、愛される存在を失いたくないという切望と並んで、これは宗教感情の一つの根であることは確かだ。神的なものの時間超越性、永遠性、遍在性をイメージすることで、人間は永続へのこの欲求を満たしてきた。私たちのこの希求の深さは、いつも意識されているわけではない。だが親しいもの、慣れ親しんだもの、不変だと思っていたものが突然変化しはじめたり、あるいはまったくいなくなったり、存在が危ぶまれたりすると、すぐにこれを体験することになる。そうすると存在のはかなさに対する恐怖が私たちを襲い、自分たちがどれほど他に依存し、はかない存在であるかが驚きをもって意識される。

ここで不安の三番目の基本形態の話に移ろう。それは移ろいやすさに対する不安である。この移ろいやすさは、それに抗してわが身を守ろうとすればするほど、私たちに激しく襲いかかってくる。

人が移ろいやすさに対する不安を過剰に感じている場合、あるいは、推力という視点から見ると、永続性と確実性への希求を過大に重視して生きようとしている場合――本書の比喩を用いるならば、重力に当たる求心的な一面が、一方的に強調されてしまう。

もっとも一般的な帰結として、その人はすべてを元のままにしておきたがるだろう。どのような種類の変化も、その人ができるだけ回避したい移ろいやすさを想起させるからだ。そこで彼らはつねに同じもの、すでに知っていて慣れ親しんでいるものを再発見、あるいは復元しようとする。何かが変化すると、彼らは邪魔されたと感じ、落ち着きを失い、不安になる。そのために変化を押しとどめ、制限しようと試み、可能であればこれを阻止して戦おうとする。新しい変化に遭遇するたびに対抗するのだが、それは際限のないつらい仕事になってしまう。なぜなら人生というものはつねに流れていて、すべては永遠に流転し、たえまない発生と消滅のくりかえしだからだ。

こうした試みはどのような様相を呈するのだろうか？　そういう人は、たとえば意見、経験、態度、原則、習慣に激しく固執し、有効な原則、くつがえせないルール、「永遠の法則」を可能なかぎりつねに欲する。新しい経験は回避するか、それが無理なら解釈を変えて、この経験をすでに知っているなじみのものに同化させようとする。これは意識的・無意識的な不誠実を招くことがある。新しいことの詳細を見落としたり、偏った誤解をしたり、感情的に拒否したりするからだ。その根拠というのがしばしばかなり見え透いたもので、客観性からくるのではなく、自分が固執し、ぐらつかせるわけにはいかない立場を救済するためだということがうかがえる。学問の歴史は、誰が正しく正義であるかをめぐる実りのない議論のくりかえしで、そうした事例は枚挙にいとまがない。

人間は既知の慣れ親しんだものに固執すると、すべての新奇なものに対してはじめから偏見をもって接しがちで、驚きや、不慣れで未知のものから身を守る態度に出てしまう。そうすれば進歩をナイーブに信じて検証もせずに何でも受け入れてしまう危険はなくなるが、新奇なものに対して胸襟を開かず、それによって発展（自分自身の成長でもある）にブレーキをかけ、阻止し、邪魔すらしてしまう可能性が増大する。

強迫傾向の人の基本的な問題は、彼らの過剰な自己防衛欲求にある。慎重さ、将来への配慮、長期的な視野に立った合目的的な計画策定、継続的な視点もこれと関連してくる。不安という側面から見ると、彼らの問題は、リスク、変化、移ろいやすさに対する不安と言えよう。それは泳げるようにならなければ水に入ろうとしない人間のようだ。彼らは人生の永遠の初心者のようなものだ。こうした行動パターンや態度の深刻度は人によってさまざまだが、非常に稀有な形であらわれることもある。

三〇代半ばのある男性は、膨大な蔵書をもっている。それなのに彼はいつでも貸本屋に行

き、自分の本は読まない。その「理由」とはこうだ——いつか自分は貸本屋がない場所に配置転換になるかもしれない。そのときに自分の本を全部読んでしまっていたら、いったいどうしたらいいのだろう?

ここには、いずれ終わりがくるかもしれないという予見と不安が、グロテスクなまでにあらわれている。

強迫傾向がある人の多くは、ワードローブいっぱいの服があるのに、「予備」を温存するために古いものばかりを身につける。何か新しいものを着ることを考えると胸が痛み、それぐらいなら服が流行遅れになったり、虫食いになったり、一度も袖を通さなかったりするほうがいいのだ。何か新しいものを使うということは、それを時間の経過と移ろいやすさにさらすことで、使い古すことによってその末期《まつご》が予測されてしまう。すべて終わりがあるものは、移ろいやすさ、ひいては死を想起させるのである。

私たちは誰でもこうした不安を抱えていて、永続と不死を望んでいるので、無限な何かを探し求め、あるものを自分が慣れ親しんでいたままの形で再発見すると、深い満足感を覚える。収集欲というものもこれで理解できるだろう。切手であれ、コインであれ、陶器であれ、こうしたものを集める動機は、あまり意識されてはいないが、永遠、無限性の保証をほんの少しだけでも手にしたいからである。コレクションには終わりがなく、いつでも何かが欠けている。寿命を延長する発明をしたり、永久機関を追求したりして、持続と永遠を探し求める人もいる。また、自分の見解と理論を普遍的で時間を超越するものにまで高め、こうして得た永遠の有効性の中に、時間を越えて生き残る何かを手に入れる人もいる。好きな習慣への固執と、この習慣を変更させられたり、邪魔されたりしたときの傷つきやすさは、この永続性への願いを物語っている。

変化と移ろいやすさに対する不安を回避する傾向は、伝統的なもの一般に対する強いこだわりにも見出される。家族、社会、モラル、政治、学問、宗教などの伝統は、教条主義、保守主義、原則への固執、偏見、さまざまな形の狂信へと通じている。こうしたものに強力に肩入れすればするほど、人はこれらを攻撃または疑問視するすべての者に対してますます不寛容になる。つねにその背景には、慣れたもの、学んだこと、信じているもの、認識したもの、安心感を与えてくれるものが新しい認識や展開によって相対化され、ことによると錯覚や誤りが明らかになって、適応や変化を強いられるのではないかという不安がある。おのれの地平線と生活空間が狭くなればなるほど、ますます人は変化することなく現状を維持したがり、新しい変化によって自分の安定が失われるのではないかと恐れなければならなくなる。

したがって私たちが古いものにしがみつこうとすればするほど、移ろいやすさに対する不安は高じてくる。その一方で私たちが発展に抵抗すればするほど、反対勢力は確実に先鋭化する。これは世代間の対立を見ればよくわかるだろう。上の世代が既存のものに頑固にしがみつき、新しいものをにべもなく拒絶すると、若い世代はラジカルな行動様式にしばしば走りがちだ。

もちろん、伝統にこだわることにも、すでに認められている諸価値にこだわることにも、肯定的な意味はある。長つづきする原則や絶対的なものは追求すべきだし、そうしてこそ時間を超越した法則性を発見できるのだから。しかしここで問題なのは、やりすぎ、新しい方向づけを受け入れる能力や心構えの欠如、起こりうる発展に対する抵抗、新たに学ぶことやこれまでの経験を修正することに対する抵抗である。「時は移ろい、私たちもそれとともに変わる」というラテン語の格言は、強迫性格の人にはあまり響かないかもしれない。彼らは変化に対する不安を感じながら、確固たる不変性を求めて頑張る。彼らは人生を図式や規則に落としこもうとし、新奇で、慣れ親しんでいるものと違うために自分を動揺させるすべてのものは、断固として拒否する。だがある人がそのように強行したものは、その人自身にとっての強迫になる。

つまりすべての習慣、定説、狂信の背後には、変化と移ろいやすさに対する不安、要するに死に対する不安が潜んでいるのだ。だから強迫性格の人は、何かまたは誰かが、自分の力を剥奪し、自分の支配下にない状態になると我慢できなくなる。すべての人、すべてのものが、自分が思い描くとおりであるように強制しようとするのである。しかしまさにそのために彼らは人生の失敗をくりかえし、自分がしようとした強迫がブーメランのように自らに戻ってきてしまうのだ。生きているものに対して何かを強制しようとし、しかも自分ですべてを決めたいがために、その強制が自分には及ばないようにしようとすると、結局は何も変化しないように、自分の意志をかいくぐって逃げてしまわないように、とばかり考えていなければならない。よくしたもので、強制しようとする者は強制される者になるわけで、私たちはここにふたたび、偏りを補正する人生の力を認めることができるのではないだろうか。

強迫性格の人は、生きているものの領域には絶対性や不変の原則は存在せず、人生は予想どおりにいかないことをなかなか受け入れられない。彼らはすべてを一つのシステムで捕捉し、完璧に見通してコントロールできると信じており、それによって自然なものをむりやりねじ曲げる。なぜなら、生きているものの多様性を強引に単純化しようとしているからである。ニーチェも「システムへの意志には、つねに若干の不誠実さが含まれている」と言っている。

対人関係の領域でも、強迫的な行動パターンは似たような影響を及ぼす。意識的または無意識的に、彼らは他者を自分の意に添わせようと、たくさんの指示を与えたがる。特に顕著なのが、パートナー、被保護者、子どもとの関係だ。わけても世代間の対立が、彼らの問題である。すべて新しいもの、親しみのないもの、慣例でないものを拒否または抑制しようして、彼らは滑稽なまでに自分の考えに拘泥し、それによって恐れていた反対勢力を呼び寄せてしまう。反対勢力や改革派の側でも、正反対の手段で戦わねばと考え、その際にしばしば「風呂の水と一緒に子どもまで流す」〔ドイツのことわざ。「不要なものと一緒に大事なものまで捨てる」といった意味〕結果になる。よくある人間の悲劇である。しかし新しいものを受け入れて理解する気持ちがあれば、この問題は克服できないわけではない。

こうした人間は、継続的な自己制御や他者の制御なしに、ほんの少しでも気を許して反対側の人間に心を開き、譲歩し、自発性に任せると、すべてがたちまち不安定で混沌とした状態になってしまうのではとつねに不安に思っている。彼らはたった一回許しただけで、自分の内部の抑圧されたもの、あるいは外部の（彼らの意見によれば）あってはならないものがすべてあふれ出てしまうのではないかと恐れているのだ。ヒドラ〔ギリシャ神話に出てくる九頭の大蛇〕の頭を一つはねるとすぐに二つの頭がまた生えてくると知っているヘラクレスのようなものだ。彼らはいったん行動すると、予測がつかないことの引き金を引いてしまうと考え、「最初の一歩」を恐れている。そこでつねに権力、知識、訓練によって、望まないこと、予見できないことが起こらないようにして、もし自分が「これ」か「あれ」をしたらどんな結果になるかということばかりを考えて生活する。したがって彼らはシミュレーションのエキスパートになり、予防手段や対抗策の準備に忙しすぎて、自分が生きるための時間がなくなってしまう。

　カウチに横たわってリラックスし、思いつくままに話すように求められた患者は、憤慨して言った。**「そんなことしたら、馬鹿げた話が全部ばれちゃうじゃないですか」**――これは、彼がどれほどその思いを抑圧し、ずっと自制して頑張ってきたかを強烈にあらわしている。すべての許されないこと、避けたいことに対する安全対策が、強迫性格の人にとっては最重要の「生きる原理」であり、これを守るためなら、彼らは実に独創性に富んでいる。いくつか実例を見てみよう。

　優柔不断、躊躇、疑いは、ある出来事の流動的な動きから自分を引き離すことを可能にする。強迫性格をもつ女性の手紙を紹介しよう。彼女は私のところで心理療法を受けるか、それとも温泉療法を受けるか迷っていた。

「お手紙をありがとうございました。手紙を拝見して私は深刻な葛藤に陥りました。最初のあなたとの面談で、私の優柔不断ノイローゼが話題になったかどうか覚えていませんが、おそらく非常に表面的な話だったと思います。

いましがた私はX温泉に手紙を書いたところです。X温泉は、私がイエスかノーかの最終決定を七月一五日に出し、手紙で知らせるように求めてきていました。その間にあなたからの手紙が来て、場合によってはそちらでお世話になれると知らせていただきました。それ以来、私の心は揺れ動き、ひどい状態です。しかもあげくの果てに、私がようやく決断を下したときにはX温泉も満員だということになりかねません。とはいえ決断そのものは非常に簡単なものです。つまり私にはミュンヘンに行くために十分なお金がないのです。何回も必要額を計算していますが、やはり足りないでしょう。ですから不可能だということになります。それから私は、それがいかに必要で、しかも急を要しているということも考えています。私は、器質性らしいこの長患いが好転し、何かよいことが起きて私の全身状態と窮状が救われるさまを想像しています。

でも私はミュンヘンには泊まるところがないのです。X温泉には今年は確実にまた行けるとは思っています――でも毎日（そこからミュンヘンに）移動するのはたいへんではないでしょうか？　どんなことがあってもそれをまたやるべきではありません。不確定要素だらけのところにいくことを想像すると、不安でいっぱいになります。戦争はもう起こらないでしょうが。

私の優柔不断にさぞかし驚かれたことでしょう。でもあなたは精神分析医なんですからね！　私には好きな男性がいたことをご存じのはずです。でも決心がつかなくて、結婚しませんでした。それで気づいたときには遅すぎたのです！　いまは旅行のことを考えて同じような状態に陥っています。結局、こっちもあっちもだめなのです。お金に関して言えば、ミュンヘンはやはり少し心配です。それが現実です。まずはお金の心配をして、それから安心して旅に出るのがふつうではないでしょうか？　来年の五月と六月に私はきっと準備がととのっているはずです。これまでの二回、給料は半額でした。でも今後は満額になるでしょう。たとえあとからミュンヘンに行きたくて行きたくて仕方なくなっても、私はX温泉を選ぶでしょう。予約ができないという知らせがきたら、ミュンヘンに決めます。その場合、九月一五日の診察料金を支払えるかどうか、八月七日から九月七日の間、そちらで働かせていただけるかお知らせください。

なんという難産なんでしょう！……この手紙を全部書き終えたら、絶対にまたすぐに一部を手直ししなければならないでしょう。でも、まあ、なるようになれですね。

追伸　決められないということは苦しいものです。X温泉がまだ空いているかどうか調べてみます。あなたが九月七日までいらっしゃるかどうか、九月一五日に支払うのでいいかどうかを知りたく存じます。たぶんのちほど電報を送ります」（彼女は実際にそのように行動し、精神分析を受ける決心をした。）

こうしたためらいと優柔不断がどれほど苦しいものか、想像できるだろう。特にこの事例よりもさらに重大な決定ではなおさらだ。また、こうした人は、自分の決断が外部の何らかの事情により左右されてしまうこともわかる。イエスかノーかを交互に唱えながらジャケットのボタンの数を数えて決めたり、サイコロを投げたりして決める人も少なくない。こうした自己責任に対する不安については、後述する。

もう一つの事例は、強迫傾向をもつ人が特定の考え方にとらわれずにいることがいかにむずかしいかを示している。ある患者が分析の際にある夢の話をしてから、こう言ったのだ。

「夢の意味を分析することに意味があるんですか？　すべてのものはつねに相対的で、ありとあらゆる可能性をそこに込めたり、読み取ったりすることができるのではありませんか？　私の思いつきが正しかったと、誰が言えるんですか？　私が夢を物語るとき、それを変えてしまったり、正確に記憶していなかったりすることだってあるでしょう？　そう考えるとすべてが疑わしいのでは？　夢は泡のようなもので、それを扱うなんて学術的ではありません。フロイトとユングは夢についてまったく異なる見解をもち、夢を違うふうに解釈しました。そこには拘束力のある信頼の置けるものなどなにもないことは明らかです。『思いつき』なんて！

私に何が思い浮かぶというのでしょう……それはコントロールを失うということです……人はそのとき完全に不確実性の中で自らを見失ってしまいます……それに、私は何も思いつきません……」

この例は、自己防衛、すなわち経験から自分を守るための巧みな合理化が行われていることが明らかだ。彼は「コントロールを失うこと」に対して大きな不安を感じている。ここでは夢について科学的に議論しようとしたのではなく、彼は単に思いつきで話せばよかっただけだ。この患者の夢に関する疑いはもっともだと考える人もいるかもしれない。だがその人は、患者がこの疑いを単に言い逃れのために使ったという事実を見逃している。それに、彼の疑いは夢に限定されているのではない。彼は「不確か」と思われるものすべてを恐れ、これを回避しようとしたのだ。

似たような防衛のための動機から、強迫傾向がある人は準備段階にとどまってままその先に進めないことが多い。以下のジョークがそれを痛烈に表現している。

ある男が天国にやってきて「天国への門」と書かれたドアと「天国に関する講演会への門」と書かれた二つのドアを見た。そこで彼は二つめの入口を入っていった。

私たちが抑圧したものは、すべて心の中で溜まっていく、という法則がある。それによって内圧が高まる。だから強迫傾向の人は、抑圧したものを封じ込めるためにつねに多くの時間と力を要する。こうして彼らは悪循環に陥り、これを断ち切るには、「反対のもの」、すなわち抑圧したものを受け入れて、これと折り合いをつけるしかない。そうすれば、回避していたもの、恐れていたものを統合し、抑圧したものにもよい力があり、「意味のない」夢は非常に本質的なものを明らかにしてくれるかもしれないことを、驚きをもって経験できるのではないだろうか。

人間はこうした絶対性や制約を自分に強いると、いかに偏狭で融通がきかず、原理的で非寛容で、活気のない人生を送るようになるかがわかる。その際に強迫傾向の人の念頭には、自分は「正しいこと」を行なうのだという意識しかなくて（前出の患者が「正しい」思いつきを考え出さなければと思って、自由な着想が得られなかったように）、その背後に隠れたリスクに対する不安は意識していない。

すべてをそのように原理的にとらえてしまうと、生きた秩序は杓子定規の秩序になり、必然的な一貫性は度しがたいこだわりとなり、堅実な経済性は吝嗇《りんしょく》となり、健全な個性的意志は頑固なわがまま、ひいては暴君のような態度になってしまう。それでもまだ不安を克服するには不十分だ。なぜなら人生の豊かさは硬直化した規則には収まりきらず、結局、強迫症状や強迫行為があらわれるからである。これらはもともと不安を抑制する機能があるのだが、徐々にひとり歩きするようになり、内面の「強制（しなければならないもの）」となる。この「強制」は強迫症状や強迫行為を引き起こし、無意味だと思ってもやめることができなくなってしまう。こうした強迫行為には、洗浄、反芻、計算癖、記憶強迫などがある。強迫行為をやめよう、解決しようと試みるたびに、そこに縛りつけられていた不安が解放される。

このように強迫は多種多様だが、結局は大胆な行為に対する不安、私たちが出くわす無頓着な自発的行為に対する不安である。それはつねに何か――新しいもの、未知のもの、不確実なもの、禁止されているもの、誘惑、習慣からの逸脱――を回避するときだ。もしもすべてが現在のままで変化しないのなら、つまり、事務机の上のものはきちんと秩序を保ち、意見の妥当性は揺るぎなく、道徳上の判断は法律の条項のように確固たるもので、理論の主張に疑う余地はなく、信仰は揺るぎなく絶対的なものであるのなら――時間は停止しているように見える。それならばすべては予測可能で、世界は変化せず、人生は同じこと、すでに知っていることのくりかえしにすぎなくなる――すると生き生きと脈動するリズムは、単調でステレオタイプな拍子になる。こうした姿勢には、一定の意義はあるのだが、結局のところ悲劇的な意義である。なぜなら生命力を執拗に強制し制御しようとすること、柔軟性の欠如、冒険ができないことは、それだけですでに失敗の芽を内包しているからである。現実的に見て不可避な要求と考え、絶対に成就しなければならないと思い込んでいたことに失敗するのは悲劇である。

一つのシンプルな事例が、強迫行動の原理を明らかにしてくれるだろう。日常生活においては、しばしば悲劇と喜劇が同居しているものだが、部屋を完全に塵一つない状態に保とうとすれば、完璧な悲喜劇が生まれる。つまり、休みなく生じる出来事を認めず、時間を止めたいと思うようになるからだ。穴の開いた桶で永遠に水を汲まなければならなかったギリシャ神話のダナイスのように、骨折り損のくたびれもうけというわけだ。だが部屋の埃はその人が取り除きたいと思っている他の何かの代わりなので、埃を拭き取る行為は、その人が埃に転嫁した本来の問題が解決しないかぎり継続する。必死になって埃がない状態を保つという行為は、実はもっと本質的な何かを意味しているのであり、彼は自分が誘惑によって脅かされていると感じ、例えば倫理的な潔白性を堅持したいと願っているのだ。本来の問題を日常的な何かにすり替えれば、それが強迫観念となり、自分たちの問題に正面から対峙すれば、強迫観念にはならない。些末なことに対して、「……しなければならない」という不合理な思いを抱いている場合は、そうすることでどのような本質的な対決またはは決定から逃げようとしているのかを、自問してみる必要がある。

フリードリヒ・テオドール・フィッシャーは、その小説『また一人』で強迫性格の問題性をユーモアたっぷりに描いている。この小説の主人公は、作中の表現によれば「対象の悪意」とつねに戦っている。彼はあらゆる攻撃的なものに対する抑圧された情動と衝動からくる失錯行為をくりかえし起こすが、この失錯行為を対象の悪だくみのせいにする。たとえばテーブルの隣の席に座っている感じの悪い女性の服に、「うっかりして」ソースをこぼした場合、これはまさに対象（ここではソース入れとそれに引っかかった彼のスーツのボタン）のせいであって、この女性に対する彼の抑圧された反感や攻撃性のあらわれではないのである。強迫性格の人は、生きた衝動をかなり抑圧しているために、フロイトが命名したこの「失錯行為」をしばしば起こす。言い間違い、失念、「うっかりして」誰かに突き当たるといった失錯行為は、彼らがそのときどきに抑圧したものに打ち負かされているのである。こうした行為は彼らに降りかかり、コントロールの網の目を潜り抜け、彼らが隠したいものを明るみに出す。

強迫症患者の強迫は、高じてくると不気味でぞっとするような特徴を帯びてくる。その人の生活が強迫だらけになり、悪魔的な力を発揮して独自に動きはじめるからである。心理学的な知見がまだなかった昔は、無意味だとわかっていてもやらざるを得ないこうした不気味な強迫行為を、悪魔や悪霊に取り憑かれていると考えたのはもっともである。強迫症患者本人は、自分が強迫行為をせざるを得ないことを、未知の力に支配されているととらえたりもする。なぜなら、こうした行為は自我非親和的〔基本的信念や人格と調和していないと見られる行動や態度があること〕だからである。

すべての強迫は、身体因性の疾患の用語を借りれば、「転移」する傾向があり、それまで襲われていなかった他の領域にまではびこり、拡大する。こうして生活は強迫によって埋め尽くされ、後述する事例から明らかなようにますます制約が加わる恐れがある。

このプロセスは心の中でだけ起こる場合もある。たとえば鎮めなければならない「邪悪な」考え、望み、衝動から自分を守るときなどがこれである。この場合、その人の時間とエネルギーの大部分はそれらとの戦いに費やされる。たとえば対抗呪文というものがある。よくあるのは、邪悪で罪深くて汚れた考えや願いから自分を守ろうとして、それに襲われそうになるたびに、すかさず対抗策を講じるケースだ。たとえばまじないを唱えるとか（「**イエス様、マリア様、ヨゼフ様**」）、避けたいものを自分の意識から追い払うために何かをするとかである。さらに重症になると自己処罰にいたる場合もある。狂信的な領域に含まれる鞭打修行者などがこれに当たる。こうした強迫が異常に増殖して「転移」することにより、避けなければならないものがどんどん増えてくる。発音やその他の連想上の理由によって、なんとなく人が避ける単語や概念まで疑われ、かならず避けなければならないと考える。たとえば「クリスチャンの掛け算表」という小話では、「一、二、三、四、五、ちぇっ、七」と数えなければならない。ドイツ語の「六」はタブーとされる「セックス」という語と音《おん》が似ているので避け、かわりに「ちぇっ」という間投詞が使われている。また、自分の部屋を塵一つない状態にしなければ、と思い込むケースもある。ここで思い出されるのは「たとえ自然を熊手で追い払おうとも、それはまたきっと戻ってくる」というラテン語のことわざだ。これは以下に挙げる事例のように複雑な形を取ることもある。ここでは意識的に防御したものが、こっそりとふたたび行なわれている。

強迫神経症の女性患者の洗浄強迫は、無意識かつ象徴的に自分の「汚れた」性的衝動、すなわちオナニーに向けられていた。それは罪であると教えられていたからである。そこで彼女は自分の女性器の部分を特に徹底的に頻繁に洗い、そのために禁じられていた快感を得て、ついにはオルガスムスまで「ひそかに」達し、満足していた。しかしこれは「故意ではない」ので罪悪感はなかった。彼女は自分を清浄に保ちたいという意識で行なったからだ。

プロテスタント教会とカトリック教会は、セクシュアリティに関する非難と、それにともなう罪悪感によって（残念ながら今日でもそれは珍しくないのだが）、教会因性神経症をたびたび引き起こしている。肉体嫌悪は、多くの若者に本来なら回避できる不安や罪悪感を起こさせ、特に思春期にそれが顕著になる。いわゆる原始民族においては、青少年が重要な発達段階に入る前にイニシエーションの儀式があるのだが、それにひきかえ学校の授業や放課後のグループ活動やテーマ別のグループ討論では、質問をする場が与えられるべきなのに、長年にわたって堅信礼の準備の授業しか行われてこなかった。この授業は讃美歌の詩句や教理問答の暗記が眼目で、「ばつの悪い」テーマは可能なかぎり回避されてきた。だがその点に関しては幸いなことにかなりの変化が見られ、青少年はこれまで知らせてもらえなかったことを自分から学ぶようになっている。数十年にわたって心理療法に携わっている者は、宗教に基づく肉体嫌悪がどれほど壊滅的な結果をもたらしたかを知っている。まず最初は、肉体と精神を著しく蝕むとされていたオナニーとの戦いである。そのためひどい不安と罪悪感を植えつけられ、「罪」にする戦いに破れて自殺する青少年も珍しくなかった。

強迫性格の人とその愛

彼らにとって、愛は不合理で、越境的で、超越的な感情体験で、危険な熱情へと高まりを見せる可能性があり、非常に不安にさせられる。そこには人が手を出せないような、それ自体に法則があるような何かがあるのは明らかで、これは意志を奪い取り、病気のように人を襲い、理性に反する行動を取らせることがある。こうしたことすべては、強迫傾向のある人の安全確保の傾向、権力への意志とどうしても両立しない。

そのようなわけで強迫性格をもつ人は、自分の感情の「支配権を握り」、自分でコントロールしようと試みる。なぜなら感情は信頼できず、あまりにも主観的で不安定で移ろいやすいからである。情熱は彼らにとってさらに疑わしい。それは完全に予測がつかず、非理性的で、むしろ弱さの象徴だからだ。そこで彼らは感情の発露に関してはどちらかと言うと抑制的で、感情に身を任せることが少なく、パートナーの感情もあまり理解しようとしない。不適切なタイミングでビジネスライクになったりするので、彼らは感情的な出会いにおいて非常に無味乾燥な印象を与えることがある。

それに対して彼らはあらゆるパートナーシップにおいて責任感をもち、ひとたび決定を下したなら、その決定に対して責任を負う。だがパートナーは同権であると認めることは容易ではない。彼らはむしろ垂直な秩序関係、すなわち上下関係に傾きがちである。ハンマーか、それとも金属をのせる側の鉄床《かなとこ》になるかは、彼らには不可避な「あれかこれか」だ。誰が叩かれる側の鉄床になろうなんて思うだろう？　こうして彼らの人間関係は、優越をめぐる権力闘争になりがちだ。うつ傾向の人が喪失不安からパートナーの言いなりになるのに対し、強迫傾向の人は、力に対する欲求に従って行動する。彼らはパートナーを自分の思いどおりに仕立てあげようとする。したがって、パートナーがそうでない状態だと認めることができない。彼らは、パートナーは自分のもの、自分の意志に従う所有物だと思い込んでいる。そこでパートナーシップにおいて、強迫傾向の人が相手の犠牲のもとに生活し、相手に過度の適合と従属を要求するケースは少なくない。その一方で、人との結びつきは彼らにとって運命的なものを意味する。彼らは負担に耐える能力がすぐれている。貞節は彼らにとって経済的な理由からも当然である。理詰めで結婚することも珍しくなく、その際に、物質的な視点とその他の保障は非常に重要な役割を負っているのがつねである。彼らは関係を結ぶ前に、長い間疑いを抱きつづけることがある。その結果、婚約期間がかなり長くなったり、結婚式を何回も延期したりすることになる。だがいったん決心すると、宗教的、倫理的な動機にせよ、単にやめたくないというだけにせよ、その関係を解消することはできないと考える。たとえ本人やパートナーが結婚生活で苦しんだり、パートナーが関係を解消したがったりしていてもである。

妻がすでにかなり前から離婚を言い出し、彼自身も結婚生活が耐えられないと感じていた。妻が夫になぜ離婚に同意しないのかとたずねると、彼は「僕たちは結婚しているからさ」といつも答える。まるでそれがつねに有効な何かであるかのようだった。

彼は宗教的あるいはその他の納得のいく理由からではなく、単に一度結婚したからそう言ったのだ。ここでは習慣と、権力を行使したいという彼の欲求が重要な役割を演じていた。それに彼には、新しいリスクを取るよりも、既存のものに固執することのほうがよく見えたのだ。その結果、くすぶる憎悪と双方の苦しみが「結婚の絆」となり、ついにはお互いが相手の死を待つばかりになってしまった。

強迫傾向が強くなればなるほど、結婚は、権利と義務にがんじがらめにされた法律上の契約として見なされるようになる。そうすると形式が過剰な価値を帯び、人はつねにそれによりどころを求めるようになる。それが理性的な「明確な合意、よき友（clara pacta – boni amici）」の枠内にとどまっているかぎり、それに異論はない。しかし形式が相互の感情関係の代用となる場合には、誤った権利を盾にとり、ついにはサディスティックな域にまで達する信条になるかもしれない。そこには正しさを隠れ蓑にした敵意や権力への欲求がはびこっている。

結婚生活が危機に瀕している女性が弁護士を訪ね、契約書の作成を依頼した。そこには性生

活の頻度、その際に希望する室内温度まで規定されていた。同時にこの契約書では、夫が寝室で喫煙することを禁止し、この条件に違反したり、遵守しなかったりした場合の罰金の額もきちんと決められていた。夫がこの契約にサインした場合には、彼女は結婚生活をつづけるつもりだった。彼女は客観的で公明正大な自分の提案が、結婚生活の継続を可能にすると本気で確信していた。

このケースでは、問題そのものに対峙するのではなく、規則のような諸条件が定められた。理解したくない感情、自分の希望を押しつけたい、といった彼女の気持ちがあらわれている。

危機や対決の場においては、強迫性格の人は分別を失いがちである。不正義を見抜かなければならないような場面でも、なかなか究明できない。しかも過去にこだわり、パートナーが以前にした過ちや反復した過ちを、その頻度なども含め、正確な時間やその他の証拠を示してくどくどと並べ立てる。危機的な状況では、こうした人は問題の解決の助けになるだろうと、前出の事例のように、奇妙なアイデアを思いつくことがある。感情を重視しないので、パートナーに一見すると理性的な計画を提案し、両者が守るべきルールをつくろうとする。もしも妻が、毎週日曜日は退屈だから夫と一緒に何かしたいと思っているのに、彼はいつも切手を眺めたり日曜大工をしたりしているると文句を言ったら、彼は妥協案を出すだろう。たとえば日曜日は一週おきに自分の趣味に没頭し、それ以外の日曜は彼女と一緒に何かするというような計画だ。しかもその計画はきっちり実行する。そこに彼の思いやりと努力が読み取れる。しかしすべてわざとらしくやっているために、結局はうまくいかない。自分に課した義務を履行し、自分の責任を果たした気分でいたからだ。それなのに妻が満足していないと知り、彼は非常に驚き、立腹する。妻は彼が不機嫌なのに気づいていた。彼女が望んでいたのは、夫のちょっとした気遣いで、義務感からいやいや遠出をしてもらうことではなかったのである。

これは、強迫性格の人がパートナーとの問題を解決しようとしてよくとる行動パターンのほんの一例である。しかしそれによってパートナーの望みがかなうことはない。パートナーが望んでいるのは、楽しさ、自発性、ふと感じられる愛情、日常生活における気分転換と朗らかさだからだ。こうした「要求」（これを要求ととらえるのは彼らの厳格さ、用心深さからくるのだろう）に直面すると、彼らは相手を貪欲な人だと感じる。二人は互いに理解できず、接点をもてずに暮らし、問題はますます大きくなる。

パートナーシップにおいては、時間とお金、時間厳守と倹約が大きな役割を果たす。ここに彼らの権力衝動、些事へのこだわり、硬直がもっとも明らかになる。食事は「一分の遅れもなく」定刻に配膳されなければならない。家計費は勘定書つきで「一銭一厘も間違えずに」管理する。あるいは夫は給料を全額家に入れ、小遣いのみをもらう、などなど。何か新しいものを調達しようとすれば悲劇が待っている。その必要性について果てしない議論がつづいたり、それはパートナーの浪費癖のあらわれだと難じたり、パートナーのものの取り扱い方が雑なのでまた購入しなければならない、という話になったりする。金銭問題は、こうした夫婦が結婚生活の危機に陥る最大の引き金である。

男性が特権をもつ家父長制においては、妻の犠牲のもとに成り立っている結婚がしばしば見られた。たとえば、妻のセクシュアリティを軽んじた「結婚生活の義務」は、妻を低く見ていることになる。次章ではヒステリーについて述べ、女性がそれに対してどう報いたかを見ていく。家父長制における結婚では、男性がすべてを掌握し、女性は禁治産宣言を下されたようなもので、いわば成熟した子どものように取り扱われ、完全な依存状態に置かれることが珍しくなかった。

重度の強迫傾向がある人にとっては、パートナーがまるできちんと油を差した機械のように時間通りに、正確に、確実に、問題なく、希望を述べたり感情をあらわにしたりすらせず、「作動」することがもっとも重要である。生き生きとしたやりとりや相互のギブ・アンド・テイクのかわりに、そこにあるのはパートナーがどのようにふるまうべきかという条件と決まり事だけだ。こうした結婚生活がどれほど冷酷でプログラム化されているか想像できるだろう。ときにはセックスですら好みやムードを無視して、きちんと決められた段取りに従ってまるで義務の遂行のようになされ、「そのため」だけに同衾《どうきん》するような具合になる。

人生の喜びや楽しみのためにセックスをするという態度は、強迫的な面が高じるにつれて問題視されるようになる。性交をしばしば「計画に組みこむ」というようなところに、すでにそれがあらわれている。そうすることによって性生活はエロスを敵対視し、無味乾燥なものとなり、ディオニュソス的な面を完全に失う。こうなるとそもそも異性との最初の遭遇が失敗に終わる恐れがある。もっともよくあるのが結婚初夜の悲劇である。パートナーへの感情移入の欠如、エロチックな想像力の欠如から、性生活はその後もすでに決められた軌道を走りつづけるようになる。強迫傾向の人のセックスは、サディスティックであることが珍しくない。パートナーを強制しようと思い、親密な関係と権力への意志を混同してしまうのだ。

またセックスに関連して幼い頃の羞恥心と罪悪感を引きずっていることも、本来親密であるべき関係を、苦しくて少しも楽しくなく、空想の入りこむ余地がないものにしてしまい、固定した枠内で特定の条件が整わないとセックスができなくなってしまう。さらにひどくなると、不信の念が尾を引き、「禁じられた」衝動から身を守るために嫌悪のバリアができてしまう。また以下の事例のような良心の呵責や合理化が生じることもある。

ある若者が若い女性と知り合い、とても彼女が気に入った。最初に会ってから帰宅した彼は、くよくよ悩みはじめた。「この関係（実際にはそんなものはまだ存在しない）はどのような結末になるだろう？　あの子はどんな家庭で育ったのか？　もう男をたくさん知っているのだろうか？　体は丈夫かな？　愛とはどんなものだと考えているんだろう？　妊娠してしまったら？　感染したりしないだろうか？　口のあたりがなんだか肉欲的な感じがしたけれど、誰とでもすぐ寝る女なのか？　そもそもどうして自分が彼女と関わり合いにならなくちゃいけない

んだ？　期待外れじゃないと、誰か請け合ってくれたのか？　何の保証もないじゃないか……僕はまだ若い。自分を縛りつける必要なんかあるだろうか？」（まだ何もはじまっていないというのに。）

相当な用心深さと自己保身である。すべての否定的可能性が先取りされ、自分で決断を下したり行動したりせず、いかなるリスクも負わなくてすむために、むりやりこじつけて正当化したりもしている。この若者にはほかにも強迫性格があった。たとえば最後の学期中に、早くも国家試験でどのネクタイを締めるか考え、そのネクタイを取り分けておくのだ。さらに彼には記憶の強迫もあった。ある人物と一緒にいたあとで、そのときのことを正確に思い出さずにはいられない。その人と他の人が何をしゃべっていたか、その人が嫌なことを言っていたんじゃないか、その人が他の人と話すときに何か意味深なことを言って、それを聞き漏らしてしまったのではないか。その会話を再現するのに何時間もかかってしまうこともしばしばだった。この症状も自発的行動をとらないための自衛だった。

強迫性格の人は、業績を上げようという意志を性生活にも持ちこむ。そうすると性的関係は彼らにとって自分の能力、性的能力を証明するためのものになり、パートナーは彼らの能力試験の対象になってしまう。ドイツ語では、性的能力と経済力を同じ「フェアメーゲン」（Vermögen）という単語で表現する。強迫性格の人は、性的能力と経済力に対して同じような態度をとりがちだ。つまり、力があることをひけらかしたがるか、持てる力が限られているので「精も根も尽き果てる」のではないかという不安から、能力を配分してやりくりするか、である。

彼らの場合、官能的、性的な恋愛関係はある種の条件に左右され、容易に妨害される。騒音、臭い、光、ドアがきちんと閉まっていないなどの外的条件が邪魔になり、その気がなくなったり、性交能力が失せてしまったりするのだ。長時間かけて事前に体を洗い、興奮を高め合う性交前のせっかくの親密な雰囲気が台無しになってしまうケースもある。あるいはまだやらなければいけない仕事（何かを片づけなければならない、何かを終わりにしなければならない）があって、たびたびその場からいなくなる。眠い、仕事で疲れているというような口実もよく使われる。生き生きとした関係や、やさしい睦み合いを避ける方法はいくらでもある。彼らは無心に官能的な喜びにひたれない。パートナーを自分の所有物と見る態度を改められないと、彼らはやきもち焼きになる。これはむしろ力関係の問題だと言えるだろう。パートナーを自分の支配下に置いておきたいのだ。パートナーがそれに抵抗すると、強迫性格の人は相手をさらに拘束し、自分のものにしようとして事態は悪化の一途をたどる。かつて貞操帯を発明したのは、強迫性格の人だったのではなかろうか。

彼らは愛とセックス、やさしさと官能性をはっきりと区別し、恋をしているときには性的欲求を抱かず、愛していない相手に性的欲求を抱くケースもある。セックスは汚れていると思っているので、愛している女性を貶《おとし》めたくないためにセックスを要求できないのだ。したがってある女性を崇拝しているが、性的サービスを提供する別の女性のもとで性欲を満たしている人も多い。

軽い強迫傾向をもつ健康な人は、人を愛する際に一般にあまり情熱的ではないが、その愛情表現は信用ができ、安定している。彼らはパートナーに終始一貫した愛情と安心感を与え、パートナーは信頼できる人の手の中で守られ、責任をもって寄り添われていると感じる。彼らは結婚相手として望ましく、その家庭は肯定的な意味で「きちんとして破綻のない」共同体であるという印象を与える。これは相互の尊敬、愛情、責任感に基づいて確実に構築されたものだ。

強迫性格の人とその攻撃性

強迫性格の人も、攻撃性と愛情の問題を抱えている。彼らは自分をコントロールし、自制することをあまりにも早く学ばなければならない。その生育史を観察するとわかるように、無意識のとっさの反応は不安で埋めつくされている。彼らは激怒、憎悪、反抗、敵愾心などの表出を子どもの頃から抑制しなければならなかった。そうすると罰せられたり、愛情を受けられなくなったりという結果が待っていたからだ。しかし生きていく上でこうした感情を避けて通ることはできない。では、どうしたらいいのだろう？　彼らの自我は抑うつ性を抱える人よりもいくぶん発達しているために、子ども時代に、そのために自分の情動を放棄させられた喪失不安が原因ではなく、罰に対する不安ゆえに自らの攻撃性を封印しなければならなかった。こうした状況で彼らにどのような可能性が残されるのかを考察しよう。

もっとも頻繁に見られるのは、自分の情動と攻撃性をどう扱うべきか非常に慎重になるケースである。彼らは躊躇し、どんな状況だったら攻撃的になってよいのかわからなくなり、もしも攻撃性を発揮したとしても、そのあとで表出したものをふたたび弱め、和らげ、あるいは撤回したり取り消したりする傾向が見られる。たとえばこうだ。「もちろん私はちょっとオーバーに言っただけです。本気ではなくて、はっきりわかりやすくするためにね。どうか誤解しないでください。そうでないとあなたが間違った印象を受けてしまうかもしれない――私たちはお互い、おおむねよく理解し合っているじゃないですか」。攻撃的な態度に出たことで、本人がどれほど驚き、罪の意識にさいなまれているかがここからわかる。この印象を和らげようという傾向が高じると、罪滅ぼしとか自己処罰になってしまう。

強迫性格の人の場合も、あらわにすべきでない情動を抱いてしまったという葛藤を解決する試みとして、イデオロギー形成がある。彼らの場合、情動の放棄は、たいていは自己抑制のイデオロギー化によって成就される。情動の表出は、自分の好きなようにふるまっていること、自制していないこと、沽券《こけん》に関わる行動をしていることのあらわれである。これが健全な範囲内であったとしても、彼らはそれによって自らに負荷をかけすぎ、情動を抑止しすぎ、こうして内部に鬱積したものが爆発しないように、さらにコントロールが必要になってくる危険がある。すると強迫症状が強くなる。ある女性は夫に対する敵意をけっして外に出さなかったが、そのかわりにナイフや先端が尖っているものに不安を抱き、先端が自分の顔に向かっていると気づくとすぐに片づけずにはいられなかった。これらが長い時間視界に入っていると、抑圧された攻撃性を呼び覚ますかもしれない。ナイフを手にした彼女の攻撃性がどこに向けられるか、わかったものではない。もしも夫と向き合ってきちんと話をしていたら、彼女の攻撃性は堰き止められた水のような危険性をはらんだりはしなかっただろう。

ジレンマに陥っている強迫性格の人のもう一つの可能性として、自分たちの攻撃性を発揮する「正当な」可能性を探したり、攻撃性の発揮を許すばかりか価値があるかのように思わせる契機や機会を追求する場合がある。これは多くの職業で可能である。こうなると、彼らは自分に禁じていたすべてのことと遭遇するたびに戦うようになる。衛生面、衝動面、道徳面、宗教面など可能性のあるすべての領域において、情け容赦なく、妥協も遠慮もなしにいつも何かと戦っている狂信者は、こうやって生まれるのだ。彼らはうつの人のように自分自身に向かって攻撃性を発揮するだけでなく、外部の何かまたは誰かも、良心に基づいて攻撃する。それが必要だと確信しているのだ。それがどれほど危険かは容易に想像できるだろう。何しろ探しさえすれば、自分の攻撃性のはけ口はどこにでも見つかり、「確信をもって」立ち向かえるのだから。それどころか彼らは、目的によって正当化されると考える最大限の攻撃性を自らに許す。キリスト教のイデオロギーにそうした面があることはすでに指摘した。

ここでも健康な人と病気の人の境界は非常にあいまいだ。なぜならこの攻撃性は、それ自身が価値を意味する、あるいは少なくとも意味しうる規範と結びついているからである。たとえばある集団がその攻撃性をイデオロギーのために使ったらいかに危険かを、私たちは第三帝国のユダヤ人迫害で経験した。どの戦争もそうだが、敵の殲滅が徳にまで高められ、教会までもがこれを是認することがあるのだ。

こうした「正当化された」攻撃の若干ソフトな変型として、過剰な正確さがある。これは攻撃性の抑制と並び、強迫的な攻撃性の表出としてもっとも頻繁に見られる形である。この場合、強迫性格の人は攻撃性を意識していないのがつねである。正確さという情動の表現は、著しい場合にはサディスティックな行動パターンにまでなり、そのような例はざらにある。もう一人ぐらい対応できるはずなのに、時間きっかりに窓口を閉める役人とか、些末な句読点の間違いやケアレスミスを注意する教師とか、自分が求めている解答と寸分違わないものしか正解にしない試験の採点者とか、情状酌量せずに法の条文だけにこだわる裁判官とか、攻撃性と同等のものの例は数多くある。彼らは一見すると正当な方法で、過剰な正確さによって攻撃性を発揮し、自分の力を乱用している。徹底して正しいもの、価値あるものを支持しているのだと考えることで、自らの行動をカムフラージュしている。しかしそれが強迫性格の人の攻撃の危険なところで、彼らはしばしば価値を引き合いに出し、そうすることで何が必要で何が利己心なのかをわかりづらくしている。もちろん「秩序はなくてはならない」のだが、それは臨機応変な秩序であり、杓子定規に些事にこだわることではない。また道徳にも価値はあるが、生存を脅かすモラルはここには当てはまらない。

この延長線上には、軍隊の教練を思い起こさせるような服従訓練がある。これまで見てきたように、強迫性格の人の攻撃性は、規範、ルール、原則を頑固に守ることが特徴である。「……の名において」という大義名分が好まれ、権力欲と密接に関係している。そのためにしばしば攻撃性の自覚が乏しくなり、超個人的で匿名の体裁をとるが、その背景には個人的な攻撃欲が隠れている。

強迫性の攻撃のもう一つの特徴は、権力への意志とのつながりである。それはスキゾイドの場合のように抵抗、自衛、不安の解除にとどまらず、権力そのものが問題となってくる。強迫性格の人の攻撃は権力のためであり、権力がまた攻撃性を助長する。そのために強迫性格の人は、権力を付与してくれ、同時に彼らの攻撃性を秩序、規律、法律、権威などの名目で合法的に生かせる職業についている。多くの政治家が程度の差こそあれ、このパーソナリティ構造に属しているのは驚くに値しない。軍人、警官、役人、裁判官、聖職者、教育家、弁護士もこの部類である。彼らが権力および攻撃性とどのようにつき合っていくかは、それぞれのパーソナリティの成熟度と強度による。すべての社会がそうであるように、私たちの社会も、その秩序と階級制度によって、強迫性格の人がすぐれた主義主張を隠れみのにして、彼らの攻撃性と憎悪を正当な形で発揮する可能性をたっぷりと提供している。両親の家、学校、教会は最初の教育的な環境もしくは公共的機関であり、厳しい訓練、非情な教育法、罪悪感の覚醒、懲罰によって、後年に子どもが強迫性パーソナリティを形成するための素地となる。この点については、次章でくわしく述べる。

強迫的攻撃のもう一つの形は、巧妙さである。待ち伏せして襲いかかるような陰険で卑怯な隠された攻撃である。これは、子ども時代に攻撃性の表出を厳しく罰せられた人によくある。彼らは反抗心や情動などをあらわすことを許されず、こっそりと言うしかなかった。もしもはっきり言おうものならひどい目に遭っていただろう。裏切り、意地の悪さ、「ヒツジの皮を被ったオオカミ」との違いは紙一重なのだ。

厳罰が特に子どもの運動面および情動的な攻撃行動のパターンにもたらすもう一つの結果は、その子が健全な身体感覚を発揮できないことだ。体とのつき合い方を正しく学べない子どもは、自分の体が自分のもののように感じられない。自分の体に喜びを感じるためには、体を自由に動かすことが許され、自由な運動の楽しさを経験する必要がある。ところがいつもどこかにぶつからないよう注意をしたりしていると、積極的な運動能力の発達が阻まれるだけでなく、動き自体が不確実で不器用になる。こうしたケースでは、攻撃性が失錯行為、うっかりミスとして通ってしまうことがある。不器用でぶきっちょな人の攻撃性は、一見すると故意ではなく、「何気なしに」起きてしまうのだ。こうして彼らは自分の抑圧された攻撃性と情動を、特殊な形で出すようになる。高価な花瓶に水を入れようとして「うっかり」落としてしまう、つまずいてスタンドランプを倒してしまう、という具合だ。まわりの人は腹を立てるが、彼らがしたことに対して責任は問わない。こうして彼らは特権的な自由を享受し、中には親切と同情が入り交じった気持ちで彼らに対してある種の優越感をもつ人もいるかもしれない――彼らのまわりの人への仕返しは、実に巧みに調節されているのだ。そもそも彼らが不器用になった原因をつくったのは、周囲の人々である。さらに二次的な特典が得られることもめずらしくない。しくじるかもしれないからと、まわりの人は彼らからすべてを取り上げるために、彼らは厄介な仕事から逃れられる。

ついでに述べておくと、いつも自制しなくてはと思い、過剰な自己制御をしていると、心気症的な自己観察がはじまることがある。これも、周囲の人を心気症による不安と症状で苦しめ、楽しい雰囲気を台なしにしてしまう点で、攻撃と同じような効果がある。こうなると実際にそうなのか勘違いなのかに関わりなく、便通の不調が家族の破局を招くことすらある。

強迫傾向がある人における攻撃と同等の行動として、さらに二つの行動パターンを挙げておこう。ここでも当人には自覚がないので、彼らは罪の意識を抱かずに自分の抑圧された攻撃性と情動を貫徹する。ぐずぐずする、いつまでも思案する、決められないといった形で彼らは周囲の人々に迷惑や負担をかけることがある。これは非常に巧妙で、隠されているものの、攻撃の一形式である。演奏会や芝居に行く前に身支度がなかなか終わらず、パートナーがかんかんになってしまうケースや、ごく簡単な事実関係を説明するのに、長々とした前置きからはじめる人などがこれに該当する。以下の事例は、診察時間に「約二分間」遅れた理由を述べた強迫症患者の説明である。

「私はオフィスをいつも通り定刻の六時一五分に出て、いつもと同じペースでバス停に歩いていきました。バスはほぼ三分遅れで来ましたが、走行中に一分くらい遅れを回復しました。その程度の遅れを維持した状態で、あなたのところに行くために下車するバス停に到着しまし

た。少し速く歩いて遅れを取り戻したかったんですが、とある通りに出る道を女性に尋ねられたのでそうできなくなりました。もちろん私はその道を知っていましたが、道順を説明するのはそう簡単ではありませんでした。それで最後はほとんど駆け足をしなければなりませんでした」

二分程度の遅れなどそもそもあえて言うほどのことでもないし、「すみません、今日は遅れてしまって」と言えばそれで十分だろう。彼は呼び鈴をぴったり定刻に押す患者の一人だった。こうすることで彼らはゆるぎない中立性をアピールしているのだ。彼らは早く来すぎることはない。そうすると押しつけがましいと思われるか、来るのが嬉しくて待ちきれないと思われるかもしれない。さりとて遅刻することもない。無礼だ、悪意があると解釈されるかもしれないからだ。この変型と言えるのが、理性的な裏づけがないにもかかわらず、抑制する、加担しないなどの態度である。強迫傾向のある人は、それを攻撃のはけ口、いわば間接的な攻撃として利用する。どんな少額の支出でも自分の指示を仰がせる夫、他者を寄せつけない強情な沈黙は、その例だ。これはあからさまに攻撃的ではないので、あまり咎められないが、他者により強いショックを与え、傷つけることがある。一般的に、強迫傾向がある人は、罪を実際に犯すのではなく、なすべきことをしなかった「不履行の罪」を犯しがちだ。この不履行の罪は立証することがむずかしい。

それと対をなしているのが、押しつけがましさ、距離感のなさであり、「おしゃべり病」と俗に言われることもある。ひっきりなしに休みなくしゃべることで、ある人を独占してしまうのである。また、「あら探し」というものもある。これは強迫傾向のある人に典型的な攻撃形態である。

強迫傾向のある人の場合、罰に対する不安、良心の不安、罪悪感が、攻撃衝動と相まって強くなりすぎると、前述のような可能性や、攻撃と同等の手段も使えなくなり、身体症状の形であらわれることになる。心臓および循環障害、血圧の変動（特に高血圧。卒中発作の前駆症状であることもまれではない）、頭痛、偏頭痛、睡眠障害、腸の疾病（疝痛など）は、長期にわたって抑圧された情動と攻撃性の結果として身体にあらわれた症状である。ここにあるのは、彼らにとって解決不能な心的葛藤、すなわち「攻撃したい」と「攻撃してはならない」、「力に頼んで強要したい」と「譲る」の間のせめぎ合いだ。しかし情動が滞留し、それによって内圧が上がってくると、抑圧されたものが突然出現し、逆上して暴れ回る、怒りの発作を起こす、無差別殺人を意図するという状態にまでいたることがある。リルケは小説『マルテの手記』で、このような突発的な発作を非常に巧みに描き出している。こうした情動と攻撃の身体症状の例を挙げてみよう。

責任ある高いポストに就いている折り目正しく自制心のある男性の話だが、彼は対人関係において客観性と中立性をとても重視し、そこには感情的な要素、特に情動的な要素はまったく入りこむ余地がなかった。悲しみも喜びも、怒りも焦燥もあらわにしたことがない。こうした禁欲主義のために彼はどんなものにも感動せず、刺激を受けることがなかった。このように自

分をコントロールし、ゆるがぬ精神をもち、どんな状況でも動じないことが彼の誇りだった。しかし、彼には傷つきやすい一面があった。本来なら怒ったり激したりするような状況で、威信を保つため、また自分の理想がそれを許さないために、彼はしょっちゅう頻拍と心臓の痛みを訴えるようになった。いくら甲冑で身を守ってもうまくいかなかったのだ。多くの攻撃と競争を耐え抜かなければならない職業上の危機に直面して、彼の症状は悪化し、医者は、休養をとって負担を軽減しないと心筋梗塞になる恐れがあると診断した。しかしよくあることなのだが、決定的な理由は、仕事上の負担ではなく、彼の不自然で度外れた自制心と、自分の情動を解き放つバルブを開けようとしない「姿勢」にあったのだ。

聞くところによれば、ビスマルクは情動の鬱積のために、痙攣的に泣く発作を起こすことがしばしばで、そうしたときには絨毯を噛んだという。情動の著しい人が、自分のイメージや理想像に照らしてそうした情動をあらわにすべきではないと信じるポストに就いたりすると、そこから悲劇が生ずる可能性がある。

特に強迫傾向がある人に特徴的な攻撃的防衛についても、触れておこう。彼または彼女は、自分にとって重要な人物を理想化し、ゆるぎない存在にすることで、自分の攻撃性から身を守ることができる。子ども時代を過ぎると、私たちは特に先生と生徒の関係にこれをふたたび見出す。結局のところ、人は息子または娘の部分をつねに残しているのである。これは宗教の領域にも当てはまる。

生育史上の背景

ここでは、どのような気質的要因と環境の影響が強迫性パーソナリティ構造を助長するのかについて、もう一度考察してみたい。気質的には、特に活発な運動的・攻撃的気質、性的気質、総じて誇大妄想的な気質が一定の役割を果たしていると見られる。また、我が強く自立的な性格が目立つ。こうした子どもは、両親の感情をしょっちゅう害することになる。両親はそれが不快なので、静かで「お利口さん」な子どもと比べると、その子の行動を頻繁に制止し抑制する。しかしながら、素質からくる温和さと順応性、人の言いなりになる従順さが影響してくることもある。その場合、子どもは恣意的な反応を自分に許さず、何かを手に入れるより前に迎合してしまう。さらに、つねにじっくりと考え、徹底した正確さを求めてよくよく思い煩う、といった生来の傾向や、過去に対する強力な執着心も考慮に入れたほうがいいだろう。彼らのこうした特徴ははたして素質なのか、その場合にはどの程度までがそうなのか、それとも環境の影響と教育に対する反応なのか、こうした行動パターンはどの程度までが原因と言うより、むしろ帰結なのか――こうした疑問は依然として未解決のままにせざるを得ない。満足な答えはこれからも得られないだろう。同じ一人の子どもを、異なる環境で成長させることはできないのだから、致し方あるまい。ただ、素質という要因は存在するのであり、環境研究に力を入れるあまりにこの点がなおざりにされているのは確かだ。以前は遺伝因子に注目するあまり、環境を過小評価していたのと同じである。しかしながら、一方では安全と持続性を求める欲求を、他方では移ろいやすさと変化に対する不安を過度に増大させる環境影響とは、どんなものなのだろうか？

これを理解するためには、やはり発達段階をくわしく見る必要がある。それは、子どもがはじめて周囲の人からの指示と禁止を体験する二歳から四歳の時期だ。何も要求されず、何も禁止されず、労することなくすべての欲求が満たされる「無邪気」な乳幼児期のつかの間のパラダイスは過去のものとなる。子どもは、はじめて周囲の世界との葛藤に陥る。自分の希望、衝動、意志と、養育者の要求との間の葛藤だ。自分が何かを求められる年齢に達したのである。しかしすでに自我、わがままが十分に発達し、運動衝動と表現力も発達しているので、その前の段階ではすべてを与えられるしかなかった子どもは、自分から世の中に歩み寄り、そこで何かをはじめようとする。また、自分の希望と情動も徐々に（言語によっても）表現できるようになる。つまり子どもは空間を獲得し、自分の力をテストし、抵抗があっても自分の意志を貫徹しようと試みるのだ。

母親に完全に依存していた時期が過ぎ、子どもは自分を親から引き離す時期を迎えて、自立の傾向が強まってくる。この時期に子どもがはじめて自分を「わたし」と呼ぶ。これは母親との区別を認識し、経験していることの表現である。その前の段階では子どもは母親と共生関係にあり、「我と汝」を異なるものとして経験していなかった。だが同時にさまざまな身体能力を獲得するにつれ、その運動能力、攻撃欲、拡張欲、我意が自分を取り巻く世界に向けられていく。それを通して子どもは、衝突時の「物質」の抵抗ばかりでなく、自分の行動に対する周囲の反応も知る。こうして自分のできること、力、その限界を知るのだ。子どもはまず、この発達段階の核心をなす、許可されたものと許可されていないものに関する見当識、善と悪のカテゴリーの原型を獲得する。すべての子どもは自分の意志と服従の義務、自己貫徹と順応の間に立たされ、個別に解決法を見出さなければならない。この解決の試みの結果は、本人の素質と本人が出会う環境につねに左右される。

自分の意志、従わざるをえない強制を経験し、持続的な行動パターンが刻みこまれる最初の重要な機会は、トイレトレーニングだ。子どもの健全な自己決定、反抗的態度、あるいは素直な順応性の基礎が築かれる。これはトイレトレーニングで子どもがどのように扱われるかによって違ってくる。つまり時間をかけてこのステップを徐々に進めていくか、抵抗する子どもに対して訓練を強要するか、子どもの自発性を、無理強いと罰によって早々に挫くかである。子どもの能力が向上し、世の中と関わる必要が徐々に高まるにつれ、子どもが世間と衝突し、迷惑をかけ、周囲の人の反応から自分自身を「悪い子」、「行儀が悪い子」だと気づく状況が何回も起きるだろう。この二歳から四歳ぐらいまでの時期は、その子の拡張的運動衝動、攻撃衝動と、個性的意志が形成される第一歩として決定的な段階である。この時期に学んだ処理の方法は、本人のパーソナリティが展開するための行動モデルとなる。

決定的に重要なのは、この最初の指示と禁止がいつ、どのように子どもに示されたかである。善と悪が存在することを多少でも経験していないと、「堕罪」の意味もわからないだろう。「……しなさい」、「……してはいけません」、「いまはダメ」といった言葉がはじめて発せられ、子どもは従うことは良くて反抗は悪いと評価されることを知る。子どもがこうした要求に直面するのが早すぎたり遅すぎたり、要求があまりに融通がきかず原理的だったり、あるいはいいかげんで矛盾していたり、反抗と不服従が最初からひねりつぶされたり、愛情のこもった指導で自発的な実行に導かれたり――こうしたことすべてが子ども時代の刻印づけの基礎を形成する。基本的にこうした早期の刻印は、広義の推力の中にある自分の意志と自発性に子どもがつき合っていくやり方を形づくる。あるいは人間が、のちに健全な自意識、健全な自分の意志、自分の信念を主張する勇気をもつか否か、権威に対して反抗するか、従順に適応するか、のちの強迫性パーソナリティ構造の発端を獲得するか否かにかかわる土台部分の最深部は、ここでつくられる。

「……したい」という自分の意志が、「……すべき」や、「……していい」あるいは「……してはならない」とはじめて衝突した経験を通し、子どもの進路が決まってくる。つまり、その意志の推力の自由さまたは不自由さ、道徳意識、「超自我」（子ども時代に獲得した、環境により条件付けられた包括的良心を指す精神分析学の用語）の厳格さまたは寛大さ、過大に重要視された自己抑制により自然な自発性がどの程度発揮されるか、または抑止されるかといったことである。子どもも周囲の反応を自分の行動に内面化するにはするが、やがて外から与えられた命令や禁止を代弁する裁判官となり、学習し、「彫り込まれた」ものは継承されていく。

長じてから強迫性パーソナリティを示す人たちの生育史を見てみると、子ども時代の、まだきわめて早い時期に、活発で攻撃的で情動的な衝動、創造と変化を求める衝動、ときには自発性や健全な自己意志の表出までもが厳しく抑制され、阻止され、罰せられ、抑圧されていたことがわかる。しかしこれらは、年齢に応じて身につけ、新たに学習すべき能力と行動パターンが育っていく発達段階に必要なものである。この能力や行動パターンによって、子どもはさらなる自主性と独立性へと導かれる。生きているものすべてに当てはまるのだが（たとえば行動研究の結果を考えてみるとよい）、第一印象と初体験は、それが新しく学習する内容でしかるべき発達段階に受けたものなら、とりわけ深く刻み込まれる。こうした印象や体験は、特に非常に早い時期には運命的な意味を帯びやすく、新しく学習する領域における行動パターンに影響を与える。

こうして子どもの周囲で起こるすべてのことは、ある特定の方法で起こったりなされたりする場合にのみ許容され、この規範からの逸脱は危険なもの、邪悪なことだと子どもは受け取る。その子の「誤った行動」に対する周囲の反応、すなわち叱責、警告、脅し、愛情の消滅、懲罰は、それ以降、子どもの中でこれは周囲から明らかに望まれていない衝動なのだという連想と結びつくようになる。たとえば大声を出したり何かをひっくり返したり壊したりすると、お母さんが自分を非難を込めてじっと見る、あるいは罰するという経験をする。こうした経験をくり返すことで、子どもは少なくとも以前より慎重で、躊躇し、自己制御し、ひょっとすると不安になり、気おくれするかもしれない。不安があまりにも大きいと、子どもは危険な傾向の衝動が生じると反射作用を起こし、すぐにブレーキをかけたり、抑圧したりするようになる。

すでに述べた強迫性パーソナリティ構造の発達における環境と生まれつきの気質の関係が、ここでよりよく理解できるのではないだろうか。元気がよくて衝動的、動きが活発で、攻撃的な子どもは、当然のことながらおとなしい子どもよりも頻繁に叱責され、制止され、強く手綱を締められる。叱責だけではすまず、もう愛していないと脅されたり、処罰されたりすると、その結果はさらに深刻なものになる。

年齢不相応の要求というのは、あまりにも早くおしめをやめさせたり、「お行儀よく」テーブルについて食べさせたり、何一つ壊させなかったり、いかなる情動も（理由のある情動すらも）あらわすことを許さなかったりすることを指す。以下は非常にグロテスクな一例である。

ある家庭の子どもたちはコインを脇の下のくぼみに挟んでいなければならなかった。食事の際に肘を張って場所をとることがなく、「よいお行儀」を学ぶためだ。コインを落としてしまうことは許されなかった。

上手にふるまえるしつけのよい子は、もちろん両親にとっては気持ちのよいものだし、周囲の人々は模範的な子どもだと思うので、両親は教育法を自慢でき何ら恥じるところがない。大都市では残念ながら当たり前になってしまった、子どもにとっては監獄のような住宅事情においては、適切な吐き出し口がないと、子どもは自分の旺盛な生命力の欲求をどこに向けたらよいのかわからなくなってしまう。きわめて早い時期に自分をよく見張り、自制することを学習すると、その子の生来の無邪気さや自発性が犠牲になるばかりでなく、処罰に対する不安と罪悪感が過剰に大きくなってしまう。

この時期に下にきょうだいが生まれると、子どもはこれをうまく受け入れられない場合が多い。すでに個性的意志と攻撃性が生まれている子どもは、年下のきょうだいをライバルとして意識し、「カインとアベルの物語」に見られる問題性がきわめて大きな壁として立ちはだかる。両親が理解を示さず、その子の状況が改善されないと、当人は非常に重い負担を抱えこむ場合がある。しかし、きょうだいに対する自分の敵意と攻撃性に罪悪感を抱いてしまい、その子は早くから強迫性の自己防護に追い込まれる。

偏頭痛発作に苦しめられ悩んでいた母親の一人っ子だった彼は、庭で遊んだり、外出したりしたあとでリビングに入る前には、靴を脱がなければならなかった。音を立てること、汚れを持ちこむことがないようにするためだ。部屋で遊んでいて母親になにか見せようとして、彼女の部屋に走っていって絨毯の縁を乱したりすると、そのことばかりを咎められた。なんて不注意な、とため息まじりに叱られるのだ。母親はブラシを持っていて絨毯の縁を「きちんと」

（これが母親のお気に入りの言葉だった）きれいに整える。彼の本来の願いはまったく顧みられない。そうでなければお決まりの言葉が返ってくる。「いまは邪魔しないで。お母さんは頭が痛い／本を読んでいる／忙しい／時間がないことぐらいわかるでしょ」

こうした経験の影響が長期にわたって尾を引くことは容易に想像できるだろう。

だがこれはずっと早い時期にはじまっていた可能性がある。以下は最初の子（第一子に対しては、親はすべてを正しく行おうとし、本をたくさん読んで調べたりもするので、こうした対応が顕著になる）に関するある母親の日記がある。この記述は生後一年間について書かれている。

「生後三ヶ月で、もうおまるに慣れさせる訓練をはじめた。できるだけ早くおしめを卒業させてあげたかったから。あなたは落ち着きがなくいつもそわそわしている子だった。食事中に騒がしくしたときは、おとなしくすることを学ばせようと、お尻を叩いたりもした。そのうちに私が恐い顔をすると、あなたはそれだけでおとなしくなった。こうしてかなり早い時期からあなたの反抗心を挫こうとつとめた。反抗は最初の段階でその芽を摘まなければならないと、本で読んだからよ。私が部屋から出ていくのを見てあなたが大泣きしたときも、お尻を強く叩いた。そうするとあなたはもっと激しく泣き叫んだけれど、泣き疲れてしまうまで一人にしておいた。あなたが私を怒らせようとしているのは、明白だったから。そのうちあなたはお行儀

がよくなった。こうした抗争はやがてなくなり、あなたがすごく従順で、目が合うだけで反応することに、みんな感心していたわ。厳しく接することには、私の中で葛藤もあった。でも、それがあなたにいちばんいいことなんだとわかっていたし、きっと大きくなったら、私が最善のことをして、愛ゆえにあなたに厳しくしたことをわかってくれるでしょう。お父さんはあの時期は戦争に行っていて、私一人があなたに対する全責任を負っていた。夫が戻ってきたら、よくしつけられた子どもだと思ってもらいたかった」

この事例を見れば、こうした子どもはごく早い時期から、拒否されたりうるさがられたりしないように、自分の衝動をただちに抑制し、押さえこむことを学ばざるをえなかったことは明らかだ。これは時間の経過とともに習慣化し、その子の「第二の天性」、最終的に自動化した反射作用となる。やがてその子は衝動を感じると、これに身をまかせる前に必ずいったん停止するようになる。これに屈するリスクを冒していいのか、それとも諦めたほうがいいのか、まず考えなければならないからだ。ところが中断して吟味すると衝動は弱まり、諦めてしまうか、あるいは、それを貫くことが許されるかどうか疑いをもちつづけることになる。この疑いは尾を引き、ひとり歩きして、「疑わなければならない」という強迫観念になり、危険な感じの衝動が生じるたびにこのスイッチが入って、衝動を消し去ってしまう。

ここでわかるのは、強迫性パーソナリティの場合、ありとあらゆる種類の疑いが大きな役割を果たすという事実である。疑いは、後悔してしまうような危険な自発的言動、自由な行動から身を守ってくれる。疑いは絶対化されるにつれ、それが自己目的となり、リアルな行為の代替となる。こうした疑いの端緒は、幼い頃の最初の疑問体験にある。私は自分自身になり、自分のやりたいことをやっていいのか、それとも言うことを聞いて自分の衝動を諦めなければならないのか――私は「いい子」でなければならないのか、「悪い子」になってもいいのか。自分がなりたいのはいい子なのか悪い子なのか？　強迫性格の人の場合、この疑いは、躊躇する、尻込みする、決められない、先延ばしするといった彼らに典型的な傾向の引き金にもなる。要するに彼らが陥っているのは、二つの干し草の間でどちらを食べるか選べずに餓死してしまった「ビュリダンのロバ」のような状態である。行動する勇気と懲罰に対する不安の間で悩んで決められないのは、強迫性格の人だけだ。彼らの場合、さらに決断がむずかしいのは、もともとの傾向と、この傾向に従うことで生じる不安の間の対立である。図式的には、彼らの衝動強迫の強さは、本能的な衝動と子ども時代の懲罰に対する不安の間の比率に左右されると言えよう。

疑いながらぐずぐずしたり、悩んでしまって決められなかったりしているケースがあるのは、彼らにとっては決定や決議が一度出すと撤回できない最終的なものだからだ。彼らは「絶対に」正しくなければならない。なぜなら、そうでないと懲罰を加えられるかもしれないと考えているからである。だから些細な決定でも大問題なのだ。不安に陥らないためには、彼らはつねに正しい解を見つけなければならない。

強迫性格が強くなると、こうした強迫的な疑いが、意味ある行為の場所を奪うようになる。この疑いが高じると懐疑癖になり、どのような考えに対しても反論で応酬しなければならないと反射的にかまえる習慣がつく。衝動と対抗衝動が間髪を入れずにつづくと、ついには両者がほぼ同時に起こるようになる。最初は衝動と対抗衝動の間の中断、小休止が多少あるのだが、そのうちに間隔が短くなって、イエス、ノー、イエス、ノーの応酬が瞬時に行われる。それが身体に伝達されて震えや吃音となってあらわれることもある。どちらの症状が出るかは、「何かをやりたいけれども、やってはならない」のか、「何かを言いたいけれども、言ってはならない」かによる。結局、この二つの対立する衝動は、実質的に同時に起こり、強迫性パーソナリティはにっちもさっちもいかなくなって麻痺させられ、緊張性硬直を起こす。一人の人間が話すと話さないを同時にしようとし、叩くと叩かないを同時にしようとすれば、その人は完全に麻痺状態になるだろう。最終的に刺激と衝動が知覚されなくなり、意識にのぼらなくなる。反射的に防御がはじまり、衝動は発生した時点でひねり潰される。

強迫性格の人は、きわめて早い時期から、この世には、ある特定の方法でしかできないことが多く、自分がやりたいことはおおむね禁じられることを体験する。こうして彼らは、絶対的に正しいことがきっとこの世にはあるに違いないと思い込み、完璧主義の傾向を強めていく。この完璧主義を彼らは原理原則にまで高め、すべての生あるものに対し、自分の見解に合致した条件を出そうとするようになる。なぜなら、モルゲンシュテルン〔クリスティアン・モルゲンシュテルンはドイツの詩人〕が自分の詩に登場するパルムシュトレームに言わせたように、「存在してならないものは、存在できない」のである。

しかし無秩序な環境で育った子どもも、強迫性格を示すことがある。ただしこの場合は、反応としてあらわれたもので、代償性である。この子の周囲には方向づけとなるような指針もよりどころもなく、彼らが経験する自由には、恣意的なあらゆる思いつきの可能性が含まれているために、不安ばかりがつのってしまうのだ。彼らは外部にいかなるよりどころも見出せないので、それを自分の内部に求める。自分がすがり、安心できるような秩序と確固たる原則を、自分で打ち立てようと試みるのである。これらは強迫的な形をとる。なぜなら彼らの内なる秩序と原則は、周囲からくりかえし脅かされるので、ますますそれに固執しなければならなくなるからである。

強迫性格の人の体験例

まだ目立たない強迫性パーソナリティ構造がある場合に、強迫症の症状がどのように発現していくかを明らかにしているのが、以下の事例である。

中産階級の教育方針に基づいて厳しくしつけられた若い男性がいた。彼はダンス教室で知り合った女性を、最後のお別れパーティーが終わってから家まで送っていった。彼は彼女のこと

を非常に好ましく思っていたので、送っていく道すがら彼女を抱き、キスをしたくなった。彼は自分の大胆な想像力に驚いたが、同時にぎこちないふるまいをして彼女に拒絶されるのではないかと不安になり、道路沿いの木の本数を数えはじめた。そうすることで危険な衝動を、なんとかやり過ごそうとしたのだ。一度それが習慣化してしまうと、彼は本能的な欲求にかられて不安や罪悪感を覚えたときには、いつでもいま目の前にあるものを数えるようになった。こうして彼は、決心や積極的な行動を迫られる危険な状況から自分を救うために、その試練が去るまでずっと数を数えつづけることを自分に強いた。彼はこの関連性に気づいてはおらず、そうすることを自分に強いる、迷惑でしかない理解不能な強制力に戸惑うばかりだった。

この事例では、強迫症状の原因、発現、習慣化、作用がよくわかる。きっかけは不安をかき立てる誘惑である。自分は諦めるべきか、手を出していいものかを決めなくてもいいように、彼はわざと気を逸らすようにどうでもいい行動をして、危険が過ぎ去るのを待ったのだ。この男性にはすでにそこにいたるまでの経緯があった。

彼の母親は早くに夫に先立たれ、彼女自身も明らかに強迫傾向があった。夫の死後も、住まいをすべて夫が生きていた当時と同じように保つように努め、食事の際にはつねに夫の食器も食卓に並べるほどだった。彼のデスクと蔵書も、生前と寸分変わりない状態に保存していた。

夫が戻ってきたら、自分が去ったときと何も変わっていないと思ってもらえるようにしたかったからだ。そのために家庭内はまるで博物館のようで、父親が生前に言った見解や意見を不変の真理のように神聖視する伝統が生まれた。息子にとって父親は手の届かない存在で、欠点のない完璧な人物のようになっていった。しかしそのために彼は女性との関係に問題を抱えるようになった。彼は母親を通じて、女性はこの上なく繊細で壊れやすいものであり、男はそれに比べると無骨な存在で、父親だけは例外だが、ふつうは女性とうまく渡り合うことはむずかしいのだと思わされていた。彼は強制されたわけではないのに、ずっと母親に気に入られようと努め、いつも彼女をいたわって配慮を怠らなかった。彼は女性に気に入ってもらうにはそうしなければならない、と思っているかのようだった。そうやって彼は、男が抱く永遠の理想的母親像を完成させようとしたのかもしれない。

その強迫症状が彼の衝動を防ぐ盾として十分ではないとしたら、彼はより強固な対策を講じなければならないだろう。その場合、たとえば性的なことを考えただけで、予防措置のスイッチが入る。あるいは危機的な状況で「意識障害」になり、突然一時的に失神してしまうかもしれない。これは危険状態から脱出するためにはかなり有効な手と考えられる。また突然眠気に襲われる場合もある。要するに、強迫行為によって誘惑から脱し、心的葛藤を回避する方法は多種多様なのである。

Ｂ（男性）は週末神経症に苦しんでいた。土曜日が近づいてくると、漠然とした説明できない不安、罪悪感、それに眠気や頭痛、意気消沈といった不快な身体症状があらわれ、疲労困憊してしまうことまであった。この状態は日曜日までつづき、不可解な規則性によって月曜の午後に消えるのだった。

時間をかけて心理療法を行った結果、彼の問題には次のような背景があることが判明した。

Ｂの両親の結婚生活は円満ではなかった。特にひどかったのは、いつも週末になると二人とも大量の酒を飲んで酔っぱらう癖があったことだ。夫婦は大声でつかみ合いの喧嘩をし、彼と妹はおびえ、複雑な思いでそれを見ているしかない。彼らはかんしゃくもちの父が母に何かするのではないか、酔いにまかせて脅かしているとおりに、ほんとうに母を殺すのではないかと恐れていた。この不安には、特に父親に向けられた憎悪の念も混じっていた。父親は酔っぱらうと息子を愚弄し、強烈に非難したかと思うと、突然手のひらを返したように感傷的になり、キスを強要する。彼は恐怖心からいやいやそれに応じるが、憎しみは増すばかりだった。

子どもたちは日曜日の晩に就寝したあとでも、両親の激しいけんか、ののしり合い、離婚してやるという脅しの言葉をしばしば耳にしなければならなかった。月曜日の朝、父親はすでに早くから仕事に出かけている。母親は酩酊状態で寝過ごしてしまうので、子どもたちは両親の顔を見ることなく、自分で朝食を食べて学校に出かける。Bは月曜の午前中は気分がすぐれない状態だった。両親の姿を見たのは日曜日の晩にベッドに入る前が最後だったから、彼は不安でたまらなかったのである。その後、家で何か起きているのではないか。学校から戻ったら家は以前のままの状態か、それとも母親がいつも言っているように家出をしてしまったりしていないだろうか？　それと同時に彼はひどく恥ずかしくて悲しい気持ちだった。楽しい週末をすごしたクラスメートに、自分の家ではこんなことがあったなどとても話せたものではない。だから彼はそうした話題は避けるようにしていた。自分の家の惨めな状態が明るみに出るのを恐れていたからだ。当然ながら、こうした中で両親に対する憎しみはつのる一方だった。彼の気持ちはかなり複雑で、両親に同情すると同時に、二人が互いを責めさいなみ、自分自身も不幸だということを感じ取っていた。

月曜日の午後に帰宅する頃には、すべてが落ち着いていて週末の惨憺たる状態はもはや跡形もなく、彼の不安もおさまっていく。心が軽くなり、きっとこれからはうまくいくだろうと希望を抱くのだが、それも次の週末までで、その頃になるとふたたび不安になってくる。彼には悩みのない週末などなく、休みを楽しみにする気分にはなれなかった。両親の揉め事はすべてに影を落としただけでなかった。彼は自分がしっかりして、自分の願望を諦め、犠牲者、「対抗呪術」のはたらきをすれば、次からは事態がそれほど悪くはならないかもしれないとまで思い詰めたのである。

年月の経過とともにそういう考えが染みつき、彼は週末には依然として理不尽な不安と罪悪感を抱きつづけ、あたかもさらに深刻で切迫した事態を自分が阻止しなければならないと思っているかのように、自己犠牲に基づく対抗呪術を発揮したのだった。週末が過ぎ、ふたたび仕事に出られることが彼には嬉しかった。どっちみち自由や余暇を自分は享受できないと彼は知っていたのだ。

もしも彼が少年の頃に自分の衝動に屈していたら、彼は父親に徹底して意見を言い、自分の苦しさと憎悪をはっきりと示し、より邪悪な衝動に走ったかもしれない。しかし子どもの彼がどうやってこの対立状態を解決できただろうか？　父親は彼を半殺しにするほど殴り、家庭内の状況はもっと悪化しただろうと彼は想像する。母親はきっと彼に味方し、それによって父の怒りはますますつのっただろう。こうした複雑で錯綜した問題を考えると、彼が神経症になるのはもっともだった。神経症は、彼を危険な行動から守り、対抗呪術の機能を果たし、後悔、悔い改め、犠牲、自己懲罰が一つになったものだった。憎悪、皮肉、失望といった情動も、憧れや悲しみ、羞恥心や罪悪感もまったくあらわすことができなかったために、これらは抑圧され、後年の強迫症状の基礎になってしまった。彼が両親と真正面から向き合い、彼の中で起こっていることのすべてを、彼がいかに苦しみ、対立する感情に引き裂かれているかを、両親か他の誰かに言うことができたら、彼は表現の方法を見出し、強迫症の症状が出ることもなかっただろう。

子どもの強迫傾向の強化を助長する環境というものがある。両親のパーソナリティの影響に加え、両親の社会的な役割や面目といった要素が加わる場合である。対外的な強力な影響力や名声、いわば強迫的な行動様式が求められる父親の職業がこれで、たとえば軍関係とか、教師、聖職者などが当てはまる。軍隊、特に昔のプロイセン軍では、我慢、頑張り、自己抑制は男の職業イデオロギーだった。将校の制服の襟は高くてごわごわしていて、いやでも正しい「姿勢」にならざるをえなかった。

ある高位の将校には二人の息子がいた。彼は息子たちに大きな期待をかけ、その期待を満たすことを求めた。教育方針はかなり厳しく、感情をあらわにすること、ましてや泣くことは厳禁だった（「ドイツ男子たるもの、泣くべからず」）。彼は家庭ではすべてを自分の意のままにしたがり、家族はまるで練兵場の鍛え上げられた新兵のように行動しなければならなかった。息子たちは寝るときには直立不動の姿勢で「就寝いたします」と言うきまりだった。長男は一年歳下の弟よりもきっちり一時間遅く就寝する。高い位の兵士は下の者より多くの自由を享受できるというわけだ。

兄に比べると芸術的な素質があり、感情に流されやすかった弟は、父親の目には女々しく映った。手袋をするのは男らしくないという父親の方針のために、冬には手がかじかんで痛いほどだった。やさしい言葉をかけてもらおうとしたり、涙を流したりすると、「おまえは男らしくない」と言われる。ありとあらゆる場面で厳格さが最優先された。父親は息子をナチの後継者を養成する有名な士官学校に入れようとした。もちろん息子の希望など尋ねはしない。子どもは従順でなければならないし、父親は子どもにとってよいことが何かを知っているからだ。一五歳か一六歳でこうした学校に入学して軍事訓練を受けることになった息子は、死ぬほど不幸で、惨めだった。しばらくして彼は点呼のときにひどくどなられ、吃音になってしまった。症状は悪化し、エリート養成を旨とする学校にはとても居られない状態になった。その症状のために彼は自分の責任ではないが父親の意図をつぶしてしまうことになる。同時にそれは父ですら受け入れざるをえない、彼にとって唯一の逃げ道、唯一の解決策であった。意識的に父親に反抗することは無理だったろうし、そうすればもっと厳しい対抗手段を講じられることになっただろう。しかしそもそもそんなことは彼の頭には思い浮かびもしなかった。彼の無意識が、症状の中に達成したいことを手にする手段を見つけたのだ。憎んでいた学校から逃れ、それに対する罪を問われず、父親に表立って反旗を翻さず、同時に父親に対する復讐心を満足させる。なぜなら彼は自分の症状に対してなすすべがなかったからだ。苦悩の重圧（吃音はたしかにつらくて嫌なものだった）の中には父親に反抗した自分に対する無意識の自己処罰も含まれていた。

両親と子どもの領域の健全な線引きと、体験に基づく両親の子どもに対する説得力ある権威は必要だが、子どもに禁止の理由や意義を問うことも許さずに、無条件の服従を強いる権威主義的なしつけも危険である。こうした「しつけ」の極端な形として絶対服従を強いると、ロボットのような人間に成長してしまう。つまり、幼い頃から無批判に服従することが習い性になり、自分に命じられたことは何でもやってしまう人間になるのだ。だが、反権威主義的なしつけ（この「反」がすでに私たちを懐疑的にする。「権威主義的でないしつけ」で十分だ）はもう一方の「極論」で、「好き勝手」にすぎないので、これを自由ととらえるのは危険である。

著しい例では、断固たる抵抗が一生つづく場合もある。すると現実の強制あるいは推定上の強制に対してつねに反抗している状態になり、きわめて当たり前の秩序まで強制と感じてそれとぶつかることになる。強情で自信過剰になり、すべての物事に対して原則的に「ノー」と言い、不平が多くていつでも何かしら文句をつけ、自分が子どもだったときに許可されなかったことを、神経質にあとから取り返そうとするようなタイプはやっかいだ。

ユングが述べた「ペルソナ」、すなわちこの世で演じている、あるいは演じなければならないと思っている役割を重視する家族においては、子どもは、模範的にしつけられていなければならないという重圧にさらされる。こうした両親が「立場上かくあるべき」と考えている態度、そして世間が彼らに期待しているような態度は、子どもに「模範的な子ども」になることを強要する。こうした子どもは、しつけがよく、すぐれた成績とふるまいによって他の子より優秀で、両親の顔に泥を塗ったりしないことを立証しなければならない。父親が教師で、子どもが父親の学校に通っている場合は、さらにつらいものがある。こうした環境で育つ子どもからは、つねに父親のパーソナリティまたは家族の格が滲み出ていなければならない。そうした子どもが期待外れで、家族に恥をかかせるなど論外だ。彼らが強迫傾向を強めるそもそものはじまりはここにあるのだろう。反旗を翻して自分を救い、異端児となる強さがあれば話は別である。反抗するほうが健全なのだが、彼らはそれをためらってしまう。両親がそれを自分たちの間違った教育のせいではなく、子どもの「悪い性格」と見なすからだ。周囲の人々も加担している。特に誰もが顔見知りの小さな町や村では容赦がない。「隣人」たちは道徳的に問題だと憤慨して見せるのだが、陰では他人の不幸を喜んでいるからだ。

たくさんの子どもが、こうした職業上のペルソナ、社会上、立場上、社交上の面目の犠牲になっている。社会における功名心よりも子どものしあわせを優先できるかどうかは、人間としての器の大きさにかかっている。

強迫傾向のある人の特徴についてさらに述べていこう。彼らは自分を守るために、自分の意見を世論に応じて左右させる。つまり「人々」が言っていること、やっていること、言っていないこと、やっていないこと、そのつどの慣例に合わせるのだ。その態度はしつけにも及ぶ。子どもにその理由について理性的な説明を与えることなく、「そんなこと、誰もしませんよ」などと人のせいにするのだ。理解できる根拠を示さずにこうした命令や禁止を突きつけても、子どもはその要求を満たす心構えが簡単にはととのわない。今日では次第に消えつつある家父長制では、両親はいつも正しく、彼らの権威は疑うことすら許されなかった。すでに失楽園神話でも、人類最初のカップルは、理由を知らされずにある木の果実を食べることを禁じられた。しかし人間の常として、それが彼らの好奇心をそそり、ここに原罪が生まれたのである。

紹介する事例を見れば、強迫性格が生まれる背景がいかに多面的で複雑かがわかるだろう。本書ではそれを簡単に端折って「クイックモーション」で示すことしかできなかった。すべての人生はとてつもなく多面的な背景をもち、私たちのような人間を生み出すその背景のすべてを把握し、書きあらわすことができるのは、すぐれた作家ぐらいだろうから。

三〇代半ばの重度の強迫症女性患者は、服を着たり脱いだりするのに長いときは一時間半かかり、入浴時間は二時間にも及んでいた。診察にやってきた当時は、毎日長いときには六時間も体を洗っていた。夫との性交はまったくなかった。子どもたちは母親に触ることが許されず、彼女はほとんど一日中ベッドに寝ていて、汚れるのではないか、妊娠するのではないか、という不安からほとんどなにも触れることができなかった。自分が触ったものはすべて汚れてしまうので、食事も食べさせてもらわなければならない。彼女はいわば「転移」として強迫性の接触不安を発症し、たとえば多くの人が握ったドアノブなどの「汚れたもの」を見るだ

けで、自分が不潔になるという想念を抱くようになった。触ったものがすべて黄金になった伝説のミダス王のように、彼女にとっては触ったものすべてが汚れたものになってしまうのだった。

予診では彼女は両足を体に引き寄せ、膝のあたりで両手をきつく組んで硬直した状態で座っていたので、診察時間が終わった頃には四肢がしびれて動けなくなるほどだった。診察室に入ってきた彼女は、何分間も「私は汚くない」と小声で自分に言い聞かせ、それからようやく私のほうを見た。何かに接触すると、彼女は洗い落とすだけでなく、この言葉をまじないのように唱えずにはいられなかった。

すでに正常と精神障害の境界域にいるこの女性は、米国南部にある小都市のピューリタンの家庭に生まれた。母親は厳格で倫理的に過大な要求をつきつけるタイプで、父親は弱々しく、病気がちで生の不安を抱えていた。この女性の結婚式の日に、父親は非常に具合が悪くてベッドから離れられず、式に列席できなかった。彼女は両親に配慮するように教育され、両親に心配をかけることも許されなかった。両親は、娘と息子がその町でいちばんしつけのよい子どもと言われていることを誇りにしていた。二人はあらゆる点で手本でなければならなかった。喫煙、飲酒、ダンス、カード遊びは禁止だった。三〇歳で結婚するまで、彼女は教会の日曜学校に通い、そこでは男女が別の席に座ることになっていた。両親はとても「思いやりにあふれ」、叩いたりきつい言葉を吐いたりしなかった。「私たちは『思いやり』でお互いを殺し合っていたんです」と彼女は独特の言葉づかいで説明した。九ヶ月で彼女はおしめがとれた。一四歳のとき、映画館で隣に座っていた男が彼女の手を取って自分の体を触らせた。彼女は、最初はされるままになっていたが、すぐにその場から逃げた。強い罪悪感にとらわれたが、誰にもそのことを話さなかった。一六歳で車内でペッティングをして、精液が手とコートに付着した。それから洗浄強迫がはじまった。当初は他の人より頻繁に徹底的に洗っているという程度だった。彼女は自分が罪で汚れていると思い、性的に無知なために妊娠するのではないかという不合理な不安を抱くようになり、ついには妊娠と同じような症状があらわれて、吐き気がして生理が止まってしまった。そのことを彼女は誰にも話さなかった。自分にそんなことが起きたと知ったら、両親はどれほど失望するだろう！

治療中に明らかになったのは、三歳下の弟が母親の大のお気に入りだったということだ。彼はその家では天才だと見なされ、彼女には手の届かない存在だった。彼女は良くて中程度と自分で思っていて、いつも完璧をめざして努力することで愛されようとしていた。こうした状況では、もちろん「悪い子になる」ことなど不可能だった。彼女は弟と両親を理想化し、甘やかされている弟に対する嫉妬、やきもち、憎悪を押し込めた。接触不安のために彼女は自宅のドアを開けるときですら、ノブをひじで押し下げなければならなかった。周囲はそれに気づいていたが、わざと見逃していた。それを指摘されては、彼女が気まずいだろうと思いやったのだ。こうして彼女には外にいかなる助け手も見出せず、強迫症状は悪化するばかりだった。また彼女は（これはよくあることなのだが）本来の強迫症を発症する前にすでに前駆症状を呈していた。七〜八歳のとき、ハイソックスの高さが左右でぴったり同じにならないと学校に行けなかったのである。これは一種の警告だったが誰も理解しなかった。これはけっして珍しいことではないのだが、周囲が彼女の症状ゆえに彼女を罰したり嘲笑したりしていたら、もっと状況は悪化していただろう。もしそうなると、本人はもっと深刻な秘密の対抗手段を講じなければならなくなる。このケースでは周囲の人々は非常に「慎み深く」、それを話題にしたりしなかったが、そのために問題を抱えている彼女は、ひとりぼっちにされてしまった。

しばらくたって、私は彼女に、自分の家族を理想化しているのではないかと示唆してみた。ほんとうに彼女が自分で言っているような「非の打ち所がない」環境だったら、そうした症状があらわれるはずはない。私には、彼女が自分では認めようとせず、まして口に出して言おうとはしない気分と攻撃性が、彼女自身に向けられているように思えるのだ、と。すると彼女は憎悪の表情を浮かべて私を見つめ、両親は「思いやりがある」人たちなのだと断言した。だが彼女の初回夢〔精神分析的心理療法で患者から初回に報告される夢〕はそれに反して、こんな風だった。「母のお墓が見えますが、そこに刻まれた日付がいつだったか忘れました」（母親はまだ生きていた）。両親はいまだに彼女の病気について何も知らない。「私が婚前交渉をしたなんて両親に知らせたりしたら、二人は生きていけません。それぐらいなら自分が病気でいたほうがいい」。そこで自宅にいるときは彼女は医者に行けなかった。自分の性生活や婚前交渉のことを話さなければならないだろうからだ。それで彼女は強迫行為を抱えたまま毎日をすごさざるをえなかった。結婚は症状の悪化を招いた。元気があり官能的な喜びに積極的な夫は、性生活において彼女に多くを要求した。彼女にとって、性交は子どもを授かるという唯一の目的のためにのみ許されたものだった。

追加の考察

ある意味で、習慣は強迫のはじまりだと言えよう。起床、洗面、着衣の順序、あるいはその他のすでに定着している「自分が好きな習慣」は、私たちにある種の充足感を与え、もしもいつも通りにそれができないと私たちは簡単に変調をきたしてしまう。しかしこの習慣は苦しいものとは感じられないし、強迫ではない。これらはほとんどの場合、時間やエネルギーを節約するための経済性から生じているもので、私たちは自分が望み、それが目的にかなっていると思えば、この習慣を変更することもできるだろう。こうした「儀式」は広範囲にわたって私たちの社会的、社交的、宗教的生活に入り込んでいる。私たち自身がきちんと守るべき秩序と行動規則をつくり出すというのは、私たちの生活の一部でもある。だがたとえ意味がなくても特定のことを特定の形で行うことしかできなくなったとき、強迫性の問題が浮上してくる。

両親や教育者のあまりにも硬直化した教育法、権威主義的で原理的な姿勢は、強迫傾向の引き金になりうることは、これまで見てきたとおりである。特にそれは、きわめて早い段階から子どもに向けられたときに顕著にあらわれる。すべての望ましくない行動を幼い頃から回避させると、完璧主義、自分および他者に対する性急さへと発展し、強圧的で独断的な傾向が高じる。強迫傾向の人の場合、この完璧主義がつねにどこかにあらわれ、現実離れした生存を脅かすような考え方に陥ることがある。こうした人は、人生はかくあるべしと決めつけてしまう。しかしその人が人生を意のままにしようと頑張ると、その頑張りそのものが強迫観念になってしまう。なぜなら「カオス」をルールや法で縛るというたえまないコントロールのみが、起こってならないものがけっして起きない保証を与えてくれるからだ。絵が少し曲がっているだけですごくイライラしてしまう――それは単に審美的な理由だけでなく、絵はどう掛かっているべきかという秩序、法則が損なわれるからだ。このように「規範」からちょっと外れただけで、危険なことが起こるのではと身構えてしまうのだ。たとえば、絵が曲がって掛かっているのなら、他の場所でもすべてが無秩序に陥り、自分のコントロールの埒外になってしまうのではないかといった危機意識である。このように見ていくと、強迫傾向の人の多くの行動様式がわかりやすくなる。小さなことに反応するという障害と敏感さは、彼らにとっては、小さなことがすでに「**終わりのはじまり**」であり、小さな不規則性と注意力のちょっとした緩みが、抑圧されていたものの突破あるいは雪崩を引き起こし、もはや止められない勢いにしてしまうとどめの雪の粒となる可能性を秘めているからだ。

いま述べたことを裏づける逆説的な話を地質学者がしている。化石の発掘時には、周囲の岩石を叩き落とそうとしてついやりすぎ、化石を傷つけてしまうことがある。そこで地質学者は「**最後の一撃を加えるな**」と忠告する。まさにこれが強迫傾向のある人にはむずかしい。完璧主義のために、極端な正確さを自らに要求してしまうのだ。たとえば機械の機能性とか建築の安定性、堅牢性といったような正確さが基本になる領域では、厳密であることこそが正しくかつ必須であるが、命あるものの領域、生きた思考や生活に密着した思考の領域では、それは制約でしかない場合がある。「針の先で天使は何人踊れるか」〔中世の神学者の間でこのテーマを巡りくりかえし議論が行われたと言われている〕について真剣にあれこれと思案するのは強迫性パーソナリティの人だけだろう。強迫的な考えは簡単に不毛な道に迷いこみ、自由な創造力を阻む障害となり得る。過ちや間違いを恐れ、自衛しなければという考えを、彼らは異常に重要視し、修正や改善ができなくなる可能性がある。完璧さをまだきわめていないと考えるからだ。したがって強迫傾向のある人は、それ自身は正しい認識と洞察を、単純化した絶対的な普遍妥当性へと高めようとして無意味なものにしてしまう恐れがある。だがおそらく、大局的に見れば、それが人生の法則というものだ。彼らの固定化した、あるいは固定化しようとしている言説をきっかけに対抗運動が起こり、これが生き生きと現実に即した形で固定化した主張を修正し、ふたたび相対化し、そうすることでさらなる発展へと弾みがつき、不毛な状態から脱出できるようになる。強迫的な「私が言ったことは、永遠に言ったことになる（quod dixi, dixi）」は、生き生きとした発展を妨げる。強迫的な態度に関しては、ある実験心理学者が魂について述べた以下の文章がよくその特徴をあらわしているだろう。**「私たちは自分たちが何を測定するのか正確には知らない——だが、測定するものはきちんと正確に測定する」**。

日常生活で、ガス栓をほんとうに閉めただろうか、家を出たときに玄関の鍵を閉めてきただろうかという「もう一度調べてみなければ気がすまない」癖は、さらに重度で時間を奪う強迫へと通じることがあり、そうなるといわば独自の動きをするようになる。強迫は多くの場合、当の本人にはあたかも自分はあずかり知らぬ出来事のように経験され、本人を強制するようになる。そうなると当人はどうしようもなくなる。それでもそうした強迫に屈しまいとすると、漠然とした不安と落ち着きのなさを感じてしまう。また特徴的なのは、そうせざるを得ないことの不自然さを感じ、認めたくないので、自分自身と他者に対して、強迫を正当化し、健全な判断力によるものだと根拠づける傾向があることだ。よそのトイレで便座にトイレットペーパーを敷いたり、出るときにドアのノブを肘で押したりして、感染の危険があるからと正当化するのは、すでにかなり度が過ぎている。このことは、いたるところにバクテリアがうようよしていると感じ、生活空間をますます制限してしまうという感染不安に発展する可能性がある。

救いの道は、強迫の本来の背景を意識し、恐れているために忌避していた生々しい衝動を認め、取りこむことしかない。多くのケースで問題になるのは、攻撃的、感情的、性的な衝動である。本書ですでに示唆したように、人はタブーをたえずはねつけ、遠回しにこれと関わり合うことは可能だ。このことは、狂信的に何かと戦っている人間にも光を投じてくれる。たとえば異常なまでの純潔主義者は、いたるところで性的なものを嗅ぎつけ、貞操を貫く戦いの中でつねに「汚れた性的なもの」と対決している。しかしそれは「倫理的な動機」からなのだ。つまり、強迫傾向のある人のつねで、善きもののためではなく、悪しきものをこらしめようと戦っているのである。

ある強迫性パーソナリティ障害患者は、何時間でも滝の前に座りつづけていることができた。自分自身はとてもこうはできないと、すっかり魅了されてしまったのである。滝は、あとにつづくものが突然なくなり、終わりがくるという不安にかられることなく、とうとうと流れつづけているからだ。強迫性パーソナリティの場合、移ろいやすさをつなぎ止める確実な手段として、特に時間とお金が大切になってくる。ここには持続性と確実性を自分たちが支配しているという幻想があることが強く感じられる。私が自分の時間、自分のお金とどのようにつき合うかは、私の考え次第だというのである。イヴォ・アンドリッチは、小説『フロイライン』で、逃げ場のない悲劇的運命を抱える強迫性パーソナリティをすばらしい手腕で描き出した。

ぞっとするほど頑なに移ろいやすさと死を認めまいとする気持ちが、死者にまだ生きているかのような化粧を施すというアメリカの葬儀社の慣習にあらわれている。さらに商売熱心な企業は、いつか学問が発達し、死体を解凍して生命を呼び覚ますことができるようになるまで、高額料金で死者を冷凍保存しようとしている。だが、不死だと思うのは、死について何も知らない人間だけで、自分の死を含め、死を受け入れるというのが、人間のあるべき姿であり、そうすることではじめて人間は真に人間的になるのである。

ここでふたたび強迫性パーソナリティの行動様式を、人生の主要な領域との関連で述べてみよう。宗教においては、彼らは教条主義的、正統主義的傾向を示し、それにともなう非寛容さで宗教の異なる者に対する。彼らの神のイメージは、しばしば、あらゆる家父長制の特性をもつ厳格で復讐する父なる神の姿で、無条件の信仰、服従を要求する。しかし彼らは妄信的で魔術的な想念に影響されることも少なくない。彼らは典礼や儀式に対して律儀で、これを厳守することを本来の信仰よりも重視する。金で買える罪の赦しや免罪符のアイデアは、強迫傾向をもつ頭脳から生まれたのかもしれない。マニ車〔チベット仏教で用いられる宗教具。回すと功徳があるとされている〕やロザリオは、集中と精神的深化に役立たない場合には、単に型どおりに決まりを守るための道具にすぎなくなる。ニコライ・レスコフは『ペテン師パンファォン』という物語の中で、こうした完璧主義的な強迫性の敬虔さを印象的に描き出し、それをペテン師の素朴な人間性と対照的に書いている。

強迫傾向をもつ人間は、どこにいても社会的な慣習、ルール、原則に固執するが、これらは四角四面に遵守されることで形骸化し、無意味になってしまう恐れがある。それらが彼らにとって意識下で不安に対する防護壁となればなるほど、彼らはそれが根底から揺るがされると強い焦りを感じる。自分の防護壁が脅かされるからだ。しかしまさに絶対性を求めるがゆえに、彼らの信仰は疑念に襲われる危険がある。なぜなら彼らはいかなる疑問も懐疑も許容しないからである。だからここで見出されるのは、もっとも過酷な信仰の戦いであり、疑いを押し込め否定するという、終わることのない努力である。あらゆる抑圧がそうであるように、抑えつけられたものは、突如として冒瀆的な思考という形をとってあらわれる恐れがある。教会が権力政治の立場から、信者を不安と罪悪感の中にとどめるために宗教を悪用するかぎり、それは強迫的な傾向を示すようになり、教会が原因の神経症が頻繁に生じるだろう。しかし今日では、解放の試み、すなわちこうした権利の剥奪に抵抗しようという試みが見られるようになってきた。

強迫性パーソナリティは、彼らが固執している原理、意見、理論などが新しい動向、彼らのこれまでの方向性を脅かしてその方針の放棄を強いるような新しい知見や進歩に突き当たったとき、あるいはその安全性と所有物が脅かされそうになったとき、もっとも危機に陥りやすい。

強迫性パーソナリティは、親の立場に立つと、頼りになり、徹底していて、責任感がある。彼らは確信をもって諸価値を主張し、よりどころとなり、指導する。強迫構造が強まるにつれて、この姿勢はさらに強固かつ絶対的になる。**「私の目が黒いうちは、なにも変わってはならない」、「われわれが子どもだった頃には、そんなことは許されなかった」、「もう一度そんなことが起きたら、親子の縁を切る」**などは典型的な例である。彼らは子どもの年齢と固有構造をあまりにも無視して、子どものすべての感受性に遊びの余地を十分に認めず、子どもはかくあるべしというあまりにも融通性を欠くイメージをもっている。彼らには**「一度嘘をついた人間は、もう信じない」**という原則がある。彼らはしばしば「バスタ」〔イタリア語で「もうそれでおしまい」の意味〕タイプとなり、「ノー」はあくまでもノーあり、一度そう言ったら翻さない。子どもにやみくもな服従を要求し、反論を許さず、根拠も示さないで権利を剥奪したいからだ。彼らは子どもに、過ちを償うことはむずかしく、あとあとまで尾を引くこともあるという感情を植えつける。その結果、些細な「罪」も過大な重要性を帯びてきて、罪と罰に対する不安、良心のやましさが不必要に強くなる。また親がいつまでもかたくなな態度で、許しを与えないでいると、子どもの苦痛はさらにつのる。彼らはしばしば子どもに対しあまりにも早くから制限を加え、つねに不安に追いやり、甘やかしたりしたら先々危険かもしれないなどと考えている。また自分自身が経験していないために、自然な発達というものをあまり信じていない。子どもの年齢相応の試行錯誤を危険な性向のあらわれとみなし、きわめて早い段階からすべてを完璧に行うように過大な要求を突きつける。たとえば自分たちの都合で意味のない時間厳守、形式ばった行儀のよさを求めるといったケースだ。「**お皿の上にのっているものは全部食べなさい**」とか、子どもの意を汲まず所定の量を是が非でも食べさせるなどの例が挙げられよう。子どもが年齢相応の反抗的態度を示すと、このままいくと反抗ばかりする人間になってしまうから、そうなる前にたたき直さなければならないと考える。「早い時期からなんでもすべてできるはず」だと過大な要求をされることで、子どもは不安定になり、コンプレックスを抱き、親から愛されるかどうかは自分のできばえ次第だと考える。こうして不安と過大な要求が原因で、ガリ勉タイプかダメ人間が生まれる。教育は、子どもの拡大志向、攻撃欲、わけても性欲を抑えてしまう。子どもが自分の運動能力をうまく制御できず、何かをあやまってひっくり返してしまったような場合、起こったことが単にその場の影響のみならず、あたかも破壊的な意図があったかのように処分を受ける。すると、すでに述べたように子どもは自分の身体をよく知っているという自信をもてなくなり、ついにはぎこちない所作に陥る可能性がある。同時に、のちになって建設的、創造的能力へと発展する子どもの過渡的な試みの芽を、摘み取ってしまうことになる。こうした両親は、自由に伸びる可能性のある木ではなく、生け垣の木を育てているようなもので、教育と言うより調教をして子どもたちを操り人形に仕立ててしまっている。彼らは教育においては罰を重視し、罰の厳しさ、服従の無理強いによって子どもに親の力を知らしめ、ときには辱めるような罰を与える形で自分たちのサディズムを発揮する。**「うしろを向いて部屋の隅に立ってなさい」**という罰は、殴打の罰とならんで、二〇世紀初頭には学校や家庭でよく見られたおしおきだった。また、許しを請わせる（**「もう絶対しませんから」**）ことも、子どもの人格的尊厳を傷つけ、達成不可能な約束を要求する措置だ。

自分自身が窮屈な思いをして強制的なしつけを受けて育った両親は、自らが享受できなかった自由を子どもたちに認められず、自らが育った伝統を、自分がそれで苦しんだにもかかわらずそのまま継承していく。したがって強迫傾向の両親は、自分たちの世代のルールを認めようとしない若い世代と、著しく対立することがある。彼らは依然として「定評のある」教育方法を代弁し、その後の世界が変化し、若者はこの変化した世界の中で育っていかねばならないことに気づかない。そこで新旧世代の激しい論争がしばしば起こる。彼らは自分の力と優越性を今後も示していこうと考え、体面が傷つくのを恐れているのか、自分の過ちを認めようとしない。彼らは絶対的な権威を振りかざし、若者たちに完全無欠だという印象を与えなければと思っているようだ。

強迫傾向の人の夢は、実質的な内容が乏しく、色彩も乏しいという特徴がある。一般的に彼らは夢を見ることがまれだ。つまり、他の人と比べると、夢の記憶があまり残らないのである。心の奥の無意識の層に通じる入口がなかなか見つけられないのだろう。彼らは夢はあぶくのようなもので、真《ま》に受けるに値しないと思いがちなので、これを信じようとしない。彼らの夢では、なまなましい出来事を描く際に、技術的・機械的なイメージが使われ、彼らが肉体的で自然なものから距離を置いていることをあらわしている。「気まずさ」や肛門の夢も多く、これは清潔さの教育と関連して強迫観念が生じたことを示しているとも言える。阻まれた攻撃性は夢の中で自然の突発的現象（火山の爆発、地震、ダムの決壊など）としてあらわれる。同じ夢の中で、衝動と対抗衝動、行なった行為と行なわなかった行為が出てくることもよくある。

強迫的構造をもつ人は、すでに述べたような権力と結びついている職業以外にも、綿密性、連帯、責任、洞察力が重視され、自発性や融通性、創造的な自由性よりも、耐久性、徹底性、忍耐が重んじられる職業に向いている傾向がある。彼らはたいていその分野における卓越した専門的知識をもっていて、信頼でき、仕事ぶりにむらがない。強迫傾向の程度によるが、彼らは非常にすぐれた業績を達成でき、そうでなくても綿密な規定があって自分で決断しなくてもいいような活動には従事できる。即興で行なうことには向いていない。

したがって彼らが就いている職業は、義務と責任が求められ、かつ正確さにこだわる役人、精密な手仕事が求められる職人、厳密な自然科学者、法律家、外科医、税務官吏、銀行家、教育者、聖職者、あらゆる分野におけるシステムの構築者などである。このパーソナリティ構造のポジティブな特性とネガティブな特性はまさに紙一重である。たとえば裁判官を例に挙げると、責任感が強く客観性を保つために尽力する裁判官は、杓子定規で非人間的な裁判官にもなりうる。彼にとって行為は行為であり、動機や社会心理学的な背景のことを勘案したりはしない。なぜならそれらは、情状酌量せずに条文通りに判決を下すという彼の方法を脅かすかもしれないからだ。この方法に則っていれば、彼は力を与えられるのみならず、独自の決定を下したり、良心の呵責を感じたりする手間が省ける。聖職者は信徒の模範的な父親になることもできるが、容赦のない説教者となり、地獄の刑で脅し、不安と罪悪感を煽り、サディズムとなんら変わりないような権力を振りかざすこともできる。

強迫性格の人はたいてい歴史に興味をもっている。歴史そのものにも、芸術や医学や哲学などの歴史にも関心がある。すでに過ぎ去ったものはもはやなくなることはなく、いわば時間を超越した営みである。考古学、古代学とその関連分野は特に彼らを魅了する。たとえば彼らは、文献学者の中でも古典文献学者、歴史学者の中でも先史学者である。

政治は特に権力の観点から、強迫性格の人を刺激する。ここでは彼らは自分の権力志向を合法的にかなえられる。それとどうつき合うかは、その人の人間としてのスケールに左右される。一般的には、彼らは保守主義に傾き、おのおのの政党または既存政権に忠実であろうとする。これは、古いものはなじみで信頼できるから間違いないだろうという考え方からくる。すべてラジカルなもの実験的なものは、自分のあり方にはふさわしくないとして拒絶する。

当然のことながら強迫傾向は年齢とともに強化される。根深い生存本能から、彼らは自分がまだ持っているものに執着し、時の流れを止めようとする。このようにして前述の強迫的な態度がさらに高じてくる。すなわち、自分の力や地位をどのような犠牲を払ってでも維持しようとし、高齢になってそれができない状態になっても断念しない。これはすべての新しさと若さを憎むところまでいくこともある。業績や野心に照準を合わせて生きているので、彼らにとって年齢を重ねることは非常にむずかしい。自然の流れに身を任せる、持っていたものを手放すということを学ばなければならないからである。彼らは自分に代わる者は誰もいないと思いたがる。力が衰えてくると、軽い心気症のような傾向を示し、不安になって自己観察し、健康オタクになっていく。力の衰え、ふだんのパフォーマンスの低下ばかりに気を取られているので、義務から解放され、なすがままに生きていくという老化のよい面を見ていないのだ。強迫傾向が強いと、片意地を張りすぎて死がとても苦しいものになる。衰えはすべて弱みであると考えるために、断末魔の抵抗を演じる例もしばしば見られる。

しかし、年を取ってから家長然とした偉大さと威厳を身にまとい、自らが標榜する価値の象徴となることも稀ではない。そうした場合には、死は自然の必然性となり、それに抗うことは意味がなくなる。そこまで行くと、死は、人が頭を垂れ、自制と高潔さをもって受け入れるべき最後の現実となる。彼らは手回しよく済ませるべき用事を片づけ、遺言状をしたためる。遺言状の文言によって、自分が死んでもなお力を行使しようとする者もいる。

強迫性格の人がこうした成熟度に達しないと、いかなる犠牲を払ってでも生きつづけることに人生のすべての意味があるのだと思い込み、それが不気味な生き方につながる。抑圧された死の不安は姿を変え、彼らは何も捨てられず、余分なものを自分のまわりに積み上げ、時の移ろいやすさや終焉を想起させるものをすべて避けるようになる。

強迫的な要素をもつ健康な人から、強迫性格が強い人やさらには強迫症患者にいたる大筋をもう一度振りかえってみよう。可能性として二つの流れがある。素質的に生命力が強いパーソナリティの場合には、実際的で律儀で頼りになる人が、冷徹さの度を強めていき、功名心が強い立身出世主義者、どうしようもない頑固者・不平家、暴君のような権力志向者、独裁者になり、ついには程度の差こそあれ強迫症患者となり、緊張病（カタトニー）の病像があらわれることもある。一方、生命力が弱い人の場合には、人生に対する不安のために主として自己防衛に努める控えめな順応タイプ、疑い深く優柔不断な人、些事にこだわる人、不平家、追従者、ごますり、禁欲的な心気症患者、そしてここでも行き着く先は狭義の強迫症患者となる。

強迫傾向の健康な人は、安定性、負担能力、耐久力、責任感の強さが秀でている。努力家で勤勉、計画性があって目的に向かって努力する。遠くの目標に向かって努力することが多いので、彼らはこれまでしてきたことよりも、これから何を達成したいかに関心がある。そのために現在を楽しむ感覚に乏しい面がある。その徹底性、有能さ、粘り強さ、責任感、すぐれた現実感覚によって、彼らは大きなことをなし遂げる。連帯、正しさ、信頼性、安定性、清潔さ（道徳的な意味も含む）は、彼らの考える徳に含まれる。感情面では控えめだが、そもそもすべてを持続的に行ない、一度計画したら簡単に方向転換をしたりしないタイプなので、その愛情も息が長い。基本的に真面目な傾向で、自分の意見にこだわり、誠実で客観性を重んじる。ラインホルト・シュナイダーはその『フィリップ二世』という作品で、この気質の人物を描いた。

彼らの危険性は、永続性と安定性に対する自分の欲求を一方的に重視するところにある。そうすることで自分たちが硬直してしまう危険性があることをきちんと認識しなければならない。生き生きと変化するという対立する衝動を統合する覚悟をもち、それに対抗して自分の身を守らなければならないと思っているもの、すなわち移ろいやすさをあえて受け入れなければならない。つねに自分自身の意志を貫くだけでなく、なされるがままでいることも学ばなければならない。社会全体の中では、彼らは伝統を守り、築くという重要な役割を担っている。彼らが防御的で権勢欲が強いという側面を増長させて発展を阻止する要因とならずに、生気あふれる逆方向の力の出現を許容するならば、彼らは多くの場面で「社会の支柱」となるだろう。

必然に対する不安

ヒステリー性パーソナリティ

はじまりにはつねに魔法が内在している……。

ヘッセ

新しいものの妖しい魅力、刺激、未知との出会い、冒険の喜び――これらは、永続性と安定性に対する願望と同様に、私たちを引きつける。冒険は私たちを誘い、遠い国々は私たちを強く魅了する。私たちにはホームシックもあれば遙かなる場所への憧れもある。慣れ親しんだものがもたらす安心感への憧れもあれば、自分たちが住んでいる枠を飛び出て、私たちを豊かにし、私たちの新しい側面にはたらきかけ、変えてくれるような印象や経験に対する憧れもある。私たちは新しい人間を探している。私たちは、自分という存在のあらゆる可能性を知り、汲み尽くし、人との出会いによって自らを大きくし、成長させ、さらに完全になろうとせずにはいられない。

ここで述べるのは不安の第四にして最後の基本型についてである。それは決定的なもの、不可避なものへの不安、必然や自分たちの自由衝動の制限に対する不安である。この不安は、強迫性格の人の不安の鏡像である。強迫性格の人が自由、変化、リスクを避けようとするのなら、これから述べるヒステリー性パーソナリティはちょうどその逆だ。彼らはまさに変化と自由を追い求め、新しいものをすべて肯定し、喜んでリスクをとる。彼らにとっては可能性を秘めて自分たちの前に広がる未来は、大きなチャンスだ。したがって彼らは、強迫性格の人にとっては非常に価値がある、すべての制約、伝統、硬直した法則性を恐れる。ふたたび格言を引用するなら、彼らのモットーは**「一度の過ちは数に入らぬ」**である。つまり、拘束力があるもの、義務を負わせるものは何もなく、永遠の有効性など求めようもない。彼らにとってはすべてが相対的で、生命力があり、カラフルだ。現在この瞬間が重要なのである。**「その日を摘め**（Carpe diem）」――もうそれは二度と戻ってこないかもしれないのだから。過去は過ぎ去り、興味の対象ではない。未来は可能性が転がる広い原野だ。しかしそれはあらかじめ計画されてはいないし、またたくさんの拘束が待ち受けているかもしれない。重要なのは、人がつねに未来に対して開いていること、既存のものから身を解き放つことだ。

冒頭の比喩で述べた、一箇所に集中する「重力」を無視して、中心から遠ざかっていく「遠心力」の逆推力で生きようとしたらどうなるだろうか？　人はその瞬間を生き、決められた計画やはっきりした目標をもたずに、つねに何か新しいものを期待し、新しい刺激、印象、冒険を探し求め、そのときに優勢な内側または外側からくる刺激や希望になびき、誘惑されるだろう。特に必要なのは自由な気分だ。秩序と法則性は、束縛されて逃げられなくなるのではという不安を呼び覚ます。一般に通用している拘束力のある秩序は、おおむね自由を束縛するものという視点でとらえるので、可能なかぎりは拒否あるいは回避する。こうしてようやく手に入れた自由は、「……のための」自由ではなく、「……からの」自由であることが多い。

人間の共同生活に適用されるルール、自然法則や生存法則を受け入れないと何が起こるだろうか。それはおそらくゴムの世界に生きている感覚だろう。その世界は一見すると人の言いなりでいくらも伸ばすことができる。そこでの秩序は真に受ける必要などない。いつでも変えることができるからだ。こうした世界ではどこにでも抜け道があり、自分の行動がもたらした結果から逃げることができる。たとえば原因と結果の関係に関する因果律は、物理学の領域では当てはまるだろう。しかし自分という存在がこの法則の支配下にあると認めようとせず、今ここでそれは通用しないかもしれないじゃないか、と考えるのが彼らである。

もちろんその結果として、かわすことができないほど確立しているもの、限定されているものを彼らは恐れなければならず、できれば回避しようとする。それは男と女というジェンダー、老化と死といった生物学的な所与条件ばかりではない。しきたり、ある集団が互いの共存のためにつくったあらゆる種類のルール、規定、法律もここに含まれる。要約すると、彼らは、私たちが「現実」と呼んでいる、どうしても逃げられない人生と世界の制約的な側面を恐れているのだ。それは「事実」からなる世界であり、人生の法則に依存している自分を認識したなら、私たちはこの世界に順応し、これを引き受けなければならない。

彼らはこうした現実と非常に気ままに向き合う。現実に疑問を投げかけ、相対化し、矮小化し、あるいは無視をする。これをぶちこわし、自分から遠ざけ、もし可能であれば回避し、認めまいとする。こうして見せかけの自由が得られるが、これは時間の経過とともに危険性を増してくるのがつねだ。なぜならこうした人は空想と可能性と希望だけが存在する非現実的な架空の世界に住んでいて、その世界は現実と境を接していないからだ。こうして彼らはますます擬似現実の世界、「実在しない現実」に住むことになる。だが現実から離れれば離れるほど、見せかけの自由のために「本物の現実」に疎くなり、これに対処できなくなる。その結果、本物の現実に向き合おうとしても、その試みはうまくいかず、失意のあまり自分が望む世界に引っこみ、願望の世界と現実との亀裂がますます深くなっていく――これがヒステリー性パーソナリティの人が陥る悪循環である。

擬似現実についてもう少しくわしく見ていこう。私たちの存在のリアリティは、すでに述べたように、原因と影響、行為と結果の因果律である。この因果律は、私たちに法則的必然を強い、これを軽視したりすれば罰せられかねない。自分に限って、この因果律が限定的にしか帰結と断念を強いないという思い込みから、ヒステリー傾向の人間は事なかれ主義に陥って現実から逃れようとする。あたかも因果律が存在しないようにふるまう。そのときに支配されている願望のとりこになり、可能性として考えられる帰結を考慮しようともせず、「**あとは野となれ山となれ**」の精神で行動する。ひょっとしたら事柄の進行の因果律と筋道が自分にだけは当てはまらないのではないか、少なくとも今すぐに問題となるような状況ではないのではないか、と単純に思いたがるのだ。こうして今この瞬間に念頭にある望みをかなえたいという思いでいっぱいになり、論理的な筋道を無視してしまう。目的ばかり考えて、自分に非常に強い影響をもたらすかもしれない因果律を飛び越してしまうのだ。その例を以下に挙げる。

あるクラスで慈善のためにバッジを販売することになった。寄付者から集めた金額と販売したバッジ数を記入するために、生徒一人一人に用紙が配布された。一三歳のインゲは、持ち前の愛くるしさと感じのよい笑顔で寄付を募ったため、人々はとても断ることはできないという気持ちにさせられた。すぐに彼女は自分のバッジを完売した。すると彼女は何かすてきなことをしたいという思いにとらわれ、甘いものを食べたくて仕方がなくなった。それに私は誰よりもりっぱにやりとげたし、よく稼いだじゃないか。お金が彼女を誘惑する。いろんな可能性があるからだ。いずれにしてもいまはこのお金は「私のもの」だ。彼女は願望を先延ばしにできず、手にしたお金のうちの一部を使って自分の好きなお菓子を買った。こうしたタイプに特徴的なのだが、彼女はいずれ「なんとかなる」と漠然と考え、その場で自分の欲求を満たしてしまったのだ。

これはヒステリー性パーソナリティに特徴的な例である。すなわち、何かが欲しくなるとすぐさまそれを手に入れようとし、欲求に駆られるとそれに耐えられない、あるいは耐えようとしないのである。待つことに耐えられないので、すべての衝動や願望はできるだけ早く充足させなければならない。そこには誘惑が入りこむ大きな余地があり、彼らはそれに抗することができない。

その日に記入用紙とお金を学校に提出することになっていた。どうしたらいいのだろう？彼女は教師のところへ行き、もっと売れると思うのでさらにバッジを追加してほしいと伝えた。集めたお金はまとめて渡す。すでに受け取ったお金は家に置いてきたというのである（ここでも適当な言い訳を思いついて言い抜けた。これもよく見られる特徴である。言い訳やごまかしは、それを真実らしく見せるためにさらにたくさんの「理由づけ」を必要とする。足元が脆弱であればあるほど、まことしやかに説明するために、ありのままの状況より強力な根拠が必要になるのだ）。彼女は新しいバッジを受け取ったが、これは時間稼ぎだった。そうこうする間に、事態を改善してくれるような「奇跡」が起こるかもしれない（こうした時間稼ぎと空約束によって取り繕うのも特徴的）。そのうちに夜になり、お金を提出する日が近づいてきた。するといつもそうなのだが、彼女はすばらしいアイデアを思いついた。隣の家の住人を訪ねて、どうしてもノートを買わなければならないので、足りない金額を明日まで貸してくれないかと頼んだのである。母親は友人の家に行っていて、いまはどうしても連絡がつかない――こうして彼女はお金を手にし、ふたたび時間稼ぎをして奇跡を待つことにした。いずれにせよ、全額を学校に提出することはできる。隣人に借りた金額のことは、できるだけ考えないようにしていれば、相手も「ささいな金額」だからひょっとすると忘れてしまうかもしれない、というかすかな希望もある。

奇跡や天才的な解決策といったいわれのない期待を、こうした人間は非常に巧みに考え出す。彼らは自分がこうと信じていることに対しては、驚くほど思い込みが強く、その思い込みで現実の要請から逃れようとする。彼らのモットーは、**「私が知らないことは、私には意味をなさない」**といったところだ。結局、誰だってうっかり忘れることはあるのだし……。彼らに顕著なのは先送りの傾向で、本来のお金、すなわち最初にかすめ取ったお金のことは、すでに忘れてしまっている。記憶にあるのは、隣人から些細な額を合法的に借り、もちろんいずれは返却するつもりだという点のみだ(いつどうやって返すかについては、とりあえず考えていない)。お金を返却する前に隣人が催促したとすれば、悪意はなくうっかりして忘れていましたと、ごめんなさいと言うことができる。もしかすると隣人はすっかり忘れているかもしれない。隣人にとってはわずかな額だし、私はずっと彼女に気に入られていたし。それに突然「どこかから」お金をもらえるか、人助けをしてお金を稼げるかもしれない。**「待てば海路の日和あり」**である。

数日後に隣人がインゲの母親にお金を返すように言い、すべての経緯が明らかになった。適当なタイミングで告白していればそうはならなかっただろうに、状況はかなり深刻になってきた。自分の願いを我慢できずにその場で充足したことが、不愉快な連鎖の引き金となり、目先の快楽は、それをはるかに上回る犠牲を払わなければならない事態に発展した。

この例は、多くの観点から特徴的で示唆に富む。ここには典型的なヒステリー性の行動パターンが含まれているからだ。すぐに満足を得たいという願望にとりつかれて、瞬間的に他のことはまったく考えられなくなってしまう。自分のやっていることの帰結をあなどり、行為と結果の関連性を無視するという非現実的な考え方。時間稼ぎと奇跡頼み。奇想天外で巧みな発想で結果から逃れようとするが、それによって一つの穴を繕っても、他の裂け目ができてしまう。自分の願望に合わせて本来のいきさつをつくり変え、「物語」をねつ造する。都合の悪いこと、特に自分の罪悪をうまい具合に忘れてしまう。そして最終的に、諦める、待つ、自分の行動に責任をもつ、といった必要不可欠で面倒な事柄を避けて通るのである。こうした人間にぴったりなのがニーチェの言葉だ。曰く、「『私はそれをした』と私の記憶は語っているが、『私がそれをしたはずがない』と私のプライドは語り、頑として聞き入れない。ついに記憶は負けてしまった」。

ヒステリー性パーソナリティの人は、別のもう一つの現実、すなわち時間に対しても同じように寛容だ。時間厳守、時間管理、時間調整は彼らには荷が重く、こせこせと了見の狭いことのように感じられ、自分は他人に迷惑などかけていないと信じこんでいる。

生物学上の現実にも目を向けてみよう。避けることのできないジェンダー固有の諸条件、成熟プロセス、老化との関係についてである。ここでも彼らは縛りつけられることを嫌う。彼らはできるだけ長く、義務を負わない子どもでありたい、少なくとも若者で居つづけたいと願う。この時期は世間も片目をつぶり、責任を完全に背負いこまないですむからだ。「責任」はこういうタイプにとって居心地がよくない概念で、人を拘束し、因果律とやっかいな帰結を想起させる。また「老化」は、さまざまな手段で食い止められる。**「人の年齢は、その人が感じている年齢である」**とよく言われるように、ほんとうの年齢を明かす必要はない。年を取っているように見えるすべてのものを回避さえすれば、人は永遠の若さという幻想を持ちつづけられる。若く見せられる服からはじまって、化粧、美容整形など、この錯覚を支える手段には事欠かない。また彼らは、いま現在はとてもそれに耐えられないと説明することで、心配や動揺を寄せつけずに自分を守る。こうした心配や動揺がいよいよ不可避になったら、病気になってそこから逃れられると考えているのだ。

倫理と道徳についても似たようなことが言える。倫理や道徳を自分を拘束するものととらえたら、人はどうふるまうだろう？　ほんとうにこれを真に受ける人なんているんだろうか？　一度の過ちは数に入らないし、その結果に責任があるわけじゃない。第一、何が善で何が悪かなんて誰もわからない。すべてのものは相対的で、見方や立場によっていくらも変わる。この世というものは、叩いたり延ばしたりして好きに形を変えられるし、犯してしまった過ちも、あとから何とか理由をつけて正当化できる。結局のところ、人の心の中で起こっていること、起こったことは誰にもわからないのでは？　ありがたいことに「考えるのは自由」だし、すべては起こるべくして起きたのだと説得力たっぷりに断言すれば、そうではないと立証できる人間なんているだろうか？

論理というものも、やっかいな現実の一つだ。しかし彼らはここからも逃げる。自分の論理は他人の論理とは違うかもしれないが、だからと言って論理性が劣るわけではない。他人がついてこられないような論理の飛躍があって、だから非論理的だと言うのなら、それはそう言った側の問題だ。自分自身はこの論理を理解できるし、これが論理的だと思う。しかも言語というものはその背景を知ってみると、どれほど空想の可能性を秘めていることか。言語を弄してあらゆることができ、他人を言い負かすこともできる。こうして偽の論理が生まれ、これは意識的、無意識的な虚言に発展する恐れがあり、しかも本人はまったくそれに気がつかない。

こうした人々も、そもそもの不安（この場合は、必然と最終決定に対する不安）がどこからきているのか意識していない。そのかわりに感じるのは、広場や道路に対する不安（広場恐怖症）、エレベーターや列車のコンパートメントなどの閉塞した空間に居ることに対する不安（閉所恐怖症）である。動物恐怖症もしばしば見られる。これは、本来の不安の原因を些末なもの、害にならないもの、避けられるものに移し替えているのだ。たとえばエレベーターや橋に対する不安がある場合、エレベーターに乗ったり橋を渡ったりすることをすべて避けることで、不安から逃れられる。だが本来の不安は、たとえば自由の制限に対する不安や、それを解決するだけの力を本人が持ち合わせていない試練に対する不安なのだ。本気で諦めたくはないが、望んでいることをわが身に引き受けられないといった葛藤を、不安のために試練に身を投じる状態ではないという形で「解決」しようとしているのだ。もしも「私」が、少なくとも一人きりでは道路に出られないとなると、「私」はもはや試練に身をさらすこともできない。もちろんこうした逃げ方は実際の解決ではなく、当てになる不安の予防法でもない。何らかの形でその人はくりかえし不安と直面し、これに取り組まなければならない。それでも窮地に陥ったと感じ、もはや打開策がないとなったら、状況を理性的にじっくり検討することも不可能で、後退もままならず、正面突破とも言うべきパニック反応が起こる。

ヒステリー性パーソナリティの人に特徴的な逸脱行動は、どのようにして徐々に積み重なり、出口のない状況へと向かうのかについて考えてみよう。

義務や最終的な決定からうまく逃れるには、どうしたらいいのか？　もっとも確実な方法は、それまでのいきさつもこれからの結果もないかのように、つねにその瞬間のみを生きることだろう。たとえば昨日失敗し、愚かな行動をして馬脚をあらわしてしまったら、昨日という日はなかったことにして、人生を今日からはじめればいい。時間的結合と因果関係を断ち切ることで、ヒステリー性パーソナリティの人は驚くべき柔軟性を発揮する。彼らはあたかも歴史や過去がないかのように生きるのである。それによって大量の重荷から解放されるが、その一方で彼らの人生は点状で断片的でとらえどころがなく、連続性が欠如している。彼らはカメレオンのようにそれぞれの新しい状況に適応することができるが、私たちが「性格」と呼んでいる自我の連続性があまり成長していない。したがってどうしても予測がつかないという印象を与えてしまう。彼らはその瞬間のその場の要求、キーとなる人物に合わせて何らかの役を演じているので、結局のところ自分が誰なのかわからなくなっている。こうして継続性やくっきりとした輪郭や個性がない、擬似人格が生まれるのである。

窮地に陥って不安を感じたときのもう一つの打開策は、人のせいにして「**逆ねじを食らわせる**」ことだ。自己批判を他人への批判にすり替えることで、これが子どものように反射的に出てくるのである。たとえば誰かに「**おまえは馬鹿だ**」と言われると、反射的に「**おまえこそ**」と返す。批判され叱責されると、ただちに相手に対する批判や叱責で反撃する。それがかなりのこじつけで、本題とかけ離れていても、その瞬間のプレッシャーを軽減し、自己洞察する必要はなくなる。自分の罪悪感を外部に対する批判として投影するようになると、ついには自分でも他人がいけないのだと固く信じるようになる。「**その泥棒を捕まえてくれ！**」という論法である。徐々にこれは自分に対する嘘に発展し、嘘で塗り固められた一生にもなりかねない。こうなると潜在的な自信のなさと漠然とした不安がつねにつきまとうようになる。こうした極端な状況で、人は自分がやったことの結果から自らを守り、現実を認めなくていいようにする一つの方法がある。それは「**病気に逃げこむ**」ことで、少なくとも若干の時間稼ぎにはなる。

ヒステリー性格の人とその愛

ヒステリー性パーソナリティの人は愛を愛している。彼らは自尊感情を高めてくれるものすべてを愛しているからだ。陶酔、恍惚、情熱などがそれである。彼らは経験の絶頂にまで上がることを好む。強迫傾向の人の憧れをアポロ的と形容するなら、彼らの憧れはディオニュソス的である。境界を越えるような経験が彼らを魅了する。しかしそれはうつ傾向の人のように自我の放棄ではなく、自我の拡大、いわば自我の神格化である。うつの人が、自我の境界がなくなるほど没入して、共生的融合の中に自己の超越を模索するとすれば、ヒステリー性パーソナリティの人は、自分を自分以上に大きくする強烈な経験の中で、自分を高めようとする。

生来ヒステリーの傾向がある人は、恋愛関係においては、激しく、情熱的で、要求が多い。何はさておき彼らが求めるのは自分自身の確認である。彼らは愛によって自分とパートナーが陶酔したいと願い、そこに人生の頂点を期待する。彼らはエロチックな雰囲気をつくり出す方法を心得ていて、エロチシズムの達人であることもまれではなく、多種多様な方法で相手を魅了する。こうした手段で遊ぶこともでき、いちゃつきから媚態、誘惑まであらゆるニュアンスを使い分けられる。パートナーに愛さずにはいられないという感情を抱かせる術に長け、それがその魅力とセックスアピールの大半を占めていると言っていい。彼らには抗うことができないような強力な暗示力がある。自分の強みと魅力に対して揺るぎない確信をもっているために、相手はそれを信じざるを得ない気持ちにさせられてしまうのだ。

すでに述べたように彼らは愛の関係においては、自分に都合がいい希望的観測で突き進む。彼らはいわば「きた、見た、勝った」タイプで、要塞を攻めるにも、包囲網を敷いて時間をかけるのではなく、猛突撃で奪取する。異性の扱い方を心得ていて、相手をけっして退屈させない。彼らはその時々のパートナーよりも愛そのものを愛している場合もあり、できるだけ多様な姿と形で愛を知りたいと考えていて、好奇心と生への渇望も旺盛だ。輝かしさや豪華さ、祝い事やパーティーを好み、「**祭りはその当日に祝わねばならぬ**」とことわざにもあるように、絶好の機会を逃さない。パーティーを盛り上げることにも長け、その魅力と性格とウィットと率直さでその場の中心人物になる。自分が魅力的でないことは大問題で、彼らにとっては耐えがたく、許しがたい。彼らは何にでも挑戦し、人生はセンセーショナルであればあるほどいい。退屈は死にそうだ。特に退屈するのは、一人でいるときである。生き生きとして活気があり、やさしいパートナーで、自然に湧き上がるような感情表現で、その瞬間を太く生きることができる。享楽的で空想力に富み、すぐに気が散る。節操はさほど重要ではなく、少なくとも自分の節操は重視しない。秘めたる色事は特に刺激的だと感じ、ロマンチックな空想力に富む。

　性に関しては、事情は少し複雑だ。官能的な楽しみ、細やかな前戯は彼らにとって性的願望の成就よりも重要なこともある。彼らははかない一瞬に「**とまれ、おまえはあまりに美しい**」〔ゲーテ『ファウスト』の一節〕と呼びかけ、その瞬間をできるだけ楽しみ、終わりを先にのばそうとする。彼らはまたハネムーンを永遠化したがり、最高の時が日常に埋没してしまうことに耐えられない。彼らは変化を好む。自分の性と異性に対するあり方が健全な成長を遂げないと、愛する能力が損なわれ、不感症、勃起不全が容易に起こりうる。ヒステリー性パーソナリティの人は、男性も女性も、セックスを目的のための手段ととらえる。自尊感情を向上させ、パートナーに対する権力の意志を満足させるためだ。強迫性格の人のようにパートナーを強制するためではなく、むしろ自分という存在が放射する権力に陶酔したいのだ。特に女性は、身を委ねるとき、あるいは拒むときに、セクシュアリティを強要のために乱用する。

本来の意味でのヒステリー性パーソナリティ構造であればあるほど、要求する姿勢、承認要求が極端な形で強くなる。こうなると愛の関係は自己承認のための装置となる。彼らはやむにやまれぬ感情から、くりかえしその証明が必要なのだ。なぜなら彼らにとって自尊感情は、たいていは他者から戻ってきた賛嘆や、強く求められているという成功体験に基づいているからだ。当然ながらこれは年齢を重ねるにつれて困難になる。主に外見が魅力だった場合、その魅力は衰えるからである。ヒステリー性パーソナリティの危機は、他のパーソナリティと比べると年齢との相関性がいちばん高い。

ヒステリー性パーソナリティの人はパートナーを必要とする。しかしうつの人のようにパートナーなしでは生きられないと信じているからではなく、自分が愛すべき人間として映し出されている姿を確認するための鏡として必要だからだ。自らの不安定な自尊感情を強めるために利用しているのである。彼らのナルシシズム、自己愛は恒常的に確認を必要とする。彼らはお世辞に敏感で、すべてを簡単に信じるのはそのためだ。彼らが特に必要とするのは、自分の魅力、美、重要性やその他のよい資質を保証してくれるパートナーである。彼らは自己陶酔的にパートナーを選ぶ傾向がある。それはスキゾイドの人のように「完全に違う」異性を恐れているからでなく、パートナーの中に自分自身にできるだけ似ている面を求めているからである。なぜなら彼はパートナーの中に自分自身を再発見し、愛したいと思っているからである。

ヒステリー性パーソナリティの人は、男性でも女性でもそれほど見栄えのしないパートナーを探すことがよくある。そのパートナーの存在によって自分のすばらしさが際立ち、パートナーにいつも褒めてもらえるからだ。これは、凡庸なめんどりと結婚したがるクジャクの寓話を思い出させる。戸籍役場の職員のカラスは、きらびやかなクジャクがぱっとしないめんどりと結婚しようとしているのを知り、びっくり仰天する。するとクジャクはもったいぶった顔でこう言ったのだ。

「私と私の妻は、頭がおかしくなるほど私を愛しているんです」

こうした強力な承認要求の上に立つ関係は、危機に瀕すると弱い。パートナーはこの欲求を十分に満たせないだろうからだ。すると当人は新しいパートナーを探し、この人物と同じことをくりかえす。女の尻を追い回す男や男たらしはこの範疇に属し、いわば戦利品を集め、自尊感情は獲物の多さに比例する。愛はゲームであり、何があっても勝たねばならない。彼らは愛に対してあまりにも期待が大きすぎるので、その人生は失望だらけだ。不満、移り気、感情のこじれ、新たな愛のあかしがつねに得られないことへの言いがかり。そこではパートナーの金離れのよさ、公の場での成功が重要な役割を果たし、彼らはそれがあたかも自分のものであるかのように思いたがる。彼らは自尊感情をもっぱら愛のあかしから得るので飽くことを知らず、これを強要する手段と方法は多岐にわたる。「本物の」愛を捧げている他の人とパートナーを比較したり、他の人だったらこうしてくれるのにとほのめかしたり、「すべてを投げ打っていない」と泣いたりわめいたりして非難したりする。パートナーが距離を置いたりすると、すさまじい反応が返ってくる。どのケースでもよく見られる特徴は、感情と打算が複雑に混じり合っていることで、そのためにパートナーは相手が何を考えているのかよくわからない。

愛や結婚に幻想に基づく期待を寄せ、自分自身がつぎ込める以上のものを相手に要求すると、いつも失望することになる。しかし通常はこの関連性に気づかないために、「真実の愛」を追求しつづけてしまう。ヒステリー性パーソナリティのパートナーシップで別離と再出発の数がもっとも多いのは、そういう事情があるからだ。再出発に際しては過去の失望を埋め合わせようとするために、新しい関係に最初から過大な要求をしがちになり、すでにそこに破綻のきざしが見える。

私たちの最初の異性体験は両親やきょうだいである。両親間の関係、両親を通して経験した結婚やその他の関係、きょうだい間で経験した関係が、パートナーシップ、愛、性生活に対する私たちの期待を形成する。もしも幸いなことに自分の両親を無理に理想化したりすることなく、逆に残念に思ったり軽蔑したり憎んだりすることなく、一組のペアとしても愛することができたなら、そして、もしも彼らの制約や心配や問題や苦労ばかりでなく、彼らの喜び、協力、相互の理解および信用もともに体験できたなら――私たちはこうした期待に添うパートナーを見つける展望が開け、同時にパートナーとしての自分があるべき実現可能なイメージを思い浮かべることができる。子どもの前では自分たちの優越性と無謬性《むびゅうせい》をアピールし、舞台裏はそうではないのに理想の夫婦を演じなければならないと信じている両親は、後年見つけられるはずの理想的結婚のイメージを子どもに植えつけようとする。ジェンダー固有の手本を求める子どもの欲求を満たせず、失望やひどいことを範として子どもに示す両親は、パートナーシップに対する子どもの期待をネガティブなものにしてしまう。

ヒステリー性パーソナリティの愛情生活は困難がともなう。彼らは最初に関わった異性にいつまでもこだわってしまい、相手との同一化から脱却しにくいからである。ヒステリーは幼児後期（だいたい四歳から六歳）にはじまる。この時期の子どもは目の前に見出した手本と同一化し、後年の同性および異性に対する自分の立場の原形を獲得する。原則的には次のような可能性が考えられる。すなわち、理想化された異性の親またはきょうだいに対する見方を、パートナーにも反映し、パートナーが夢のような夫、夢のような妻になることを期待する。あるいは子ども時代に関わりが深かった人物から受けていまだに処理できない失望、不安、憎悪、自分のネガティブな体験をパートナーに移し替える。こうなると後年の関係は、最初から、しょせん男か女は昔経験したのと同じようなものだという予断の影響を受けることになる。この場合、かつての父親像または母親像がパートナーに投影され、自分の理想像に当てはめようとするが、それはパートナーにとっても、そのパートナーたる自分にもふさわしくない。かつて息子または娘だった自分から抜け出せなくなるからである。

母親に失望した息子は、女性を嫌悪するようになり、ドン・ファンのように女性を誘惑しては捨て、昔の失望体験の恨みを交際相手で晴らすことがある。女性パートナーに、母親に味わわされた苦痛を与えるのだ。父親に失望させられた娘は、夫に彼女流の仕返しをする。こうした娘は男性を嫌悪するようになったり、誤解に基づく「解放された女性」になったりする。正義感と自尊感情から男女同権を求めるのではなく、復讐のために自分が攻勢に転じ、同権を求めると言いつつ、実は女性の優位を求めているのだ。あるいは父親への面当てで、たくさんの男に身を任せる（「**あなたが私を愛してくれないなら、私は何の価値もないんだからどうなってもいい**」——多くの売春婦の精神力動的な背景）。またはキルケ〔『オデュッセイア』に登場する魔女〕になり、男を性の対象としてのみとらえ、『オデュッセイア』にあるように男たちを「**豚に変える**」。つまり彼らを利用し、貶め、性の奴隷にしようとするのだ。これと近いのが、男に対して肉体的、精神的、物質的に過大な要求をして、その男性性を蔑視して相手を食い物にし、搾取し、無力化し、「去勢」する女たちである。こうした悪魔的で破壊的な女性は、アウグスト・ストリンドベリの小説や戯曲によく登場する。最終的にいずれの性でも、異性に失望するかまたは不安を抱くようになる。兄弟または姉妹が父または母の役を代理でつとめるケースもある。

私たちが最初の異性の「重要な他者」と内的に結びつくのは、一般的な人間の現象であり、これをフランス人は「人はつねに初恋に戻る」と表現している。

ヒステリー性パーソナリティが登場する「家族小説」では、初期の「重要な他者」への依存性が高いことの一例として、彼らはしばしば三角関係に陥り、そこで無意識に両親の間におけるかつての自分の立ち位置を再現する。特に一人っ子にそれは顕著である。彼らは一見したところ意図的ではなく、いわば運命的にこうした三角関係に陥り、気に入った女性あるいは男性がみな既婚なのは宿命なんだとよく言う。現実には彼らはすでに相手がいるパートナーを探しているのだ。相手が自由でないと知った上でつき合い、息子または娘だった当時の父親または母親との対立状態を再現しているのである。三角関係に陥り、同性のAから異性のBを取り上げる状態をつづけることで、Aと競争関係になり、これを蹴落とそうとするが、同時にBが自由になると関係をつづけることに尻込みする。そうなれば自分はもっと真剣になり、拘束され、すべてを捧げるように要求されるだろうからだ。

こうした人々の行動を理解するにはその生育史を知らなければならない。彼らはたいてい自分に対して犯された罪だけを次へ引き継ぐ。彼らは家庭において自分の女性性または男性性を健全に成長させることができず、家族にあまりにも縛りつけられていたか、あるいは自分の性別役割分担を学ぶための手本を見つけられなかったのだ。理由としては、それを拒否されたか、あるいはあまりにも早い時期に、性に対して不適切な働きかけがあったかであろう。そこで男性または女性として成長するのに十分なアイデンティティと自尊感情が確立する前、すなわちセクシュアリティを十分に理解できるほど情緒面が成熟する前に、「小さな女性」または「小さな男性」が彼らの中に形成されてしまったのだ。

ヒステリー性パーソナリティの愛とパートナーシップをめぐる大きな問題は、人生、愛、結婚、異性について非現実的な期待を抱いていることだろう。要求する姿勢と与える心構えの間のバランスが健全な状態とは言えず、それがまた新たな失望の引き金になってしまう。彼らは、自分の基本姿勢が誤っているためにいつも失望させられるのだということを学ばなければならない。自分の側からは貢献するつもりがないのに、つねに期待し要求するというのが、彼らのいちばんの問題点だ。

これはパートナーを選ぶ段階ですでにあらわれる。物質面と声望（パートナーの地位、財産、肩書き、外的な特長）は、性格上の価値よりも重視される。彼らはこの点では幼児性がなかなか抜けず、相手の外見に魅了され、それが自分にすばらしい人生を約束してくれると思い込んでしまう。しかも失望させられると、相手のせいにしてしまう。自分は無価値だと知ることがこわいために、彼らは確認を求める癖《へき》がある。この癖は他の癖と同様に満たされることがない。本来自分の内部で実現しなければならない何かを「外部」に探しているからだ。ここで言えば、真の自尊感情をもたらしてくれる、真の「愛する能力」を得ようとする努力である。

自分の欠点を投影する傾向は、当然のことながらパートナーシップにおいてはかなり問題だ。この傾向は、どっちが悪いかつねに争うことにはじまり、非難、事実をねじ曲げた偏った「論理」、誹謗中傷、策略など程度はさまざまだ。特にむずかしいのは、まったく逆のタイプである、ヒステリー傾向のパートナーと強迫傾向のパートナーの関係である。強迫性格のパートナーが、その時々の問題について事細かに徹底的して議論し、自分に理があると立証しようとすればするほど、ヒステリー傾向の相手は不可解な「論理」で「ナイト跳び」して逃げてしまう。この「ナイト跳び」という絶妙な表現は、精神分析家のシュルツ＝ヘンケが、チェスのナイトの予測不能な動き方からヒントを得て用いたものである。ヒステリー性パーソナリティは、パートナーの意図を巧みに感じ取り、相手の退路を断った上でその過去の過ちについて言質を取り、使えるすべての手段を動員して自分を弁護する。もっと柔軟になって、橋を架けて退路を用意すれば、事態はよくなるだろう。強迫性格のパートナーは、相手を隘路《あいろ》に追いこむのではなく、相手の視点と経験をおもんぱかって状況を理解しようとすべきだろう。

ヒステリー性パーソナリティはスキゾイドのパートナーを本能的に回避する。スキゾイドの人はヒステリーの人を容易に見破るが、認められたい、感嘆されたいという相手の欲求を満たそうという気があまりない。彼らはそうした要求を満たしてくれ、それればかりか、過度の要求まで許容してくれるうつのパートナーを好む。こうした組み合わせの長期にわたる関係性は、うつのパートナーの一方的な犠牲のもとに成り立つ傾向がある。ヒステリー性構造をもつ二人の結びつきは、その傾向があまり強くない場合にかぎって成功するだろう。さもなければ、互いに刺し違えるような対抗関係のために関係は暗礁に乗り上げるだろう。

文学には、ヒステリー性パーソナリティの女性を巧みに描いているものが数多くある。たとえばサマセット・モームの短編『ルイーズ』や、マーガレット・ミッチェルの小説『風と共に去りぬ』のスカーレットだ。プーシキンやフォンターネが妻に宛てた書簡を読むと、ヒステリー傾向の強い女性を妻にもつむずかしさがよくわかる。『漁師とその妻』というグリム童話もその一例だ。

ヒステリー性格の人とその攻撃性

四歳から六歳の子どもが身につける特徴的な攻撃形式は、張り合うこと、競争することである。すべての新しい発達段階がそうであるように、ここでも以前の攻撃形式は維持される。それは、求愛および征服という基本形式をとるジェンダー固有の攻撃、より一般的には、自己価値を立証する助けとなるものすべてを得ようとする戦い、これを脅かしそうなすべてのものに対抗する戦いである。したがって攻撃は、特に他者との抗争、自らの真価の証明という形であらわれる。それは自己顕示のためと言えよう。

前述の強迫傾向の人とは対照的に、ヒステリー性パーソナリティの人の攻撃は融通性があり、自然発生的かつ無頓着で、しばしば思慮を欠き、そのかわりに長く尾を引くことはない。その攻撃は衝動的な表現から横暴なものまで程度はさまざまで、事柄に関連しているのではなく、むしろ人に関連している。

ヒステリックな傾向が強まるにつれ、認められたいという衝動のために攻撃性が発揮される。不遜な自己賛美から名士を装った詐欺まで、極端な例はさまざまあり、自己陶酔的な愛が侮辱されることに対して異常なまでに敏感である。こうして誇張した自慢や、強欲な自己顕示欲があらわれる。つねに前に出て、主導的な役割を演じたがり、同性は誰でも潜在的なライバルとなり、自分が目立つためにこうした相手を蹴落とすことに躍起になる。

しばしば見出されるのは「こけおどし的態度」という形である。他者に印象を与え、注目の的となりたいという願望である。こうした強い印象を残したいという欲求は、その背後にある自信のなさが大きいほど強くなる。これはうわべと実際、かくありたいという自分の姿と現実の自分との間の矛盾からくる。自己批判と自己制御が欠けているために、この攻撃性は非常に衝動的である。感情に駆られてやりすぎてしまうために、誇張はヒステリー傾向の人の特徴となってしまっている。またすぐに一般化したがるのも特徴だ。パートナーを攻撃するときに、「**男はみんな腰抜け**」とか、「**女はみんなまぬけ**」とか言うのがこれに当たる。

ヒステリックな攻撃は、しばしば未発達な運動爆発に近い。スキゾイドの場合には、それは実存上の危機に直面した感情状態の表現であったのに対し、ここではむしろ劇的な表現が目的で、他者に印象づけるために利用されている。ヒステリー性パーソナリティの人は、その攻撃表現においてはいわばサプライズの勝利者である。彼らは不意打ちが好きだ。そのほうが計画された戦略よりも確実に成功すると考えているからだ。攻撃は最大の防御、というわけである。またヒステリックな攻撃は「非論理的」とも言えよう。以下に例を挙げる。

妻の不注意に対して、夫が客観的で理にかなった批判を穏やかに述べると、妻はかっとなって、本来の問題を完全に無視して、目の前の問題とは関係がないことで夫を非難し、まったく違う点に言及する。こうして彼女は攻撃に転ずることによって形勢を逆転させ、現実からうまく逃げた。

これを理解するには、ヒステリー性パーソナリティのすぐに混乱する不安定な自尊感情を考慮する必要がある。彼らはごく軽い批判や攻撃を受けただけで、感情を害して反撃してしまう。自らのアイデンティティがうまく確立していないために、自尊感情の基礎が不安定で、すぐに揺らいでしまうのだ。自己愛を少し侮辱されただけで、激しい憎悪の念が生じる。これは「愛されるに値しないのではないか」という不安と明らかに結びついている。

ヒステリックな攻撃のうちでも特別な形として、悪巧みがある。ここでも家庭的な背景が認められる。人は子どもの頃に置かれた状況を無意識に繰り返すものだ。両親や、ときにはきょうだいの間で巧みに立ち回らざるを得なかった子どものケースである。この場合、両親の一方が他方をけしかけ、あるいは別のきょうだいをけしかけ、その子を厄介な家庭内の問題の標的にして、その子を犠牲にして結婚生活の矛盾の決着をつけてしまう。こうして悪巧みや他者の悪口、さらには中傷や執拗な復讐が生じる。ここにさらに異性に対する憎悪が加わると、復讐心は極端な形をとることになる。ヒステリックな攻撃は「シーン」を選ぶ。ここで彼らは感情を高ぶらせ、舞台俳優のような才能を、明らかに「観客」に向けて発揮する。激しい怒り、もったいぶったジェスチャー、熱烈な訴えは、ヒステリックな攻撃表現の典型だが、観客がいなくなると勢いが衰えてしまう場合もある。

かなりヒステリックな傾向をもつ女性の男性憎悪と復讐の例を挙げよう。

妻の神経が過敏で蒲柳《ほりゅう》の質だったために、夫は冬でも自宅のバルコニーでしか葉巻を吸えなかった。彼女が葉巻の煙に耐えられなかったからだ。夫がテレビでサッカーの試合を見ると、彼女は子どもたちのいる前でサッカーの試合などを見る夫の低級さを笑うのだった。彼女は自分が参加できなかったり、興味がなかったり、彼より劣っていることはすべて軽視するのだった。夫は妻よりも一般教養があった。夫が薦める本は彼女には退屈だった。その本が理解できないか、理解しようと努力しなかったからだ。彼の性的な欲求は彼女にとっては無理なものだったので、彼女はいつも新しい理由を考えては逃げていた。こうして彼女は夫をあらゆる点においてけなし、無意識のうちに、自分を失望させた父に対する復讐を夫にぶつけていたのだ。彼女の父親は、理知的な彼女の姉妹のほうをえこひいきしていた。

以下は陰謀を企んだ事例である。

　ある患者は、治療開始からかなりの期間が経過してから、私のもとで治療を受けるかたわら、別の医者のところでも心理療法を受けはじめたと打ち明けた。私とその医者のどちらがよいか、どちらの方法が気に入るかを試そうとしたのだ。私の診察を受けるときには、もう一人の医者とそのやり方を悪く言い、その医者のところでは私のことを悪く言っていた。私たちはどちらも、彼が二股をかけていることに気づかなかった。彼は二人の医者のそれぞれの治療を受ける際に、他方の医者にかかったのはずっと以前のことだと説明したからである。このようにして彼は私たち二人を張り合わせていた。それは昔彼が両親にしていた仕打ちと同じだった。彼は両親がかつて自分にした行為の復讐をしていたのだ。両親は互いに内緒で息子をたきつけ、自分の味方にしようとした。彼はこの復讐をくりかえし、当時自分に有利となるようことを図ったように、私たち二人からも利益を手に入れようとした。同時に彼はやはり当時と同じように、私たちのどちらに対しても誠実な態度をとらず、そうした形で治療をボイコットしたのだった。

生育史上の背景

必然と終局に対する不安は、どのような場合に生じてしまうのか？　あるいは推力の観点から見ると、どうして遠心的な、変化を求める推力が偏って強くなるのだろうか？　まずは素質的な要因としては、情緒面で生まれつき活発で感じやすいという面がある。彼らはかなり自発的で、自分を表現し伝えたい、内的な体験を外に示したいという強い衝動を抱えている。また、人との接触を喜ぶのみならず、接触したいという強い欲求と自己顕示欲がある。こうした素質のために、彼らは他者の存在を必要とし、その人が共感し、認めてくれることを求めている。このことが彼らの躍動性、開放性、適応力、変化の可能性にプラスに作用する。またその人生は非常に濃く（熱狂的すぎる面もあるが）、退屈というものを知らない。彼らは刺激を必要とするが、彼ら自身も周囲に刺激を与える。生まれつきの魅力にしばしば美しさも加わり、幼い頃から人々に好感をもたれる傾向がある。簡単に人を好きになり、彼らはありのままでいるだけで好かれるのに慣れている。人から魅力的だと思われ、自分でもすぐにそれに気づく。こうした長所が「危険な贈り物」にもなるのは、特に彼らが何かをなし遂げなくても愛され賛嘆されるという経験をしていることに関係している。そうするとかなり早い時期から、自分の外的な長所を頼りにするようになり、いつでもどこでも自分は愛されるはずという期待が生まれる。こうした素質に一定の外界の影響が加わると、問題が生じてくる。その点について以下に述べていこう。

精神分析の経験によれば、ヒステリー性パーソナリティが発達するきっかけは、おおよそ四歳から六歳の時期にある。この時期に子どもは幼児期を脱し、少し大人びてきて重要な発達段階に入る。諸能力が高まり、多くの行動パターンを取得するが、新しい課題にも直面する。こうして徐々に大人の世界に近づき、そのルールを学んでいく。女の子または男の子としてのジェンダーの基礎を知る初期段階において、子どもは将来を予感し先取りする。この時期は実験の場、他者との距離を測る時と言えるだろう。またそれは、魔法のように願いがかなうこれまでの世界、無限の可能性という幻想を、私たちが通常「現実」と呼んでいるもののために諦めなければならないことを意味する。この現実は、自分の意志力と能力の限界も意味している。

子どもの内部と外部の経験の世界は、幅広く豊かになり、そこには大人の人生に属するあらゆる経験領域が基本的に含まれている。洞察力、責任能力、理性は徐々に向上していく。要するに、子どもはこの時期に現実のテストを受け、現実を発見し、現実を受容しなければならないのだ。それは大人になることとの一部である。

こうした成熟のステップがうまくいくためには、子どもに自分の指針となる確かなロールモデルがなければならない。追求するに値する生き方の範を示す存在が必要なのである。大人の世界は子どもにとって魅力的で、大人が体現する秩序と生活スタイルは、真似したくなるようでなければならない。

今日の両親は新しい形の要求を突きつけられている。彼らの子どもは、かつてのような半ば神格化された存在として両親を見ておらず、批判的な観察眼をもち、抑えがたい知識欲にあふれ、命令と禁止についてもどんどん質問して理由を尋ね、自分を丸ごとの人間、愛すべき存在として受け止めてもらうことを望み、自分の愛が両親にとって意味があり、自分も何かを与えられると思いたがっている。たとえば求愛したり、愛を獲得したりといったジェンダー固有の行動パターンの基礎が形成され、子どもはそれを真剣にとらえてほしいと願う。ここでは両親の人間的成熟と理解が特に重要だ。結局のところ、子どもは自分自身をどうデザインするか模索する中で、健全な模範が必要なのだ。これが健全な自尊感情を培い、最終的にはアイデンティティの発見へと導いてくれるだろう。

指導と模範をもっとも必要としている時期に、ヒステリー性パーソナリティにはこれが欠如している。幼児期を脱し、人生の現実を受け入れ、子どもっぽい行動をしなくなり、無責任な子どものままでいることをやめ、責任感と必要性に対する洞察をもち、こうした新しい課題のすべてを身に負うためには、世界が子どもにとって意味がある秩序を指し示さなければならない。両親は子どもに希望を呼び覚まさなければならない。その中には、彼らのようになるという希望、両親と自分を同一視したいという思いも含まれている。それではじめて、子どもは以前の子どもっぽい行動パターンと自由を諦める心構えができるのだ。年齢相応の能力と固有のジェンダーを確認する経験をすることで、新しい課題を喜びをもって克服し、誇りと健全な自尊感情をもてるようになる。

たとえば今日は罰せられたような場面で翌日にはまったく気づかれない、あるいは正当だと認められもするような、つかみどころのない、混乱した環境を想像してみよう。子どもがひきつづき幼児として扱われ、まわりの大人は、まだその子に正直に対峙する義務を負っていないと考え、小さく愚かでどうでもいい存在だから、その子の質問を真に受けて誠実に答える必要はないと思っている。あるいは激しいけんかを子どもの前で演じる両親がいる。彼らは、まだ子どもは何もわからないから、子どもの前で自制する必要はないと考えているくせに、同時に子どもが理性的にふるまうべきだと期待している。しかし子どもがこれまで示された手本どおりに行動すると、その子は突然怒られる。同じことをしたのになぜ怒られるのかと尋ねても、「ユピテル〔ローマ神話の主神〕に許されていることも、雄牛には許されない」という格言で片づけられ、罰せられる。無秩序で矛盾していて理解不能で、指導と、健全な模範を欠く環境は、子に正しい方向性とよりどころを与えることがむずかしい。そうなるとその子は無責任な子どものままで成長する。以下はある若い女性の日記である。

型破りになれ、そうすればお母さんがかまってくれるから。健康で「ふつう」の人間になれ、それが当たり前なのだから。だから、ずる賢く芝居して、みんなが欲しがっているものを与えるんだ——陽気な女の子、誰もが大喜びで抱きしめ、「かわいい」と言わずにはいられない自慢の子。でもその一方で必要なものは手に入れなくち

ゃいけない。いくら愛情をアピールしても欲しいものが手に入らないほど嫌われているなら、心配させて目的を達成するんだ。病気はひどければひどいほど愛してもらえる。葛藤が生まれたのは思春期になってからで、成人してからはさらにひどくなった。一二歳か一三歳の頃、おばさんが家にきた。私は前からしていたように、二階から階段を駆け下りていって、おばさんの首に抱きついた。「そんなおかしなことやめなさい」とお母さんが注意した。「何がおかしいの？」と私は訊いた。「大げさすぎて、おかしいから」。さっぱりわからなかった。これまでは「かわいい」、「愛らしい」といつも言われていたのに、急に大げさすぎるって？　私は徐々にどの年齢にもそれなりのルールがあることを理解した。子どもだったらいつも許されていたことが、ティーンエイジャーには少ししか許されず、大人になったらまったく許されない。私は男に対して効果抜群の新しいトリックを身につけた。「ナイーブで天真爛漫で未経験で、途方にくれているような大きなうるうるした目をして、この世界にはいいことしかないと信じている女の子」のふりをするのだ。たしかに私はひどくナイーブだった。以前から私を知る人は、どれほど私がナイーブだったかとしゃべるけれど、そこには私なりの打算もあった。女たらしは私のあどけない純真さを見ると、もう矢も盾もたまらなくなりみだらな誘いをかけてきた。おととい私が子どもの頃のことをしゃべっていたら、お母さんはこう言った。「あなたが養護施設にいたとき、ときどきあなたのことを完全に忘れていたわ。養護施設ですごく幸せそうだったから。あなたの手紙はいつも楽しそうだったし」。いつもはとても耳ざとくて、どんなことも聞き逃さない母なのに、検閲済みの私の手紙にだまされるとは！　私は懇願したのにもかかわらず、養護施設にいなければならなかった。残された武器はただ一つ――病気になることだった。

別の若い女性の話

なぜ私は愚か者の世界（自分の家族のこと）で育てられ、正気を保たなければいけないのでしょう？　それでどんなに苦しんだことか。

もう一つの事例

三〇代半ばの男性が、恐怖症の症状を訴えて来診した。彼は映画館では隅の座席にしか座ることができず、急行に乗れず（「駅と駅との距離が長いからです。もしも私が運転手なら話は別です。不安に襲われたりしたら、自分で電車を止め、降りることができますから」）、エレベーターに乗れず、橋を車で渡れない（だから彼は車から降り、徒歩で橋の欄干にぴったり接近して橋を渡らなければならない）。一人で部屋にいると激しい不安に襲われる。天井が自分の上に崩れ落ちるかもしれないからだ。同時に彼は、自分自身でもばかげていると思うこの不安によって、気がおかしくなってしまうのではないかと不安を感じている。この不安は、最近数年間は最悪の状態に陥っている（兄弟が精神病で施設に入り、そこで死亡したのである）。

彼の不安を理解するためにその生い立ちを大まかに述べる。

弟が八歳年下だったために、彼は長い間一人っ子として母親から非常に甘やかされて育った。父親は折り目正しく四角四面の公務員で、仕事をいつも家に持ち帰るので、家族は食事時間以外には父親の顔を見ることがなかった。母親は夫の知らないところで息子を甘やかし、こっそりと彼にお金を渡し、たくさんの服を買い与え、学校で問題があったときなどは、息子と周囲の人々との間に割って入って取りなしをしてきた。父親はこうしたことにまったく気づかず、関心ももたず、厄介なことに関わらずにすむことを喜んでいた。彼は幼い頃にはよく病気になったので、それがまた母親が彼を甘やかす原因となった。自分よりかなり年上で味気ない性格の夫との結婚生活に失望していた彼女にとって、息子はもっとも大切な存在であり、甘やかすことで息子の愛をつなぎ止めようとしたのである。思春期を過ぎた頃、息子は友人と、それなりの考え方と地位をもつ父親にとっては考えられないようないかがわしいヤミ取引に手を染めた（父親は生真面目な性格で、バスが超満員で車掌から乗車券を買えないまま乗車したときは、翌日二回分の乗車券を買うような人物だった）。息子はときどき学校をさぼるようになった。そのことと、いつ発覚するかわからない秘密のヤミ取引のために、不安が大きくなっていった。彼は二重生活を送っていたのだ。父親の前では真面目な息子で、父親が見ていないところでは、母親にかばってもらいながら不品行をはたらいていた。

この生活そのものは刺激に満ちていたが、彼はひんぱんに心臓の痛みとめまいに襲われるようになった。これは彼の生活が虚偽の上に成り立っていることに対して体が反応したのである。彼は自分自身の内部にも外部にも真のよりどころがなかった。義務だけで成り立っている世界の住人である父親と自分を同一視することは、単に魅力に欠けていただけでなく、両者には接点があまりにもなかったため困難だった。たとえば日曜日に彼が（通常は入ることを禁じられている）仕事部屋の父のところに行っても、父と子は遠く離れて向かい合わせに座り、父は新聞を読み、息子は絵を描くだけで、言葉は一言も交わさなかった。二人には何も言うことがなかったし、非常に気まずくてどうやったら親しくできるのかわからないのだった。彼は父親とその生き方を滑稽だと感じ、父の知らないところで母親と一緒になって「あの老いぼれ」と呼び、その偏屈な頑固さを笑っていた。若くしてその地位が魅力で年がかけ離れた夫と結婚した母親は、結婚しても子どものままで、夫に盾突いてばかりいた。彼女は息子とぐるになって、かねてから憧れていた「派手な生活」を送っていたために、息子の心の支えとなることはできず、彼が困難に陥っても誤ったかたちでの援護しかできなかった。

こうして彼はどこからもほんとうの意味での指針を得ることができず、しっかりと拠って立つべき地盤をもてず、自分の上のすべてのものが崩壊し（部屋の天井が落ちてくる、など）、自分を支えてくれるものがまったくない（橋の不安）といった悲劇的破局に対する不安をつねに抱いていた。その他にも、「降りたいのに降りられない状況」に関わる不安もあった。また、彼の生活を下支えしているすべての「いんちき」が突然明るみに出てしまう不安もあった（めまい発作をともなう心臓の痛み）。狂ってしまうのではという不安は、弟と関係している部分もあり、このいんちきがそう長くはつづかないのでは、という漠然とした意識のあらわれでもあった。

いわゆる上流階級の「金の檻」環境もヒステリー性パーソナリティの進行を助長した。こうした環境では見せかけが強調される。社交界での信望が子どもより重視され、子どもたちは「使用人」にまかせっぱなしで、そればかりか子どもたちに対して「おまえたちはどんな存在か」、両親は世間ではどのような重要な立場にいるのかについて、諄々《じゅんじゅん》と言い聞かせる。子どもたちは「なんでも持っている」ように見えるのでクラスメートからうらやましがられ、幸福な子どもという役割も演じさせられる。さもなければ恩知らずだと言われるからだ。こうして結局彼らは自分の苦しみを尊大さの中に巧みに隠すことを学ぶ。彼らは理解者をもたず、やがてほんとうに自分はうらやまれて当然の人間だと思うようになる。

両親が子にとってまったく手本にならない場合、その子には二つの可能性しか残っていない。そうした事情にもかかわらず、両親とその誤った価値観に自分を同化させるか、あるいは両親を信用しないかだ。後者の場合、その子は完全に見捨てられたように感じてしまう。その子は成長すると、両親が示した手本のようにふるまうか、彼らと対立する立場を保ち、**「両親みたいには、ぜったいにならない」**と考える。これはもちろん建設的とは言いがたい。

また、両親の性別役割が逆転し、母親が「ズボンを履き」、父親が「恐妻家」タイプの場合も、子どもにとってむずかしい状況がある。ここで述べているのは、社会に定着し、現時点で通用している固定観念が要求しているような性の役割が取り違えられている、ということではなく、何が男性的で何が女性的なのかという認識のゆがみである。恐妻家は妻によって無力化され、妻に対する不安を抱いている。「男性化」した妻は男性的なものに対してライバル意識や憎悪を感じ、自分の本来の性を軽視している。子は自分の性別役割について適切な模範が得られないので、少なくともその点では成長過程で困難を覚え、長じてからも他の性に対してどのような立場に立つべきかで悩みがちになる。両親が自分のセクシュアリティとうまく向き合っていることは、子どもにとって、ある意味で非常に大切だ。その子はそこに魅力を感じ、「父親的 - 男性的」あるいは「母親的 - 女性的」な似姿に共感できるようになるからである。

とは言え、社会は、男性と女性がその性別役割を引き受けるために、多種多様な可能性を提供しなければならない。そうすれば男性という存在、あるいは女性という存在の多様性が十分に生かされる。男性あるいは女性はかくあるべき、かく振る舞うべきと一面的に決めつけ、そうした形で集団に取りこもうとする考え方は、階級制度的あるいはイデオロギー的な権力欲に端を発している。今日の私たちは、こうした「役回り」から男性と女性の双方を解放し、固定化されたしがらみから自由にすることをめざしている。男性らしさと女性らしさのとらえ方が文化の違いによって実にさまざまであるという事実は、性別役割は時代に制約されており、（私たちの多くが考えているように）生物学的な条件に左右されているのではないことを示している。すべての社会はその社会が必要とする男性と女性の役割をつくり出し、その役割は、幼い子どもを育てる段階からはじまる。このことに関しては、マーガレット・ミードが著書『男性と女性』で興味深い事例を挙げている。

この年代のときに両親の結婚生活がうまくいっていないと、子どものヒステリー傾向は助長される。特に一人っ子の場合や、一方の親が子どもをパートナーの代用のように扱っている場合に、これは顕著である。子どもは、それを引き受けるには未成熟なのにその役割を担わされ、年齢不相応な課題を背負いこむことになるばかりでなく、無邪気な子ども時代とあまりにも早く決別させられる。そのために年齢相応の成長段階を踏んでいく可能性を奪われ、多くの視点から早熟になってしまう。たとえば、息子が、父親に落胆している母の慰め役や盟友になるケースだ。その子は、彼の年齢には不釣り合いで負担にしかならない話を打ち明けられる。彼は母親の信頼を一身に受ける人物の役を演じることで、母親と非常に親密になり、父親の敵側に回らされ、母の目で父を見ることによって父との関係が破綻してしまうこともしばしばある。両親を一組のペアとして愛し、双方に対して何の罪悪感もなく愛情を抱くという健全な可能性がなくなることも考えられる。その子の内部では早熟さと子どもっぽさが同居したままで、将来、男性の世界でおのれを示すためにも重要な、父親と話し合って成長する段階を経験できない。娘のケースでもほぼ同様のことが言える。いずれの場合も異性の親との間に健全な関係を構築する可能性が奪われてしまう。

本来の自分に合っているのではなく、一つの機能として強要された役回りは、子どもに真の安心感を与えてくれない結果となる。多くの場合、その子は他の面では依然として子どもとして扱われる。この「大人でなくてはならない」側面と「子どもとして扱われる」側面の共存は、子どもをとても混乱させ、そればかりか、期待に答えられないと劣等感まで抱くようになってしまう。子どもはその期待が自分には過剰な要求であるとわからないのだから。

人生で自分が思い描いていたことを実現できず不満を抱えている親が、その実現のために子どもを利用すると、その子のヒステリー傾向が助長される。こうした親は子の手本になれないばかりでなく、必要な指導も与えられず、場合によってはその子に向いていない役割を押しつけてしまう恐れすらあるからだ。こうした背景があると、ヒステリー性と抑うつ性が混在するパーソナリティ構造がしばしば生まれる。

子が「**パパ（またはママ）の一条の希望の光**」の役割を押しつけられている場合も、似たような結果になる。こうした子はつねに輝き、ほがらかないい子で、両親を喜ばせなければならない。彼らはそのために愛され、感嘆されるが、つねにうわべの顔を取り繕っていなければならないので自分のアイデンティティをなかなか獲得できない。この役回りがその子の第二の天性になり、自分の本来の姿を疎外してしまうと、後年、この役割を演じなくなったり、演じる必要がなくなったりしたときに、重いうつや虚脱状態が襲ってくる。

どのような理由であるにせよ、一般的な慣例からかけ離れた環境もむずかしい面がある。たとえばある種の社会階級意識、集団における少数派などである。子どもは家庭内で価値観や行動様式を学ぶが、それは家庭内では通用し評価もされるが、外では拒否される。子どもは（たいていは学齢に達してから）集団生活をするようになり、これまで家庭内で教えられなかったり、違った教え方をされてきたりした状況に遭遇する。世間に対する失望、不安定で笑いものにされているような気持ち、家で学んだことは外では役に立たないという苦い思いが、子どもをかえって強く退行的に家族に執着させる。こうした土壌からしばしばヒステリーとスキゾイドの混合構造が発現する。

ヒステリー性パーソナリティの中心的な問題は、自分のアイデンティティをまだ発見していないことにも端を発している。彼らは子ども時代の模範との同一化から抜け出す道が見つからないか、いまだにその模範への反発を引きずったままでいるか、その他の役割を押しつけられているか、あるいはその役割を進んで引き受けているかである。

上述のようなヒステリーを助長する環境に加え、きわめて強迫的な環境においてもヒステリー性パーソナリティ構造が発現する場合がある。これは、あらゆる活発な衝動を萎縮させ、年齢相応の自由に対する健全な希求を阻む、厳格で拘束的な教育姿勢に対する反発から生じる。しかしその反面、あらゆる過剰な拘束を拒否するばかりでなく、意識的または無意識にすべての点で自分に求められていることの反対を生きようという挑戦的態度から、極端な行動へとエスカレートし、やりすぎてしまうケースもある。特に過酷だったり、過度に潔癖だったり、権威主義的で偏狭な環境で育った子どもが、「できが悪くなる」理由はそのあたりにあるのだろう。これは「真性」のヒステリーではなく、反応性のヒステリーである。

かつてはヒステリーがもっぱら女性のものとされてきた歴史的経緯について簡単に述べよう。それは、ギリシャ語で「子宮」をあらわす「ヒステラ」がヒステリーの語源であることにもあらわれている。以前は女性のほうが頻繁にヒステリーを発症したのはなぜかとよく考えてみれば、ヒステリー人格が生まれる条件についても理解できるかもしれない。同時にまた、科学に関する誤った視点に基づく「学術的見解」を鵜呑みにしないように注意が必要だ。特に対象が人間の場合には、しばしば無意識の偏向が見られる。ときには意識的にそれがなされる場合すらある。

西洋文明における女性の人生は、かつてはほとんど妻、主婦、母としてのそれに限られていた。彼女の人生の意味と社会から期待されている役割は家庭内にあり（「**そして女は家に居て貞淑な主婦となり……**」とフリードリヒ・フォン・シラーの『鐘の歌』にある）、これと対照的に、夫には自己を実現するためのはるかに豊かな可能性が開かれていたのである。したがって女と男とではパートナーシップのもつ意味が異なっていた。また男の社会的役割には、いろいろな点で特権が与えられていた。男性の業績は一般に高く評価されたが、女性の場合は評価が低く、稼ぎも少なくて、女性は法律的にも経済的にも依存を余儀なくされていた。こうしていたるところで不利な条件に置かれ、発展の可能性は家庭と家族に制限されたばかりでなく、自分自身ではなく男たちと社会の理想や期待を実現させることを強要された。また長きにわたってその心を顧みられることすらなく、その後も女性というセクシュアリティの権利が認められない集団的な偏見にさらされてきた。父権社会における女性の立場は、うらやましくなるようなものではまったくなかった。したがって女性にとってヒステリーは、圧倒的な男の世界に対して自分の希望と要求を貫徹し、同時にリベンジを果たすためのいわば唯一の武器だったのだ。彼女たちはヒステリーを「発明した」と言えるかもしれない。なにしろこの行動に対してつける薬はなく、そうした場面に直面すると、男たちは手の施しようがなく降伏するしかないと思ってしまうからだ。ヒステリックな行動は、非合理的、非論理的で、困惑させられ、理解しにくいので、男は合理性と論理という手持ちの札では対抗できない。その女性の反応のどれが意図的なもので、どれが病気からくるのか。どれが本来欲していない反応で、どれがそうせざるを得ない反応だったのか。ドラマチックな場面、身体症状、絶望の爆発から、果ては自殺の脅迫まで――すべてが謎また謎で、男は圧倒され、彼はしばしばしくじり、「ニーチェの鞭」で言うことを聞かない女をおとなしくさせようともせず〔フリードリヒ・ニーチェ『ツェラトゥストラはかく語りき』に「女のところへ行くなら、鞭を忘れなさるな！」と老婆が言うくだりがある〕、パートナーシップを完全にだめにしてしまう。「夫婦の義務」におとしめられた女性のセクシュアリティは、しばしば彼女の「不感症」の原因となり、これがまた彼女に罪を着せる結果となる。しかしこうした男性の傲慢、権力と所有の主張の背景には、注意深く保護し、隠されてはいるが、彼らの女性に対する強い不安、人生の「反対側」に対する不安がある。男性的なものを過大評価し買いかぶれば買いかぶるほど、なおさら女性は危険で脅威だと思う気持ちは強くなる。無意識な者の強みかもしれないが、女性は男性の「優位」に対抗する力を、ヒステリーの中に見出した。これは自己防衛であると同時に復讐でもある。父権社会が力を失っていくとともに、いわゆる古典的なヒステリーが少なくなってきたのは偶然ではない。男性と同等の立場に立ち、発展の機会を奪われなくなった女性は、ヒステリーをもはや必要としなくなったのだ。

ヒステリーの発生について考えてみよう。パートナーまたは社会の抑圧、軽視、束縛、強制、冷酷な姿勢は、ジェンダーに関わりなく、反発としてのヒステリー性行動パターンを生じさせる。また前述のヒステリーを助長する他の環境も、ジェンダーとは無関係である。

ヒステリー性パーソナリティが生まれる背景について大まかに述べてきた。こうした背景のもとに、この人格に特徴的な不安、すなわち、束縛されること、終局と必然に対する不安が生まれるのである。習得した行動パターンが期待したような成功を引き出せないという失望から（しかも、敗北を経験すればするほど、すぐに成功したいと期待する気持ちが強くなる）、彼らは自分の能力に心から満足することはできないようになる。それが、認められたいという欲求をさらに強め、彼らは不十分な手段しかないのにもう一度満足を得ようとトライし、これがヒステリー性の悪循環を呼ぶ。この悪循環を断ち切るには、知識と技能を徹底して取得するしかない。こう考えていくと、彼らがなぜ影響されやすいのかもわかってくる。自分自身と人生に対する全般的な不満足感は、刺激を切望する気持ちを生む。彼らは望んでいる結果をもたらしてくれる新たな刺激、変化をつねに模索しているのだ。変わるべきものは外にあり、自分の内部にあるのではないというのが彼らの言い分だ。そうでないと認めることが回復のきっかけになる。

彼らの助けはどこからくるかと言えば、それは現実から逃れず、現実のルール、秩序、法の筋道を認め、自己理解と成熟をめざしてこれらを受け入れることにある。また、「本物」になる勇気と、必要な場合には諦めるという心の準備も大切だ。そうすれば、現実もその肯定的な面を示し、彼らにも可能な程度の満足と成就を実現してくれるだろう。

ヒステリーという概念がしばしば軽蔑的なニュアンスで使用されるのは奇妙な話だ。強迫性格、うつ、あるいはスキゾイドの場合には、私たちは一般にもっと寛大で、彼らを苦しんでいる人と捉えようとする。しかし、誰かをヒステリックだと評するときには、ほとんどの人は、当然自分はその人より道徳的に優位に立っていると思っている。これは私たちが、ヒステリー性格の人は病気のふりをしていて、「ほんとうにその気になれば」賢明な行動がとれるはず、などと考えているからだ。あるいは私たちは、旧来の偏見を引きずっているのかもしれない。本書で紹介した事例から、ヒステリーはその発生のいきさつから証明が可能な病気で、ヒステリーにかかっている人も他の病気の患者と同様に苦しんでいるのだということが明らかになっただろう。私たちが強い偏見を抱きがちなのは、（外から見ると）ヒステリーを起こす人は人生における特権階級に属し、そのために彼らが病気になる「権利」を認めたくないという感情も関係しているのかもしれない。もしも彼らの生育史を知れば、その意見を訂正せざるを得ないだろう。結局のところ私たちは皆、十分に処理されていない過去に苦しんでいる。そうした過去をもちつつも、傷つけられた分よりも多くの助けを得ることができ、自分の人生を実り豊かにできた者は、感謝の心から、自分より不幸な人々に対する深い理解と寛容をもてるに違いない。

ヒステリー性格の人の体験例

ある裕福な女性が、一六歳の息子に関する相談で私のもとにやってきた。息子にホモセクシュアルの傾向があるようなのでとても心配しているというのだ。面談中にわかったのだが、彼女は（文字通りの意味と比喩的な意味で）光線がもっとも好ましい方向から当たることにかなり心を砕いているようすだった。椅子をずらして、自分の顔がいちばんよく見える角度に調整し、腫れた頬が日陰の暗い場所にくるようにする（今朝、歯を抜いたとのこと）。彼女は母親としての自分のことは自画自賛するのだが、夫には非常に批判的で評価が低かった。息子との面談でさらにくわしいことが明らかになった。両親の結婚生活は数年前から破綻していたが、母親は世間の手前、離婚を望んでいなかった。彼女はしばしば長い旅行に出て、そのときにはいつも息子も同行させた。彼は小さな騎士の役割を押しつけられた。泊まるのはいつも超高級ホテルで、息子が思春期を過ぎても、母は息子と同じ部屋に泊まった。彼女は魅力的な女性で、息子を誘惑して楽しんでいた。服を脱ぎ着する姿を息子に見せ、彼が好奇心と興奮をがまんしている気配を感じて喜び、同時に彼のとまどいを「かわいい」と思っていた。彼女は息子を少年の召使いのようにかしずかせた。だが息子が押しつけられた役を演じながらも、ホテルの食堂で「勝手に」何かを注文すると、彼女はウェーターの目前で、そのようなふるまいが許されない小さな子どものように息子を扱うのだった。つまり彼は母親をあがめる役割だけを演じさせられているわけで、彼女のおもちゃだったのだ。彼女は息子の父親との関係を邪魔してばかりいた。彼が父親のほうを向くと、息子に父親への反感を植えつけ、やきもちを焼いてみせるのだ。父親は息子と疎遠になっていると感じていたが、どうやったら息子を味方につけられるのかわからなかった。父親は息子とまれにしか顔を合わせず、母親のほうが時間的に有利に立っていたからだ。それに妻と同じ手を使って、息子に妻に対する反感を植えつけたり、妻をくさしたりすることを彼は好まなかった。息子はそれを父の無関心と解釈し、父が自分の罪を告白しているのだと見ていた。彼女はいつも父親よりも息子を強く愛し、父親は自分に関心がないと言っているのだから、彼女は正しいはずだと考えたのだ。こうして彼は母親の目的のため、夫に対する復讐のための道具として利用された。母親は、そうすることで息子にどんな仕打ちをしているか考えもしなかった。彼女は結婚生活に対する失望を「夫が多くを差し出さなかった」せいだとして、その罪を夫一人に着せ、復讐していたのだ。

非常に問題のある結婚生活を送る両親の一人っ子として育ったある少女は、とても魅力的な女の子だったが、自分の自己顕示欲を満足させたい母親に利用され、理不尽な要求を突きつけられつづけた。四歳で彼女は子ども服のファッションショーのステージに立たされた。母親がランウェイの下に座って監視しているので、彼女は何か失敗しないか、まずい動きをしないか心配でたまらなかった。本人の説明によると、母親の冷徹な目は、どんな「ミス」も見逃さなかった。すべてがうまくいくと、母親は観衆の目前でやさしく彼女を抱擁してキスし、母性愛あふれる感動的なシーンを演じる。失敗すると彼女は家で厳しく叱られ、あんなことは二度とやってはいけないと脅されて、練習させられる。彼女は、母親を失望させず、うまくやったときだけその愛を受けられるのだと思うようになる。同時に外見上の美点に過度の価値が与えられるようになり、それが唯一の真正の価値であるかのように思えてきた。他の子どもたちの嫉妬の混じった賛嘆は、彼女にとってあまり慰めにはならなかった。やがて彼女は多くの成功をおさめ、人気モデルになったが、年齢を重ねることに対する不安は大きくなる一方だった。彼女の全存在と自尊感情は自分の肉体的な魅力に基づくもので、男性との関係も同様だった。それなりに多くの「情事」を重ねたが、ついにそれに飽き足りなくなった彼女は、漠然と「大恋愛」に憧れるようになった。三〇歳以上にはなりたくなかった。その先は、自分の人生にはもう意味がないと思っていたからだ。彼女はほんの少し体重が増えただけでも重い抑うつ状態になった。母親のコントロールも依然として厳しく、市場価値を引き合いに出して容赦なく批判するのだった。彼女は娘を資産家の男たちと交際させようとし、金持ちの婿をもらって、自分の老後に備えようとした。自殺未遂を起こした娘は心理療法を受けることになり、多くの人に羨まれた見せかけの華々しさの背後に悲惨な現実があったことが明らかになった。それはさまざまな観点から見て典型的な、こうした職業によくある運命であった。

強度のヒステリー傾向がある、一女性の事例。彼女は、夫を完全に支配しようとしていた。彼女の実家では、父親はかなり喜劇的な役回りを演じさせられていた。彼は家族がそれなりの生活水準で暮らせるだけの稼ぎがあったが、それ以外は「無視してかまわない人」だったのだ。彼女も自分の夫を同じように扱い、「収入源」としか見ていなかった。彼女は母親からも支援を受けていたので、自分の家よりも母親のところにいる時間のほうが長いぐらいだった。母親は、娘は「もっとましな男」にふさわしいと言って、婿をしばしばけなした。娘の夫は教師という「手堅い」仕事で、将来は年金ももらえるが、とびきりの金持ちになれる見込みはない。母親は、楽な暮らしができるように、婿からできるだけ多くの金をむしり取るように娘をけしかけた。こうして娘は自分の好みや楽しみを追求し、家事をおろそかにするようにな

った。彼女は子どもを望まず、夫は自分のように魅力的で好ましい妻を愛せるだけで幸せだろうと思っていた。気ままな妻を最初は面白がっていた夫は、結婚して母になれば、妻の困った面もよくなるだろうと考えていたが、その気配はなかった。それに妻は母親との密接な関係をやめようとしなかった。妻として彼のそばにいるよりも娘でいようとしているのだ。こうして二人の間の溝は深まっていった。夫が他の女性と関係をもつようになったとき、妻は自分の過去の行状とこの件に関する自分の責任には目をつぶり、現在の裏切りの事実のみをあげつらって彼の罪を責めた。それがこれまでの問題について話すチャンスで、二人の関係を修復できたかもしれないのに、彼女は自分自身を直視する覚悟ができていなかった。それは非常に制約の多い現実を意味し、多くの不愉快な自己認識を要求し、やっかいな結果を招くだろうからである。

この事例の女性は家族、特に母親から離れられなかった。彼女は依然として母と深く結びつき、母の物さしと意見を何の躊躇もなく受け入れていた。幼い頃によりどころとしていた人物から完全に分離していないのが、ヒステリー性パーソナリティの特徴だ。背景となる環境をさらにくわしく説明しているのが、以下の事例である。

Pはかなり問題のある結婚生活を送る両親の一人娘だった。父親はリベラルで寛大な政治家

として成功を収めていたが、家庭では傍若無人で好き勝手にふるまい、まるで独裁者のようだった。母親自身は、男たちが家長として特権を与えられ女は二の次にされていた家庭の出身だったので、結婚後も小市民的な母親像を演じつづけ、小心で自立しておらず、しかも実家で支配的だった偏見や意見をそのまま頑固に踏襲していた。彼女は、人間や人生の問題を自分で判断しようと試みたことは一度としてなかった。むしろ不安定な状態に陥れば陥るほど、自分が受け継いだ価値観にますますしがみつく。彼女は、「人」はどのようにふるまうべきかをつねに心得ていると思い込み、問題がまったく存在しない「世界」に安住していた。

彼女は有名で成功を収めている自分の夫を心から尊敬し、あらゆる決定を夫に委ね（「あなたのほうがよくわかるでしょう」、「あなたの言うとおりよ」――よき妻は、夫と同意見でなければならないのだから）、完全に夫に従っていたので、結婚生活において人間的成長を遂げず、夫もそこに価値を置いていなかった。非常に従順で、自分のことを気づかい尊敬し、出張から戻るたびに自分を甘やかしてわがままを許してくれる妻の存在に満足していたのだ。しかしその一方で、妻には覇気がなく自主性もなかったので、退屈な人間だとも思っていた。彼女が自分を卑下し、彼も彼女を真剣に受け止めていなかったために、彼はやがてほかの女性と関係を結ぶようになった。妻はそれを嗅ぎつけ、夫も否定しようとしなかった。妻は自立していなかったので離婚を望まず、夫は外でアバンチュールを楽しみつつも居心地のいい家があるという快適な生活を捨てられず、離婚を望まなかった。それに離婚は彼の社会的名声を傷つけることにもなる。妻はこうした状況に絶望し、夫を非難して泣いたりわめいたりしたが、彼はそれに飽き飽きして取り合わなかった。こうして事態はいっこうに好転しないままで、八方ふさがりの妻は娘だけを心の支えにしていた。彼女は早い段階から娘に自分の悩みを打ち明けていた。娘は年齢不相応の重荷を負わされたばかりでなく、母親の目を通して父親を悪い夫として見るようになり、「男たち」がいかに邪悪かを示す見せしめととらえるようになった。母親は娘を甘やかし、いつも忙しくて出張ばかりしていて短気で気まぐれな父よりも長い時間一緒にいてくれるので、娘は母親になついていた。

父親は、娘が思春期を迎え、非常に魅力的な女性になると、はじめて彼女に興味をもつようになった。彼は娘といちゃつき、母親よりもひいきにして、娘の体つきをほめちぎり、父親らしからぬ態度で触ったりした。やがて二人の間にエロチックな雰囲気の関係が生まれ、彼女は自分の肉体の魅力を自覚するようになった。同時に父親のそうした行為によって彼女は母親のライバルになり、心情的に複雑な状況に追い込まれていく。依然として、つねにそばにいて信用できる母親の存在を必要としていたからだ。こうして彼女は、自分に新しい自尊感情を与えてくれた父親の男としての愛情を歓迎する一方で、母親に対して罪悪感を覚えていた。母親は父親がいるときにはいわば家政婦に格下げされ、父親は外出や町歩きといった楽しい行事のときには娘だけを伴っていたからだ。しかも娘は、父親との関係では自分が母親に勝っていることにひそかな勝利感を味わっていた。ただ母親の愛を失うことだけは不安だった。たとえ視野が狭く小市民的であったとしても、あたたかい感情を彼女に与えてくれるのはやはり母親だったからだ。

こうして彼女は矛盾する感情に引き裂かれる思いだった。父親は「大きな世界」の代理人であり、そのライフスタイルを見ていると人生に対する漠然とした期待とイメージが呼び覚まされた。母親からそうしたことが期待できないのははっきりしていた。母親はむしろたいそう謙虚で諦めが強く、自己主張できないふがいない自分を恐れ、自分から夫を奪ってしまうような世界に対して不安を抱いていた。

両親が離婚はせずに別居をはじめるようになり、問題はさらに深刻になった。父親は大都市に引っ越し、娘は母親と住み慣れた場所にとどまった。父親が去ったことで、彼女の「大きな世界」はひとまずなくなってしまった。彼女はふたたび母親と密着して暮らし、母親は娘が自分の残りの人生の中身だと考えた。娘を甘やかし、娘が自分の生活を送ろうとして母親を一人きりにすると罪悪感を覚えさせて自分に縛りつけ、夫にとったのと同じ態度を娘に対してそのままとるようになった。父親に失望した娘は、母親からもらえるものはすべてもらうようになった。母親は何でも喜んで娘に差し出す準備があったのである。無意識のうちに父親と自分を同一化していた娘は、父がいなくなった分を母親で埋め合わせようとし、彼女を暴君のように支配し、父親がしたのと同じように母を扱った。こうして父親が演じた役を娘が引き継ぎ、母と娘はかつての両親の夫婦生活と同じような状態をつづけたのである。娘は父親がしたように母を批判し、母親が自分を甘やかし、世話をするように仕向け、自分の不満や不機嫌を母親にぶつけた。母親は喪失不安のためにそれを甘受するしかなかった。

娘は招待されたときだけ父親が住んでいる大都会に行っていたので、二人は非常にまれにしか会わなくなった。彼女はその間に成熟し、さらに魅力的になっていた。父親は、すっかりレディになり道行く男たちが振り返るほどの娘と一緒に外出するときは鼻高々で、彼女とすごす短い時間には、ガールフレンドのように甘やかした。彼は妻にわずかな金しか渡していなかったので、母子のふだんの暮らしぶりはつつましいものだったが、娘が父のもとに滞在している数日間だけはきらびやかな生活が繰り広げられた。彼は娘と高級レストランへ行き、高価な服やアクセサリーを買い与え、オペラハウスにも連れていった。だがきらびやかな日々が降って湧いたように訪れたのと同様に、その豪華絢爛さは突然色あせ、しかもいつまでつづくのかもわからないのだった。母親が待つ中流階級の世界に戻ると、そこは高価な服もアクセサリーもさまざまな期待もまったくそぐわない場所で、彼女の不満は大きくなるばかりだった。

こうして彼女は自分の力では手に入れられないものを要求することを学んだ。まるで自分に与えられるのは当然であるかのように、そうした要求を人生に突きつけるのである。彼女も完全に間違っているわけではない。父親のライフスタイルはそれを可能にしてくれると思えなくもないからだ。彼がもっと娘にかまってくれたら、彼女の暮らしも違ってくるかもしれない。

母親は、娘から必要とされたいために、言いなりだった。さらに娘も失って、一人きりにされてしまうのではないかという不安から、娘がこれ以上何か知恵をつけてしまうことには及び腰だった。二人の水入らずの生活を脅かされたくなかったからだ。父親は「娘は働く必要がない」という意見だった。これは、たたき上げの人物が自分の子どもに対してとる態度としては珍しくない。それは自力でなし遂げたことに対する誇りである。自分の稼ぎがあるから娘は仕事をする必要がないというプライドのために、こうした立身出世の人物はそれが娘にもたらす結果を忘れてしまっている。彼女本人は、何らかの職業につこうという考えは特になく、頼らざるを得ない両親に対してむしろ無意識のうちに復讐心を抱いて生きていた。その気持ちはこのように表現できるかもしれない。「あなたたちが私の人生をこんなに複雑にして、どうしたらいいのかわからなくなっちゃったんだから、せめて私の面倒ぐらいみてちょうだい」——ここから連想されるのは「私の手がかじかんでしまったら、お父さんは自業自得だ。なんでお父さんは私に手袋を買ってくれないんだろう?」という小話だ。このようなブラックユーモアの背後には、しばしば絶望や自暴自棄がある。

こうして娘のPは育っていった。チャーミングでえり好みが激しく、どんな服を着たらいいか、どうしたら人と話を合わせられるかを心得ていて、父親から受け継いだ大物感があったが、彼のしたたかさと能力は備えていなかった。働くことに慣れていない彼女は眠り姫のように眠りこけたままで、いつか王子があらわれて自分を自由にしてくれるのを待っていた。しかし王子はあらわれなかった。それは彼女が自分の居場所から脱する出口を見つけられず、その一方で、地味な男たちが彼女を満足させるほど多くのものを差し出せなかったからだろう。誇りに満ち、気むずかしく、自信たっぷりという外面とはうらはらに、彼女は不安な小さな女の子のままで、人見知りで、母親なしにはいられなかった。この自信のなさを自分自身と世間から隠すために、尊大な態度をとらざるを得なかったのである。彼女は自分では上品だと思っているちょっと鼻にかかった声を出す癖があり、第一印象は、世間を知り尽くして少し退屈しているいいところのお嬢さん、という感じだった。

こうした背景をもつPは、徐々に不安が強くなっていった。母親がいないと何もできず、一人で外出すらできない。彼女は不安神経症を発症し、看過できない症状があらわれるようになり、頻脈、めまい、睡眠障害といった身体症状も見られた。そのために彼女は母親とあちこちの医者を訪れ、請求書を父親に送ったが、彼はやがて支払いを断るようになった。彼女の本来の不安、すなわち現実に対する不安、実《じつ》を示すことに対する不安、何かを学びことに対する不安、どのように自分の生き方をデザインするのか明快な決断を下すことに対する不安、子どもっぽい未熟な考えをやめることに対する不安は、病気なんだからこれらのどれもできないという言い訳を使える不安神経症へとシフトした。不安神経症が果たした機能を以下に列挙する。

世間に対する防御と緩衝帯として母親を自分に縛りつけた。彼女には大きな願望があり、白昼夢ではすでに事細かにそれを思い描いていたが、実現するスキルを自分で取得できずにいて、そのことで失望せずにすんだ。両親に対する復讐も果たせ、嫌なことすべてを避けるための「合法的」な言い訳を手に入れられた。

もちろんこの事例は簡略化されていて、いわば「早回しで撮影」したものである。しかしヒステリー傾向を増長させる可能性がある環境のバリエーションには、典型的な特徴があり、それをまとめると次のようになるだろう。

両親が不仲の家庭で年齢不相応のやり方で育てられた子ども（特に一人っ子）、正しい指導とジェンダー固有のロールモデルの欠如、矛盾に満ちた環境で育ち、しかも外界に対する健全な方向付けがほとんど与えられない、片親のみとの結びつきが長期にわたる、堅実なスキルと知識の欠如、未来に対する漠然とした期待に誘惑される、自分のアイデンティティが確立していない。

Ｐはそもそも「現実」とはなにかを知らなかった。彼女には父親の壮大な世界と、ぬくぬくとして、わがままを許してくれる母親の狭い世界しかなかったのである。彼女自身はどうすればよかったのか？　有名な貴婦人にでもなればよかったのか？　でもどうやって？　それとも母親のようになればよかったのか？　でもきっと刺激がなくて退屈だろう。もしも母親が亡くなったら、彼女はどうなる？　そんなことは考えられない。そこで彼女は母親を苦しめ、利用しつつも、できるだけ長生きしてくれるように、また母親にやさしくするのだった。ここにこの二人の逃げ場のない関係性があらわれている。離れたくても二人は相手を必要としているので離れられない。二人のうちのどちらか片方が大人になったなら、二人の関係を守っていた神経症にほつれが生じ、二人が恐れていた成熟段階に歩を進めざるをえなかっただろう。娘の病気は、彼女のまだ健全な部分が、長期的に見るとこのままではうまくいかないと知らせてくれたアラームだったのである。

ウルリーケは両親の三番目の子で、上に二人の姉がいたので両親は男の子を望んでいた。生まれてきたのが男の子でなかったので両親はがっかりしたが、自分たちの望みを捨てきれずに彼女を男の子のように育てた。彼女は「ウーリ」〔本来は男性名「ウルリヒ」の愛称〕と呼ばれ、男の子の服を着て髪も短くカットされた。人々は彼女を男の子のようだと思い、彼女にもそう言った。それが明確な褒め言葉として言われ、自分でも嬉しかったので、彼女は男の子のようなしぐさでふるまうようになった。遊び相手も男の子で、彼らと同じようにしようと努力し、どんな男の子にも負けないと言われることが誇りだった。思春期になって女性としての二次性徴があらわれた彼女は、不幸せだった。生理中は、男の子たちに遅れをとらないためにあえて活発に行動したほどである。彼女は独特の魅力があるボーイッシュな女の子に成長し、やがて男の子たちの間で人気者になった。それまで男子とは仲間のような関係でいたので、彼女はごく自然な気持ちである男性と週末旅行に出た。まったく予想していなかったのだが、彼が求めたとき、彼女はひどくびっくりして憤慨し、激しく抵抗して逃れた。

娘たちを熱愛していた父親は、すばらしい発明をする日を待ちつづけているものの、とりあえずまだ何もやっていないという、いわくつきの「発明家」だった。家族全員が彼とともにその栄えある日を待ち、才能があるのに世間から認められないかわいそうな父親に同情していた。

ウルリーケは、学校でちょっとした劇に出るといつも成功を収め、俳優としての才能をうかがわせた。すると父親は、かなうことがなかった自分の野望を、娘を通じて実現しようとして、彼女を俳優にすることを思い立った。こうして彼女は俳優の養成講座に通うことになった。幸か不幸か、彼女に合った役が空いていて最初の大役が転がり込んだ。その役に抜擢されたのは本人の力量と言うより、彼女が地のままで演じられる役柄だったからである。その後は役が回ってこなくなった。父親は無数の手紙を書き、彼女の写真を同封して、その才能について過剰に書き立てて劇場やエージェントに送った。彼女はあちこちでオーディションを受けなければならなかった。もともとたいした才能はなかったので、父親の事前の誇大宣伝とそれが呼び起こした絶大な期待によって、彼女は二重の意味で気後れを感じ、結果は出なかった。その後、彼女は俳優になる希望を捨ててはいなかったが、他の仕事を探した。しかしそうした仕事に関する予備知識がなかったためにどこでも期待に沿うことができず、彼女はすぐに解雇通知を受けるか、試用期間が終わると辞めさせられてしまうのだった。二五歳で彼女は不安状態に陥り（広場恐怖症）、心理療法を受けるようになった。一人では外出もできず、仕事もできないほどの状態だった。それまで歩んできた方向性の指針の誤りと絶望感がそのような形であらわれたのである。

この事例は、女性の果たすべき役割を見つけるむずかしさと、そのための基礎がないのに両親の望むイメージをかなえなければならない場合に、子どもがどのような困難に陥るかを示す典型的な例である。

追加の考察

ヒステリー性パーソナリティは虚偽の現実の中で生きている。ありとあらゆる分野でそれは明らかだ。いかに本物らしく見せるかという問題は、彼らの中心的なテーマである。それはその「役割」のリアリティを、いかに回避するかという彼らの内面の反映である。

彼らの場合、宗教はしばしば実用主義に基づく拘束力のない信条のようなものになる。教会がいつ役に立つのかは、誰にもわからない。彼らにとっては、見かけはしばしば信憑性よりも重要で、形式が守られていればそれで十分なのだ。悔悛と懺悔によってすべての罪を振り払い、ふたたび生まれたばかりのような無辜の状態ではじめられるという考え方は、彼らにはぴったりだ。彼らはよき父なる神という個人的なイメージに固執し、その神はもちろん自分たちを特別に愛し、それをいつか示してくれるだろうと考える。こうして彼らは多くの点で子どもじみて未成熟であり、ナイーブで、奇跡を信じ、大きな自己犠牲を要求しない救済の約束に簡単に誘惑される。したがって彼らは、センセーショナルな事件を渇望する気持ちに訴えかけてくるような新興宗教の熱心な信者になることがある。患者として心理療法を受けるときには、催眠療法を受けたがる。自分で努力しないでも困難からたちまち解き放たれるだろうと期待しているのである。

道徳的な面でも、彼らはやはり似たようにナイーブで責任を負わない姿勢をとる。すべてを相対化し、スケープゴートを自分の内部ではなく、よその誰かの中に見出そうというのが常套手段だ。これは自己洞察と自己批判を困難にするため、彼らは危機から学ぶことがあまりない。

彼らのケースでも、一般的な人間の問題について述べていこう。この問題との関わり方にも程度の差がある。私たちは誰でも、刻印づけがなされる子ども時代の成長段階を通り抜けなければならないからである。そこにはその時期相応の課題と不安がある。私たちは皆、自分の欠陥や罪悪感を他者に投影して負担を軽減するというプロセスを知っている。それは集団でも行われ、その場合には、投影は危険で深刻な役割を果たすこともある。こうした投影に特に適しているのは「敵」であり、人は、自分の罪から解放されるためには敵を生み出さなければならないと思い込む。国民、信仰共同体、民族は、自分たちの内部にあると認めたくないものを、互いに投影し合う傾向がある。彼らの間のふとどきな権力者により、この投影の傾向はあおり立てられ、政治またはイデオロギーにおいて利用される危険がある。こうしてあおり立てられた制御不能な投影は、戦争、人種的憎悪、宗教戦争が勃発する精神力動的背景として、決定的な影響力をもつ。わずらわしく罪深い過去から解き放たれたいというのは、人類の普遍的な欲求である。あまりにも多くのことに対して罪悪感を抱いているうつの人とは対照的に、ヒステリー性格の人は、自分の罪を忘れ、あるいは否定する傾向がある。ドイツ語の「フェアゲーエン」(Vergehen)という単語は、時間的な意味合いと道徳的な意味合いがあり、「時の経過による消滅」と「犯罪」をあらわすというのは示唆に富んでいる。私たちの罪は時間の経過とともに消滅するのだろうか? 私たち自身がもちあわせているヒステリー性格の傾向は、そのためには非常に都合がいいかもしれない。

ヒステリー性パーソナリティの人間は、親や教育者としては、感激しやすく、人を押し動かす力がある。強い心理的影響力を発揮し、人を納得させることができ、子どもに対して、人生は美しく生きるに値するという気持ちを与えることができる。彼らの感情的なアプローチは、あまり安定性がなく、自然発生的だ。子どもは両親を愛すべき人間と捉え、彼らを誇らしく思い、感嘆する。両親の家は客には友好的な雰囲気で、子どもたちは、よい両親をもっていると他の人からうらやましがられる。だがそれも子どもが家庭の実相に気づくまでの話だ。両親の間でヒステリー構造が支配的な場合、子どもの教育方針の一貫性が欠如していることが問題になる。甘やかしと拒否がかなり近いところで共存しているために、子どもは適切な指針が得られず、何を期待できるのかもわからない。これは、大人たちの行動が客観的な事実ではなくむしろ彼らの気分に左右されているためである。彼らの気分は「四月の天気」〔ドイツではこの時期、天気が非常に変わりやすい〕のように移ろいやすく、その影響で子どもは不安定で混乱した気分にさせられる。人生に対して非現実的な期待を呼び覚まされてしまうこともある。子どもを失望させてしまったり、諦めさせる必要があったりする場合には、遠い未来の漠然とした約束（**「大人になってからね」**）をして子どもと直接対決せず、断念が必要だという事実から子どもの注意を逸らしてしまう。すると子どもは、諦めるたびに、それをいつかもらえる報酬への期待と結びつけてしまう。これは子どもに、未来はいつかきっと起こるすばらしい奇跡で満ちているという危険な期待を抱かせてしまう。こうして彼らは子どもを現実の世界へと手引きするかわりに、錯覚に基づく願いごとのイメージを強化させてしまう。

　こうして彼らは子どもに人生を歩む上で役に立つツールを与えず、支えとなるまともな経験をほとんどさせてやれない。子どもは結局あとになって自分自身と人生とに失望することになる。彼らは子どもを親しげに自分に結びつけておく一方で、突然子どもを突き放す。子どもが彼らに要求や負担や責任をもたらし、自分の問題に理解を求めると、子どもは突然放り出され、愛情に満ちた言葉は結局は甘言にすぎなかったのだと思い知らされる。ヒステリー性格の両親は子どもの批判ががまんできず、これを個人的な侮辱と感じて、自分の欠点を認めたがらない。これは強迫性格の人とは異なり、権力の要求や完璧主義からではなく、傷ついた自尊心や自己愛が原因である。子どもにはっきり指摘されたり釈明を求められたりすると、彼らはそれには反応せず、自分はつねに子どものために最善を求め、多くの犠牲を払ってきたことを強調する。すると子どもは自分の問題を真剣に取り合ってもらえないことよりも、自分の恩知らずな態度に罪悪感をもつようになる。

子どもを外に向けて誇示するためにしつける傾向が彼らにはあるが、これも危険である。子どもは両親の名誉のために輝かねばならず、失望させるわけにはいかない。そんなことをしたら親の愛を失うからである。そもそも彼らは子どもに役割を押しつける危険がある。それは自分の名声を高めるために子どもを悪用するためであり、同時にまた、彼ら自身がかなえられなかった望みを、子どもが彼らのためにかなえなければならない事態を招くからである。前出の人気モデルの事例を思い出していただきたい。

政界ではヒステリー性パーソナリティは、好んでリベラル政党や革命主義の政党に与する。これはセンセーショナルなものを求める傾向、漠然とした不満、漠然とした未来への期待からきているる。だが彼らはスキゾイドのような厳格さと首尾一貫性をもつ革命論者ではなく、進歩を信じているに過ぎない（発想がナイーブすぎる場合もある）。単にそれが目新しく他と違っているというだけで、新奇なものを信じるが、これも強迫性格の人とは対照的である。強迫性格の人はそれが既知で実証されているというだけの理由で、古いものに執着する。ヒステリー傾向をもつ大物の政治家としては、伝記作家のアンドレ・モーロワによればベンジャミン・ディズレーリ〔一九世紀イギリスの政治家、小説家〕がいる。政治家としての彼らは聴衆を感激させる演説を行うが、たくさん約束しすぎるきらいがある。指導者としては、物事を開始し、新しい道を示すことには大いに熱心だが、そのアイデアを実施するために必要な細部を詰めるという面では弱い。彼らには誘惑者のようなところもあり、巧みに有権者の秘めたる希望を利用して高い地位まで登りつめた挙げ句、「わが亡きあとに洪水はきたれ」の精神を発揮して、自分が引き起こしたことがどうなろうがかまわない。しばしば「のるかそるかの大勝負」に出て、リスクを冒し、たとえ破れても「起き上がり小法師」のように何回でもよみがえる。

社会共同体の中では、彼らのパーソナリティ固有のアプローチ、すなわち緊急事態における柔軟な対応、フレキシビリティ、社交性、適応能力が求められる職業に向いている。人から認められたいという強い願望、直接人と関わりたいという願いがかなう職業も合っている。彼らは、何かを代表するような立場の活動、自分に象徴的な意味を付与してくれる名誉あるポストに就ける活動を選びたがる。自分の役割は権力や権威を担うことにあると自覚しているからである。この場合、ポストや名誉は強迫性格の人の場合とは異なり、義務ではない。それはむしろ彼らの人格に箔をつける機会なのだ。彼らが勲章や肩書きに特に引かれるのはそうした理由からだ。対人関係をこなす能力が問われ、人と関わっていたいという欲求を満たしてくれて、「観客」を求める気持ちに答えてくれるすべての活動は、彼らには重要である。彼らは説得力のある販売員であり、強い心理的影響力をもつセールスマンだ。たなざらしの商品を客にお値打ち品だと売りつけたり、ネクタイだけ買いにきた客を言いくるめてスーツ一式を買わせたりする。人を引きつける魅力と、身体的な長所、器用さ、目標を達成するとっさの機転がものを言う場面は彼らの出番で、アドリブやサプライズによる奇襲なども得意だ。魅力を感じるのは、「大きな世界」での人生に漠然とした期待を抱かせてくれる職業、そうした世界に触れられる職業だ。グラビアモデル、ファッションモデル、社長、ジュエリー業界や美容業界、ホテル業界などがこれに当たる。彼らのパフォーマンスは、テーマ本位ではなく人本位なので、彼らが誰のために働いているのかにかかっている。必要な才能があれば、彼らは素質と特性を昇華させることができ、その強い願いと想像力、表現力、発表の喜びを、芸術の域に高められる。演劇やダンスはその最たるものだ。

老化と死は私たちの人生では避けられない最後の現実で、これを否定することは永遠に不可能だ。ところが、現実を受け入れ必然に屈することに慣れていないために、ヒステリー性パーソナリティはこの現実に対してもできるだけ目をつぶろうとする。老化と死はもちろん存在するし否定はできないが、それは他人には当てはまっても自分のことではない。こうして彼らは永遠の青春という幻想をできるだけ長くもちつづけようとし、自分の前に開けている未来は可能性に満ちているとイメージする。若さを長く保つための方法全般、あるいは死後も生きつづけること、特に人格の存続に関する教えに対して、彼らは敏感に反応する。自分の死を除外して考えているために、彼らは適時に遺言状をつくって懸案事項をすませておくことをせず、死後に混乱が起きることが多い。年を取るにつれて、死が近いというプレッシャーから、彼らの行動に突然過激な方向転換や変化が見られることも珍しくない。これは「若いときは尻軽女、年を取ると信心女」という格言を思い出させる。よく観察すれば、これは日和見主義的で、こうした転換が本物かどうかは疑わしい。彼らは尊厳をもって年を重ねるということがあまり理解できないが、そのかわりに自らの過去を美化し、自分は願いどおりに変身し、主役を演じてきたのだという思い出の中に生きることができる。死においても見せ場をつくろうとし、人生という舞台からの引き際を英雄的な印象に残る芝居に仕立てようとする者もいる。

あらゆる形の芸術は、ヒステリー性パーソナリティにとってお得意の分野だ。彼らが創造するものは、まぎれもなく個性的な特徴を帯びている。一種の自己顕示癖を示すこともある。また、手紙を書くのがうまく、自伝の執筆や自己描写にも秀でている。華やかさ、独創力、バイタリティは彼らの強みだ。しかし形式的なものはあまり重視しない。彼らは白昼夢を見る傾向があり、ここで危険なのは空想が健康的な形で人生のために用いられるのではなく、むしろ夢と願望の世界に向けられ、ますます現実から乖離していくことだ。ここから創造的なものをつくりだせるのは、芸術家だけだろう。

ヒステリー性パーソナリティの夢は（このパーソナリティ構造固有の問題性を反映している場合には）、幻想的な要素を含み、ナイーブな形で願望が成就することがままある。夢の中では現実の法則が破棄されるので、おとぎ話のようになるのである。現実の問題の最良の解決策が夢にあらわれる。逃げ道がまったくない状況で突然飛べるようになったり、魔法の力を発揮したり、神があらわれて急場を救ってくれたりする。深層にある抑圧された不安が夢にあらわれることもよくあり、足が宙に浮いたり目前に急に崖があらわれたりもする。いわば「ボーデン湖の騎士」〔グスタフ・シュヴァープの物語詩に、真冬の深夜にそれと知らず凍結したボーデン湖を馬で渡ってしまった騎士の話が出てくる〕のような状況だ。その夢はほとんどが色つきで、生き生きとしていて、さまざまな出来事が起こり、夢を見た人は長い夢でも簡単に思い出せる。また、全力で取り組まなければならないようなむずかしい課題は、夢を見た人本人が解決するのではなく、他の人がかわってやってくれるというのも特徴的だ。

ヒステリー性パーソナリティ構造がどのように発展していくのか、こうした人格を部分的にもちあわせている健康な人から、軽度および重度の障害を抱えている人へと順を追って見ていくと次のようになる。認められたいという欲求と自己愛が強くて活発で衝動的な人→認められたい、中心に立ちたいという自己陶酔的な欲求→過剰な「認められたい衝動」と接触依存→「家族の物語」から距離を置くことができない父と娘、母と息子→ヒステリー性のこじつけ、役割遊び、現実逃避、詐欺→永遠の少女・若者→自分の性別役割を受け入れない男性嫌い、女性嫌いのパーソナリティ→男性を毛嫌いする、あたかも卵巣を除去したかのような破壊的な女性、女性に対する復讐心を抱くドンファン・タイプ→恐怖症→精神症状と身体症状を呈する重度のヒステリー性病像で、特定の器官系に原因があるのではないが四肢に影響が及ぶ（麻痺の徴候）。

ヒステリー傾向がある健康な人は、好んで危険に挑み、進取の気象に富み、いつでも新しいことに取り組む準備がある。彼らは融通性があり、感じやすく、生き生きとしていて、時として活発で興奮しがちで、とっさに行動し、アドリブがきき、新しいものにも挑戦する。社交家で退屈なところがなく、彼らと一緒にいると「いつも何かが起こる」。はじまりを例外なく好み、人生については完全に楽観的な期待をもっている。彼らにとって、はじまりはいつでもチャンスがあり、本章の冒頭で引用したように「すべてのはじまりには魔法があふれている」のである。彼らはすべてのものを動かし、伝統と時代遅れのこわばった定説を揺るがし、人を攻略する暗示的な強い魅力を持ち合わせている。しかも彼らはこの魅力を意識的に使うすべを心得ているのだ。彼らは人生のほとんどの出来事は相対的だと承知しているので、どんなことも（おそらく自分自身のこと以外は）真に受けない。彼らの強みは、ねばり強さとか計画を忍耐強く実行することよりも、衝動を突き動かし、何かを始動する点にある。彼らの性急さ、好奇心、過ぎ去ったことに対する屈託のなさのおかげで、他のタイプの人々には見えず、限界を感じたり、やめようとしたりするような機会をとらえることが時として可能になる。このように彼らは一風変わっているが大胆で、人生を変化に富む冒険のように見なし、人生の意味は、できるだけ濃く、集中的に、豊かに生きることにあると考える。

最終考察

もしも誰もが他人のことをすべて知っていたら、誰もが簡単に喜んで許せるだろうし、矜持も高慢もなくなるだろう。

ハーフィズ〔ペルシャ文学を代表する詩人〕

不安の四つの基本形態の背後には、私たちすべてが対峙しなければならない普遍的な人間の問題がある。

私たちの誰もが、コミットメントに対する不安とさまざまな形で遭遇する。これはいずれも共通して、私たちの存在、個人的な生活空間、あるいは人格の完全性が脅かされると感じる不安である。信頼して心を開くこと、好意、愛はどれも私たちを危険に晒す恐れがあるからだ。そうしたとき、私たちは無防備で傷つきやすく、自分から何かを犠牲にして他者に差し出さなければならない。したがってコミットメントに対するすべての不安は、自我喪失の可能性に対する不安と結びついている。

また自分自身になること、個性化に対する不安も、誰もが抱えている。そのあらわれ方はさまざまだが、共通するのは孤独に対する不安である。なぜなら個性化というのは、共通点に隠れている状態から突出することを意味するからである。私たちは自分自身になればなるほど、孤独になる。

それは個の孤立が強まるからだ。

誰もが自分なりの形ではあるが、移ろいやすさに対する不安も抱えている。何かが終わったり、突然存在をやめてしまったりすることは不可避なのだと、私たちはくりかえし経験する。何かをしっかりもちつづけようとすればするほど、私たちはこうした不安を抱える。さまざまな形があるが、共通しているのはそれが変化に対する不安であることだ。

そして誰もが必然に対する不安、終局の非情さと厳しさに対する不安に出会う。そこにはさまざまな形があるが、共通するのは逃れられない束縛状態に対する不安である。何の束縛もない自由と恣意をめざせばめざすほど、私たちはその結果と現実の壁を恐れなければならない。

成熟の過程において重要な、生をめぐる大きな不安の数々は避けて通れないものなのに、私たちはこれを回避しようと試み、ありふれたたくさんの軽微な不安とすり替えようとする。こうした神経症的な不安は、ほとんどすべてのものに投影できるが、問題そのものは、最終的に私たちがその背後にある本来の不安を認識し対処しようとしたとき、はじめて解決する。これを押しのけようとしたり、軽視したり、戯画化して歪曲したりすれば、神経症的な不安はばかげたことのように見えてくる。しかしそれでも不安は苦悩と重荷でありつづける。私たちはこれを警告として理解すべきだろう。すわなち、現在の自分は本来あるべき場所にいないこと、何かと対決するかわりに避けてしまっていること、代用の不安が隠そうとしているその「何か」とは、より本質的なものであることを示唆しているのだ。大きな不安との遭遇は、成熟に向けた私たちの成長の一時期である。代用の神経症的な不安への移し替えは、活力を奪い、抑制してしまう作用があるだけでなく、人間に不可欠な人生におけるきわめて重要な課題から私たちを離反させてしまう。

したがって本書で述べてきた不安の基本形態は重要な意味をもつ。それはできるだけ回避したい邪悪なものではないばかりか、非常に早い時期から私たちの成長において無視できない要因なのである。大きな不安を経験するとき、私たちはつねに人生の大きな要請に向き合っている。不安を受け入れ、これを克服しようとする中で、新しい能力が私たちに備わる。不安の克服はつねに勝利であり、私たちは以前より強くされる。不安の回避は、つねに敗北であり、私たちを弱くする。

生育史の事例からもわかるように、私たちの不安には前史、生育史がある。成人の不安の程度、強さ、対象は、つねに私たちの子ども時代の不安によってあらかじめ形成され、決定されている。おおむね幸福な子ども時代を送り、ひどくつらい経験をせずにすんだ人間は、概して基本的な不安を処理することができる。自分の人格の安定した基礎を構築できているために、少なくとも不安によって病気になることはない。

それに対して、幼い時期に年齢不相応の不安と運命の重荷を経験し、周囲からの支援を得られなかった人は、長じたのちも不安によって危機的状況に陥り、押しつぶされそうになることがある。それは、不安が、幼少期に経験して未処理のままの古い不安を活性化するからである。これに対処するためには、心理療法も一つの方法ではある。しかし、我慢できないほどひどい不安で、現実的に見るとその規模が分からないようなものでも、それは子ども時代の不安が復活したにすぎないと確信できれば、何らかの救いになるだろう。当時はなすすべもなかったが、いまは過去にはなかったような武器がある。それは信頼、希望、洞察力、勇気である。

リルケは人類についてこう言ったことがある。「その子ども時代をふたたび知らしめよ／無意識のものとすばらしきもの／そして予感に満ちたはじめの歳月／無限に暗くて豊かな伝説の輪」（リルケの『時禱詩集』の「貧しさと死の書」より）――深遠な意味がある言葉だ。しかしこれは残念ながら多くの人には当てはまらず、彼らの最初の歳月は豊かと言うよりは暗く、予感に満ちたと言うよりは息が詰まるようで、すばらしいと言うよりむしろ失望させられるものだ。しかしそうであったとしても、心理療法のその後の発展によって、自分の過去を処理し、可能な限りにおいてその傷から解放される道も用意されている。素質と、自分が生まれついた環境が出会い（もっとも広義の「環境」）、「運命」と呼ばれるものが形づくられる。この運命の端緒は、私たちの子ども時代においてあらかじめ形成され、そこからはじまる。それは生きて発展していく「刻印された形」である。しかし心理療法は私たちに可能性を与えた。私たちがかつて運命と信じ受け入れなければならなかったものの多くは、かつての環境ダメージの結果として認識され、これはあとから取り戻すことができるのである。

こうした早期の刻印においては、その時々の社会が決定的な役割を演じていることを指摘しておかなければならない。この社会の影響があまり顧みられなかったとしたら、それはその意味が過小評価されたからではなく、幼児時代には、両親が子どもの主たる「重要な他者」だからである。社会心理学的な作用は、当初は子どもに両親を通して間接的に及ぼされる。両親の社会、権威、業績、宗教、セクシュアリティなどに対する見解に左右されるのだ。したがって両親から子どもに示された誤った姿勢の中には、つねにある種の社会批判が含まれている。両親がある共同社会、文化、社会階級、あるいは支配的イデオロギーの一員として、その要求を子どもに伝達するというのはそういうことだ。社会や国家も四つの基本的な不安と向き合わなければならず、その答えは支配的イデオロギーによって変わってくる。

不安の基本的な四つの形態、また四つの基本的推力、または基本命令は、普遍妥当性をもつ根本的なものであり、私たちの存在に直結している。私たちは原則として人生の状況に応答するためにつねに四つの可能性をもっている、とも言えるだろう。あらゆる人間関係、あらゆる課題または要求に対して四つの方法で対処できる。しかも私たちはそれを知った上で、これらと距離を取ったり、一体化したりすることができる。自然法則のように受け入れてもいいし、自分の希望に応じて変化させようとトライしてもいい。あらゆる本質的な課題、あらゆる決断、人間のあらゆる重要な出会い、あらゆる運命的な出来事の内部には、四つの答えの可能性が潜んでいる。この可能性を使えるようにし、その都度の状況と自分の素質に応じて使用し、少なくともこの四つを決断するときの選択肢として組み込むことは、旺盛な精神的活力のあかしである。しかしそれだけではない。たとえばある人間関係が、実質的に四つの推力を同時にみなぎらせて生きよと要求してくるかもしれない。たとえば教育について考えてみよう。教育者は、子どもの自我を認めるために創造的な距離をとることが必要である一方で、子どもの信頼感を育て、子どもを共感をもって理解するために愛する姿勢が求められる。秩序を体験させるには、健全な厳しさと徹底性も要求される。そして子どもを教育者の思うように形づくったり、子どもに過剰な影響を及ぼしたりしないためには、子どもの自律性を信頼し尊敬する必要もある。

だがこのように「全部そろった」ケースは、個別には限定的にしかありえない。私たちは人間として欠けたところがあり、不完全だからである。しかし、個々人の存在は一面的で限定されていても、こうした全体性のイメージをめざして進んでいくことが重要なのだろうと、私は考える。私たちは誰でも遺伝的に受け継いだ身体的・精神的素質、既存の環境とその影響、本人の個別な経験と獲得した行動パターン、パーソナリティと性格を形づくる生育史に基づいて、個別の可能性と限界、不完全性と一面性を有している。ある人は自分の限界性と一面性を受け入れ、できるだけ豊かに生きようとするだろう。「完全」はめざせないと知っているからだ。それゆえその人は四つの基本姿勢のうちの一つを生きることになる。つまり四つの基本的推力の中で、いちばん完璧に演じられる類型の実践者となるわけだ。別の人は、少しずつ全体性、完全性に近づこうと試みるかもしれない。なぜなら、「完璧さ」はそもそも手に入るものではなく、もっとも豊かな自己実現は自分一人では不可能だと知っているからである。ある人の偉大さは、可能性を意識的に放棄し、あらゆる制約を身にまとったまま、その存在を徹底して完璧に近づけようとすることにある。別の人の偉大さは、当初は自分という存在にとって訳がわからない未知なものを、可能なかぎり統合し、さらに拡張しようとすることにある。完璧と完全という人間の二つの理想は、どちらも到達できないもので、私たちは自分の制約に縛られたまま、そこに近づこうと努力するしかない。

次にこの問題を、私たちの基本的な四つの願いとの関連で述べていこう。私たちはつねに自分に正直であろうとし、自分の個性を大切にし、人に頼らず、洞察力をもって世界を理解し、不安なしに自己存在を生きたいと思う。

私たちはつねに、親密な人間関係、温情あふれる愛と無私、限界を越える深い関わり合いと自己放棄の中にあっても、拘束的な自我から自由になろうとすることができる。

私たちはつねに、自分にとって真実で善で美しいものは、永遠に有効な何かであると認めることができ、その永遠性を揺るがせ破壊しようとする短期的で変わりがちな影響を阻み、必要であると認めた法律と秩序を確固とした態度で擁護することができる。

私たちはつねに、自由を希求し、人生が変遷をくりかえすことを肯定し、前述の「アポロ的」態度よりは「ディオニュソス的」態度をとり、壮観で畏敬の念を起こさせるほどすばらしい人生を認め、これを自分の精神の内部に再発見できる。

私たちはつねに、いわばスキゾイドの人のように、自我喪失の不安から親密な人間関係を避けることがあり、うつの人のように、別離と孤独に対する不安から依存をしつづけ、強迫性格の人のように、変化と移ろいやすさに対する不安から、慣れ親しんだものに固執し、ヒステリー性格の人のように、必然と終局に対する不安から逃れるために好き勝手にふるまうことがある。そのどれもが一つまたは複数の大きな要求から逃れることで、それにともなって私たちの人間性もより不完全になる。

もう一つ指摘しておきたいのだが、相矛盾しかつ補完し合うパーソナリティ構造は、しばしば本能的に引かれ合う。自分自身の内面にもありそうな生き方の範を示す人よりも、自分がたぶん抑制しているか、まだ会得していないか、許されてこなかった生き方をしている人ほど、私たちを強く魅了するものだ。私たちは自分と反対のタイプによって「完全」になりたいと思うのかもしれない。この完全性によって私たちは個別の制約と偏りから解き放たれ、それはまた性行為の魅力の根幹でもある。

その意味では、スキゾイドの人はうつの人と、強迫性格の人はヒステリー性格の人と互いに引かれ合うのがつねである。自分に欠けているものをパートナーの中に見出し、完全になりたいと無意識に願っているからだろうか？　あるいは、運命的な自分のパーソナリティ構造の桎梏《しっこく》から解放される可能性を予感しているのだろうか？　いずれにしても反対のタイプが引かれ合うことによって、互いに補い合うチャンスが生まれるかもしれない。だが、他者の異なる生き方を受け入れる心構えをもって、それを真剣に受け止めて理解しようとするのでなければ、私たちはこの異なる生き方を自分自身の中に発見し発展させることも望めない。しかし現実の人生ではなかなかそうはいかない。誰もが他者を自分の軌道に引き入れようとし、相手をできるだけ自分に似せようとするので、創造的なダイナミズムが失われるのみならず、苦い戦いになってしまう。あるいは、他者の異なる生き方をどうしようもなく誤解してしまう場合もある。それは新たな何かを学ぼうとしないからか、あるいはその行動を、その人には合わない自分自身の尺度で測ってしまうからだ。

スキゾイドとうつのパートナーが本能的に引かれ合うとすれば、それはなぜかと言うと、スキゾイドの人は、相手のうつの人の愛に対する心構えと愛する能力、犠牲を払う覚悟、感情移入の努力、自分を後回しにする態度を感じ取る。彼らはそこに（そもそも可能であればだが）孤独から救われるチャンス、これまで経験できなかった信頼と安心感を、パートナーを通して取り戻せる可能性を見る。魅力を感じるのは、スキゾイドの人はうつの人に、自分にも本来備わっている可能性を感じるが、彼らはそれを成長過程に活性化してこなかったからだ。その逆にうつの人は、スキゾイドの人が自分にはどうしてもできないこと、許されなかったことを生きているという点に魅力を感じる。つまり喪失不安や罪悪感なしに、独立した個として生きることである。同時に彼らは、ここに自分の愛の姿勢を緊急に必要としている人がいると感じる。これが失敗に終わる可能性が高いことは、すでに挙げた事例で明らかである。スキゾイドの人は、まといつくようなうつの人の引力を感じると、自分の大きな問題である依存性に対する不安が生じる。うつの人は、スキゾイドの非依存性に対する衝動に気づくと、彼らの中心的な問題である喪失不安が頭をもたげる。こうなると両者は防御姿勢をエスカレートさせ、終わりのない悲劇的な誤解にいたってしまう。

強迫性格の人は、反対のタイプであるヒステリー性格の人の多彩さとバイタリティ、リスクを厭わない態度、新しいものに対する開放性に魅了される。彼ら自身は慣れ親しんだものに異常なまでに固執し、確実性を重んじ、自分の人生を不必要に狭めていると自分でも感じているからだ。そしてすでに示唆したように、ヒステリー性格の人は反対のタイプに魅力を感じる。自分たちには欠けている安定性、堅実さ、首尾一貫性、信頼性を備え、秩序ある人生を送っているからである。しかしここでも、双方が固有の不安に駆られて相手に向かって自分のやり方を通そうとすると、悲劇的なもつれや誤解が生じうる。強迫性格の人は、その徹底性、こだわり、あら探し、独善的な頑固さ、力の主張、無理強いによって、パートナーのヒステリー傾向を高じさせてしまう。パートナーは息苦しさを覚えてしまうのだ。強迫性格のパートナーの正確さ、冷静さ、客観性の背後には、彼らに典型的な、変化に対する不安が隠されているのだが、ヒステリー性格のパートナーは、反対タイプのパートナーとの生活はプログラミングされ束縛されていて、輝きも変化もないと感じる。日常生活におけるちょっとした気ままな楽しみやくつろぎもない。こうした楽しみは互いを認め合う上で必要なのだが、強迫性格のパートナーは相手を甘やかしてしまうことを恐れ、そうしたがらない。するとヒステリー性格のパートナーは、束縛されることを恐れるあまり、相手をますます困惑させ、不安にさせる。あるいは意識的に自己防衛のために、例の不可解な非論理性を発揮したり、辻褄の合わないことを言ったり、そっけなくしたりして、相手を諦めさせようとする。そればかりでなく、彼らは強迫性格のパートナーにあえて厳しい行動をとるようにそそのかす。こうして両者はよそよそしく暮らし、補完し合える部分を統合する機会を逸してしまう。

いずれの場合にも、それぞれのパートナーの心配事を理解し、これを真剣にとらえ、不安のあまり自分のパーソナリティ構造を硬化させないようにすれば救いはある。しかしかなり極端な特性をもつ反対タイプの場合には、それがむずかしい。双方とも相手の自分と異なる生き方によって不安が高まってしまい、自分を守らなければならなくなるからだ。そうするともはや反対タイプに魅了されることはなく、動揺と疎外感だけがつのってしまう。

こうした視点に立つと、四つの基本的態度と基本的不安に関する知識が、その他の人間関係だけでなく、パートナーとの関係にも役立てられる。今日では、一回失望させられただけですぐに関係を解消してしまう傾向が見られるが、これでは、他者を理解しようとすることによって自分を一歩成長させる機会まで奪われかねない。

「世界内存在」の四形態は、基本的に私たちの生き方の可能性を意味しているので、これまでもつねに存在していたし、これからもつねに存在するだろう。さまざまな時間、文化、社会構造、集団的生活条件、時代特有のイデオロギーと価値観、道徳的・宗教的・政治的・経済的姿勢——これらすべてが基本的な四つの不安の体験に異なる重点をもたらし、パーソナリティ構造の類型に異なる評価を与える。すべての時代は、四つの構造類型のいずれか一つの支配下にある可能性があり、そこではそれに適した態度類型がよりよい発展を遂げられる。子どもたちはすでにそれに合わせてしつけられているのに対し、反対のタイプは集団から拒否されたり、低評価を与えられたりしているので分が悪い。

農耕・定住文化は保護傾向を促進するだろう。伝統、変更せずに継承する経験、安全性、所有、継続——つまり強迫性パーソナリティの項で述べたような方向性である。私たちがいま経験しているような都市化と工業化は、数多くの自然の束縛から私たちを解き放ち、多くの退屈な仕事を要求し、ステレオタイプな大量生産プロセスへと進んでいくと懸念されるが、よりどころを奪われた人々によく見られるように、はっきりとしたスキゾイド化効果をもたらした。すでに述べたような深い結びつきの欠如、情緒面の軽視は、すべてを可能にしたテクノクラシーによって後押しされている。だからこそ私たちにとって大切なのは、スキゾイドのポジティブな視点、すなわち個性化のための努力を重視することだ。これは自己実現や自己中心的なユニークさのために孤立するのではなく、より大きな超個人的な全体に奉仕するという課題としてである。その一方で、情緒的価値と人間的価値について考えるという二律背反的な姿勢を、より意識的に培うことも大切だ。

明らかに終焉を迎えている父権社会と、その典型的な特徴、すなわち絶対的権力と権威、伝統と伝統に基づく社会的制度への固執は、強迫性格が支配的であったことのあらわれであった。もはや、農耕文化におけるような有機的な生きた基盤ではなく、強力に権力を志向し、依存している者や弱者の弾圧および搾取が進んできている。それによって反対の極が急激に勢いを強めた。それが極端にあらわれている例が、たとえば反権威主義的教育の要求、性の革命、タブーの崩壊や、新しい自由の積極的な希求である。集団においても、病的な一面性を均して補正しようという傾向、自己調整プロセスがつねにあるが、これはたいてい意識されるのが遅すぎ、抑圧されたものは周期的に爆発する。その前の立場が極端に偏っていればいるほど、その爆発は激しいものになる。

「世界内存在」の四形態と年齢、つまり基本的推力と生物学的経過の間にも関係がある。述べてきたような幼児期の発達段階ののち、通常は少年期には遠心力が優勢になり、自分自身と世界は可能性に満ち、将来が自分の前に開け、希望と冒険の喜びに満ちた人生の図を描くという楽観的な気分が強くなる。いわゆる「働き盛り」には安定した人生の枠組みをつくり、その中に自分を組み入れようという傾向が出てくる。特定の限定された目標への傾向をもつ求心力が優勢になり、自分の権力圏、所有圏を強化する。職業、パートナーシップ、親業における自己実現がなされる。人生半ばを過ぎると、多くの人が変化を経験する。義務と要求だらけの日常生活が許してくれないような生き方の可能性を実現したい、という希望が強くなるのである。私たちは以前より無私無欲となり、自己執着から自由になろうとする。人生の意味に関する疑問が、新しい形で、つまり形而上学的・超越的な欲求となってあらわれ、私たちは徐々に手放すことを学び、自分自身も過ぎ去る存在であることを受け入れるようになる。そしてついに近づく死を意識する年齢になり、新しい形の孤独に直面すると、究極の孤独を受け入れて賢くなれるかもしれない。その一方で、自分は「本質的に人間的なもの」に属し、大きな全体の一部であると意識し、そこにふたたび戻っていくと感じるようになる。ドイツ語で「ひとりぼっち」を意味する単語は「アライン」(allein)だが、これは考えようによってはall-ein、すなわち「誰もが一人」とも解釈できる。つまり孤立したひとりぼっちの存在であるだけでなく、「誰もが一人」という含意もあるのだ。もちろん年齢相応の変化は力点の違い程度の意味しかないかもしれないが、私たちの内部で一定の自然法則が表現されているあらわれとも考えられるだろう。

おそらくこれにはまだ先がある。人生半ばをすぎた頃から、私たちはより高次のレベルで成長の初期段階をもう一度逆方向に追体験するらしい。その際には相応の不安をまた新たに克服しなければならない。自分の前にある未来が限定されている、自分の前にはありとあらゆる可能性が豊かに横たわっているのではない、と気づいたときにそれははじまる。私たちはあらためて終局に対する不安に突き当たる。自分がつくりあげてきたもの、物質的な財産と精神的な所有物もみるみる変化していき、バイタリティも後退し、そもそも絶対的なものも永遠も、存在しないことを悟るのだ。そして私たちはふたたび移ろいやすさに対する不安を経験する。さらに別れがくる。子どもたちは去っていき自分の家族をつくる。近くにいた人々が死んでいなくなる。持っていたものを手放すことを学ばなければならないと、私たちは理解しはじめる。また、孤独に対する不安もふたたび頭をもたげる。人生の終局では自分自身の死が待っている。誰とも分かち合えない死、誰も一緒についてきてくれない死だ。死を目前にして、私たちは自己放棄の不安に直面する。存在のサイクルはこの最後の段階をもって閉じ、私たちは最初の一歩を踏み出したこのサイクルから、偉大なる未知へと出ていく。

もちろん、こうした段階をきちんと経てこなかった人々は、まさに文字通りの逆行をくり返す。彼らは老化を受け入れず、あらゆる犠牲を払って若さを保とうとする。所有物を頼りにすればするほど、自分の時間と力がどんどん消滅していると感じる。年を重ねるにつれて彼らは子どもに戻り、飲むことと食べること、お腹の調子、自分の健康にしか興味がなくなり、ついには無力で寄る辺ない老人になって果てる。その姿は自分では何もできない幼児となんら変わりない。

本書に書かれている四つのパーソナリティ構造の一つに自分を当てはめようとしたのに、はっきりと分類できず、そのすべてに自分と重なる部分を少しずつ発見し、四つの基本的不安のいずれの要素も自分にあると気づいた読者は、がっかりするかもしれない。しかし私には、それは不安の基本形態とパーソナリティ構造の類型が現実に近く、真実味があり、「純粋」すぎないことのあかしであるように思われる。そうした明瞭さは、人生のリアリティよりも、むしろ明快な定義と限定的なシステムを求める私たちの求めに答えるもので、事実をねじ曲げているのだ。さらに、基本的な推力とそれにともなう不安は、普遍的な人間の現実であり、私たち全員が経験したにちがいない幼児期の発展段階と関係しているのであれば、私たちはそれをすべて可能性あるいは萌芽として私たちの内部にもっているにちがいない。そうであるとすれば、私たちは四つの領域すべてをよく知っていればいるほど、いまをより生き生きとすごせるとも言えるだろう。基本的推力のどれも欠けていなければ、私たちは衝動と不安が最初に刷り込まれる子ども時代の諸段階を、比較的健康にすごせたことになる。過度に強調された偏りのあるパーソナリティ構造は、危険であり、健全な成長のためには幼児時代がいかに大切かをはっきりと示していると言える。

成長の過程で四つの基本的推力が経験する運命は、次のような諸要因との遭遇に左右される。すなわち、私たちはまず「第一の天性」をもって生まれる。これについては、むしろ占星術がホロスコープを用いて説明してくれるだろう。次にくるのが遺伝的な要因である。しかし私たちはこれを成長の過程で知るようになる。そして子ども時代の環境、その後の環境との出会いと対決の中で、「第二の天性」を獲得する。環境の作用により、第一の天性が「濁り」、異質のものの影響を受けて生まれるのがこの第二の天性だ。第一の天性および素質と、教え込まれ獲得した第二の天性の間の相違があまりにも大きすぎると、私たちは病気になる。本書の事例は、私たちの子ども時代とその後の環境が病原としていかに影響を与えるかをはっきり示している。幼い頃の家庭環境は、より広範囲の社会文化的環境をすでに包含しているのだ。私たちの両親が（意識してか無意識にか）集団内で支配的な評価基準に賛同して教育に反映するか、あるいは拒絶してこれと戦っている場合、子どもは両親を介して集団の価値設定を引き継ぐか、あるいは両親同様に拒絶するようになる。

両親の病気の徴候である子どもに対する深刻なネグレクトや悪影響を度外視すれば、両親は子どもにとっての運命であるばかりでなく、子どもも両親にとっての運命だと言えるだろう。著しい分化、素質の多様さ、個々のパーソナリティの大きな相違、長期におよぶ幼児期の依存性、成長過程における妨害に対する敏感さのために、人間という生き物は他のどんな生き物よりも危険にさらされている。子どもが両親と「性が合っている」かどうか、親がその子を自然に好きと思えるかどうか、親の愛する能力を子どもに難なく注ぎ込めるかどうか、子どもがそれに応じるか否か（ここでは、こうあって欲しい、こう成長してほしい、という子どもに対する親の願望はのぞく）、親の側が感情移入しにくい子どもかどうか、子どもの個性が親に理解しやすいかどうか、子が親にとって未知で、親が期待するような形で子を愛するのがむずかしいかどうか、打つ手がないと思うほどの心配を親にさせるかどうか、子は、自分が欲し必要としているような形では、親を受け入れられないと思っているかどうか――そのすべてが子どもと親の運命であり、どちらかに責任があるというものではまったくない。とは言え、子どもにひどい障害を与えないために、私たちは何よりもまず、子どもの早い時期の欲求と、子どもの幼児期における私たち自身の誤りの可能性について、多くの知識を身につけなければならない。またこれは、こうした問題を早期に認め、ことによれば修正できるチャンスである。

今日では、「名高い」心理療法ばかりでなくそれ以外にも多くの選択肢がある。遊戯療法、教育相談、家族療法、行動療法・コミュニケーション療法、夫婦カウンセリング、夫婦の集団療法、家族の個人療法（他の家族構成員に苦しめられている人、あるいはそうした問題で傷ついている子どもが対象）などがこれに当たる。身体疾患の可能性があることを考え、私たちは当然ながらかなり以前からそれに対処する準備をしていて、学校での検診を義務づけ、実際に身体疾患が見られる場合には、医師の診察につなげることを考えている。ただ不思議なことに、子どもたちの精神状態や、両親と子ども間、教師と生徒間の葛藤に関する検診を義務づけても、これまでに予防措置が講じられたためしがない。現在では、多くの身体疾患の背後には精神的な問題があり、早い時期に心に傷を負うと深刻な結果になりうると知られているにもかかわらずだ。その意味では、私たちはまだ「未開」の状態にあり、無知のために、ちょっと努力すれば改善できるかもしれないのに、いまだに心の傷を与えつづけている。両親、教育者、国家機関は一致協力して、神経症の予防に力を入れていかなければならない。それが結局は自分たちの利益にもかなうことなのだから。

もう一度不安というテーマに戻ろう。ひどい不安に悩まされるとき、それは自分が何か誤った考え方をしているか、あるいは人生の大きなチャレンジに尻込みし、新しい成長段階に踏み込もうとしていないことに対する警告なのだとわかれば、大きな助けになるはずだ。つまり、不安には挑戦を促す面があり、不安を通して私たちはそれぞれの成長段階を経て新しい自由、新しい秩序と責任を手に入れるのである。このように不安にはポジティブで創造的な面があり、変化のために背中を押してくれるものでもある。

あらゆる矛盾と対立があっても、堅固な秩序によってそのつど均衡状態を保っているダイナミックな諸力に私たちが加わっていることを意識するには、冒頭で触れた比喩が参考になるだろう。この均衡とは、けっして静止状態や停止状態を意味するのではなく、無秩序への退化でもない。宇宙の運動推力のどれかが過度に強調されたり欠けたりすると、私たちの太陽系は危機に瀕するか、悪くすると破壊されてしまうだろう。人間のレベルでは、基本的推力が一面的なものになったり、いずれか一つが欠落したりすると、私たちの内なる秩序は危険な状態になり、病気の引き金となる恐れがある。

私たちはこの宇宙の諸力に参加し、その一方、隣人たちが生きる周囲の環境に影響されていることから、私たちという存在に関する二重の視点が得られる。つまり、一方で時間と個人を超越した秩序と法則に参加し、そしてあらゆる「人間的なるもの」の一部である人間——これは時間を超えた永遠の視点である。そして他方で歴史的存在、一回限りの個としての人間、もって生まれた素質と、その中で育っていかなければならないすでにある環境との間の対決のさなかにある人間——これは時間的な視点である。私たちは時間的に制限された存在として、個々の生育史と独自性を獲得し、その一面性と制限を帯びる。しかしそもそも「人間的なるもの」の一部である人間としては、私たちは自分の内部に完璧さと完全性の予感を備え、この予感が、私たちが自分の過去とその限度を超越することを可能にしてくれ、時間と文化と民族に縛られない「人間らしさそのもの」という人間の共通点を思い起こさせる。

　コミットメントに対する不安を真の意味で処理し、愛と信頼心をもって人生と隣人に対して心を開くことができ、自分を守ってくれる安心な環境を失う不安を抱かずに、自由に超然と自らの個性を生きることができ、なおかつ移ろいやすさに対する不安を受容し、しかも自分が生きている時間を実り豊かで意味あるものとすることができ、さらには私たちの世界と人生の秩序と法律を引き受け、その必然と不可避性を意識しつつも、自分の自由が著しく制限されるという不安をもたない——もしもそんな人間がいるとしたら、私たちはその人物は疑いもなく最高度の成熟と人間性を備えていると認めざるを得ないだろう。たとえ私たちがそのような人物像に少ししか近づけないとしても、完全な人間性と成熟度のイメージを目標として掲げることはきわめて重要だ。それは人間が考え出したイデオロギーではなく、宇宙の偉大な秩序の私たち人間レベルへの反映だからである。

訳者あとがき

フリッツ・リーマンの『不安という相棒――四つのタイプとどう付き合えばよいか』（原題 Grundformen der Angst）は、一九六一年にドイツで刊行されて以来、長らく読み継がれてきた息の長い本である。心理学の入門書、基礎文献として推奨されていることから、現在出ているのが第四七版で、売り上げ総数が百万部を上回る文字どおりの「ミリオンセラー」であり、すでに一七カ国語に翻訳されている。

＊

最初に著者フリッツ・リーマンの生涯について見てみよう。

彼は、一九〇二年にドイツ東部のケムニッツで生まれた。東西ドイツが統一される前の旧東ドイツ時代には、カール＝マルクス＝シュタットという名で呼ばれていたチェコ国境に近い町である。

フリッツは三人兄弟の次男として、裕福な家庭で育った。祖父と父が、ケムニッツの町に自動車やバイク、自転車の照明灯を製造する工場を設立し、一家は使用人がいる大きな屋敷で暮らしていた。母親は、息子三人が生まれる前に、二人の女児を流産や死産で亡くしていた。彼女は幼い時期の息子たちに対しては愛情あふれる母親だったが、なかなか子離れができなかった。のちにフリッツと結婚した妻ルートは、本書の旧版に夫の簡単な伝記を書いている。それによれば、フリッツの母親は末の息子が小さい時分には彼に女の子の服を着せていたという。父親は家長の権威を振りかざす頑固な人物だった。外見が父親にいちばん似ていたフリッツが、家業を継ぐという暗黙の了解ができていたが、その父親はフリッツがまだ一〇歳だった一九一二年に重い病にかかり、亡くなってしまう。母親は夫の死を受け入れることができず、家の中のすべてを夫が亡くなったときと寸分たがわぬ状態に保とうとした。こうした状況にあった家族は、すぐにでもサポートが必要なほどだった。ルートは、フリッツ・リーマンが心理療法に興味を抱いたきっかけは、ここにあったと指摘している。

高校卒業後、彼は父親の会社を継ぐために、ひとまずケムニッツのヴァンダラー社で商業の見習いとして働いた。ヴァンダラー社は小型車やオートバイのメーカーである。だがこの仕事はフリッツには向いていなかった。彼は母親の反対を押し切り、一九二二年からミュンヘンで心理学を学びはじめる。だが当時行われていた実験心理学に魅力を感じず、この大学も去ることになる。

一九二四年に医学を修めた女性と結婚したリーマンは、バイエルン州のピルバウムに引っ越し、妻は村の医者として開業した。この時期に彼は精神分析と占星術を知る。

一九三四年にライプツィヒに出たリーマンは、医師にして占星術師のヘルベルト・フライヘル・フォン・クレックラー男爵と出会った。リーマンは、本書で不安の四形態を宇宙の比喩を援用して説明しているが、そこにはこうした背景があるのだろう。また、精神分析家テレーゼ・ベネデクからも大きな影響を受けた。リーマンはベネデクの教育分析を受けている。精神分析では精神分析家の研鑽のために、教育分析が重視されている。みずからが分析を受ける側に立って、学びを深めることができる機会だからだ。だがベネデクは父親がユダヤ人だったために、一九三五年にドイツ精神分析協会を辞めざるをえなくなり、一九三六年にはアメリカに亡命した。ちなみにリーマンは、ライプツィヒのみならずベルリンでも精神分析の研修を受けている。

リーマンは最初の結婚に破れ、一九三九年に再婚した。再婚相手は、妻・母親の役割を重視するタイプの女性だった。二人は四人の子どもをもうけている。リーマンは一九四三年に兵役について衛生兵となり、東部戦線で内科医の助手をつとめた。一九四四年に発疹チフスにかかったが幸いにも回復し、その後オランダに配属されたが、イギリス軍の捕虜となってしまう。

一九四五年に解放され、ミュンヘンに戻ったリーマンは、一九四六年にミュンヘンの「心理学および心理療法研究所」の共同創始者となった。もっともこの研究所は、一九一〇年にジークムント・フロイトが国際精神分析協会を旗揚げしたことを受け、そのミュンヘン支部として翌年一九一一年に設立されたという前史がある。研究所は、ナチズムの時代に反ユダヤ主義のプロパガンダに加担して「ゲーリング研究所」と称していた。この過去の歴史を払拭し、一九四六年にいわば新規まき直しをはかったというわけだ。なお、一九七四年に研究所はふたたび名称を改め、「ミュンヘン精神分析および心理療法アカデミー」(Akademie für Psychoanalyse und Psychotherapie München e.V.) となった。このアカデミーの歴史などに関する情報は、公式ウェブサイトに拠っている。

当初、リーマンは研究所内で唯一の教育分析者であり、諸学派が入り乱れる中で、ただ一人のフロイト学派だった。彼は自分でも所内でクライエントに対して精神分析の治療を行い、一九五六年から一九六七年までは、研究所の研修責任者をつとめている。またリーマンは、ニューヨークにあるアメリカ精神分析アカデミー（現在の名称は「アメリカ精神分析および力動精神医学アカデミー」）の名誉会員でもある。

私生活では一九五〇年にふたたび離婚し、心理学者のルートと三度目の結婚をする。一九六一年に主著である本書が刊行され、好評を博した。他にも占星術、パートナーシップ、歳の重ね方、愛する能力といったテーマの本を執筆している。

一九七九年八月二四日、フリッツ・リーマンは癌のために死去した。享年七七であった。

＊

本書はドイツ語原書と同じ出版社から二〇〇八年に英語版も出ているので、翻訳に際しては、これも参考にして、細かいニュアンスを探りながら進めていった。英語版のサブタイトルは、「深層心理学を使ってバランスのよい人生を送るために」である。性格の類型学のように自分は何々タイプだと確認して、それで終わりなのではない。「不安は私たちの人生の一部であって、避けて通ることはできない。不安はつねに新しい相貌を見せながら、誕生から死にいたるまで私たちとともにある」という記述ではじまる本書の眼目は、自分のパーソナリティと自分が立っている現地点を知り、つねにつきまとう不安とどう向かい合っていくかを考えていく――という将来に向けた視点にあるように思う。

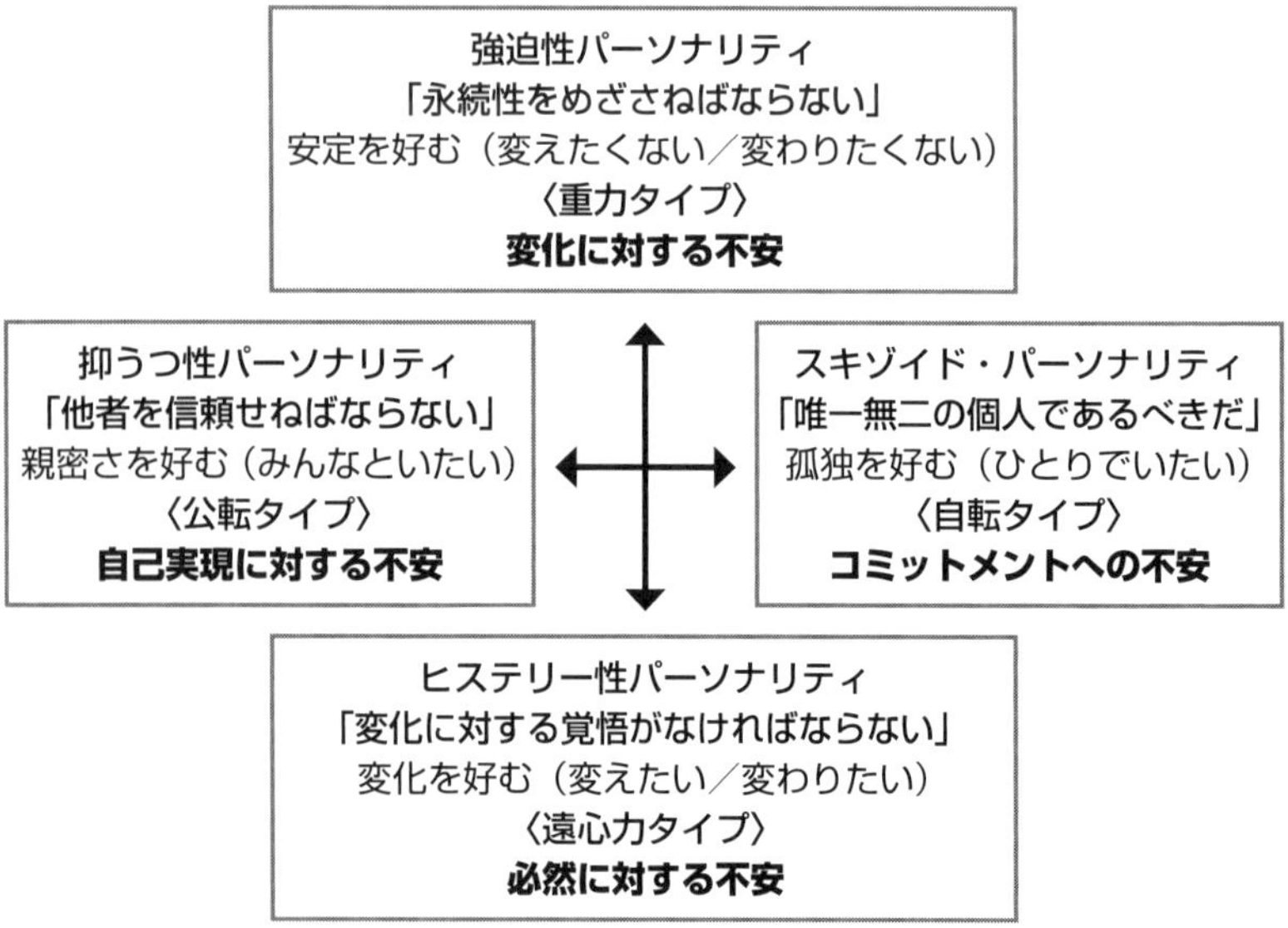

この本は類似の記述がくりかえし出てくる箇所もあって、そのためか、英語版は内容的に重複する箇所が一部割愛されている。本書を読みはじめた読者は、はじめは内容が頭に入らず、なかなか先に進めないかもしれない（そのような方のために著者の理論を図式化してみたので参考にしてほしい）。そうであれば――多少乱暴なお勧めであることは承知の上で――どんどんスキップして読み進んでほしい。それから改めて戻ってきて、熟読することもできる本ではないかと思っている。最初は事例を読んでみるのもいいだろう。訳者は、スキゾイド、うつ、強迫性格、ヒステリー性格のどの章の事例の中にも自分自身の姿を発見し、「そう、そう」と膝を打つことがたびたびあった。六〇年以上前に刊行された本だから、現代の私たちの生活感情にはしっくりこない箇所も多々ある。新生児

の育て方ひとつとっても、最新の知見や人々の考え方と齟齬が生じる部分がある。それでも、四つのパーソナリティのいずれにも共感する要素を見出すというのは奇妙な話だが、フリッツ・リーマンが自分の実人生と臨床を通して言いたかったのは、実はそういうことなのではないだろうか。

訳者は現在、オーストリア人作家の長編小説を翻訳している。以前にこの作家とのメールのやりとりでフリッツ・リーマンを訳していることを話題にした。彼がすでに読んでいるとは思っていなかったので、「夢中になって読み、とても有益だった本です」と返事がきたのには驚いた。少年の頃に読んだそうだが、広い層に読まれているのだとあらためて思った。

不安は、チャレンジせよと私たちの背中を押してくれるかもしれないし、警告を発しているかもしれない。この本は、日々刻々その相貌を変えるダイナミックな秩序体系に身を置く私たちが、種々の困難を乗り切るためのヒントとなってくれるのではないだろうか。本書が心理学の専門家だけでなく、さまざまな層の読者のもとに届くようにと願っている。

二〇二三年九月一五日

赤坂桃子

訳者　赤坂桃子（あかさか・ももこ）

翻訳家。上智大学文学部ドイツ文学科および慶應義塾大学文学部卒。訳書にヴィクトール・E・フランクル『夜と霧の明け渡る日に――未公開書簡、草稿、講演』（新教出版社）、同『精神療法における意味の問題』（北大路書房）、ヴィクトール・フランクル『ロゴセラピーのエッセンス――18の基本概念』（新教出版社）、ハドン・クリングバーグ・ジュニア『人生があなたを待っている――〈夜と霧〉を越えて 1・2』（みすず書房）、ハンス・ファラダ『ピネベルク、明日はどうする!?』（同）、トーン・ホルステン『フッサールの遺稿――ナチから現象学を守った神父』（左右社）ほか多数。

不安という相棒
四つのタイプとどう付き合えばよいか

2023年10月25日　第1版第1刷発行

著　者……フリッツ・リーマン
訳　者……赤坂桃子

発行者……小林　望
発行所……株式会社新教出版社
〒162-0814 東京都新宿区新小川町 9-1
電話（代表）03 (3260) 6148
振替 00180-1-9991
印刷・製本……モリモト印刷株式会社

ISBN 978-4-400-31096-9　C1011